"十四五"时期国家重点出版物出版专项规划项目

碳中和负碳技术 · 二氧化碳地质利用与封存丛书

总主编 庞忠和 李小春

CCUS 全链条技术知识产权评估分析

The Global Intellectual Property Rights Evaluation of the Whole CCUS Technological Chain

主 编 魏 凤

副主编 周 洪 郑启斌 高国庆 张 妍

華東理工大學出版社
EAST CHINA UNIVERSITY OF SCIENCE AND TECHNOLOGY PRESS
· 上海 ·

图书在版编目(CIP)数据

CCUS全链条技术知识产权评估分析/魏风主编;周洪等副主编.—上海:华东理工大学出版社,2023.11
ISBN 978-7-5628-7283-2

Ⅰ.①C… Ⅱ.①魏… ②周… Ⅲ.①二氧化碳-收集-知识产权-研究-世界 Ⅳ.①D913.04

中国国家版本馆CIP数据核字(2023)第197490号

内 容 提 要

本书从全球视角出发,探究了国内外CCUS全链条技术知识产权整体发展态势,揭示了CCUS在电力、钢铁冶金和水泥建材三大碳密集型行业应用的知识产权研发布局和发展态势,分别围绕CO_2捕集、利用和封存各个阶段及其关键技术开展知识产权发展布局的分析和探讨,同时介绍了2020年以来的技术专利创新情况。

本书可以作为从事CCUS研发创新工作的机构和科研人员的参考用书。

项目统筹 / 马夫娇 宋佳茗
责任编辑 / 赵子艳
责任校对 / 张 波
装帧设计 / 徐 蓉
出版发行 / 华东理工大学出版社有限公司
地址:上海市梅陇路130号,200237
电话:021-64250306
网址:www.ecustpress.cn
邮箱:zongbianban@ecustpress.cn
印 刷 / 上海新华印刷有限公司
开 本 / 710 mm×1000 mm 1/16
印 张 / 15
字 数 / 220千字
版 次 / 2023年11月第1版
印 次 / 2023年11月第1次
定 价 / 128.00元

CCUS全链条技术知识产权评估分析
编 写 组

主　编： 魏　凤

副主编： 周　洪　郑启斌　高国庆　张　妍

编　委： 魏　凤　周　洪　郑启斌　高国庆　张　妍
邓阿妹　周超峰　付　豪　辛竹琳

前言 | Foreword

实现碳中和将给经济社会带来一场广泛而深远的系统性变革，相关领域的研究已成为未来三十年国际社会的焦点。碳中和即 CO_2 净零排放，是指在特定时期内，人为 CO_2 排放量与人为 CO_2 去除量在全球范围内达到平衡。目前，含碳气体的净排放导致了全球持续变暖，气候变化威胁不断升级，极端气候灾害带来的挑战更趋严峻，气候问题给人类生存发展拉响了“红色警报”。在 2050 年前后实现碳中和，减缓气候变化，是全球应对气候变化的共识。目前，全球超过 2/3 的经济体作出将努力实现碳中和目标的承诺，日本、美国、中国等国家及欧盟制定了明确的碳中和实施方案，部署清洁能源、绿色低碳工业、绿色建筑、绿色交通等多产业、多领域发展，越来越多的国家正在迈入绿色低碳转型新阶段，全球发展新格局正在形成。

我国已将碳达峰、碳中和纳入国家重大战略和生态文明建设的整体布局，并积极投入到新一轮全球科技革命、产业变革和社会变革中。在当前的国际经济社会发展趋势和政治格局背景下，实现碳达峰、碳中和是我国向世界作出的庄严承诺，是以习近平同志为核心的党中央统筹国内国际两个大局和经济社会发展全局，推动生态文明建设和经济高质量发展，全面建成社会主义现代化强国作出的重大战略决策。碳达峰、碳中和目标彰显了大国责任和担当，也为我国应对气候变化和促进绿色低碳发展明确了目标与方向。

二氧化碳捕集、利用与封存(CCUS)技术是目前唯一实现化石能源大规模利用和减排的技术。CCUS 是指将 CO_2 从工业或其他排放源中分离出来，并运输到特定地点加以利用或封存，以实现被捕集 CO_2 与大气的长期隔离。在众多温室气体减排技术方案中，CCUS 技术是一项可实现化石能源大规模低碳利用的技术。除了节能与提高能源效率、发展新能源与可再生能源、增加碳汇外，CCUS 技术将是未来减缓 CO_2 排放的重要技术选择。但是，当前 CCUS 技术总体上仍处于研发和示范阶段，仍存在许多制约其发展的突出问题，包括能耗和成本过高、长期封存的安全性和可靠性有待验证等。

一直以来，我国对 CCUS 技术的发展给予了高度关注，在相关政策、研发示范、能力建设、国际合作等方面开展了一系列工作推动该技术的发展。尽管起步较晚，但我国的 CCUS 技术发展在近些年来取得了长足进步，在政府的指导下，企业、科研单位和高等院校共同参与，围绕 CCUS 相关理论、关键技术和配套政策的研究开展了很多工作，建立了一批专业研究队伍，取得了一些有自主知识产权的技术成果，成功开展了工业级技术示范。在捕集方面，围绕低能耗吸收剂、不同技术路线捕集工艺等关键技术环节开展了一系列研究，已开发出可商业化应用的胺吸收剂，建成了 CO_2 捕集规模达每年 10 万吨级的燃煤电厂工业示范项目，完成了 100 万吨级的预可行性研究；建成了 10 万吨级的富氧燃烧捕集工业示范项目，正在实施 10 万吨级的燃烧前捕集的工业示范项目。运输方面，借鉴油气管输经验，开展了低压 CO_2 运输工程应用，完成了高压、低温和超临界 CO_2 运输的可行性研究。利用方面，围绕 CO_2 驱油、驱煤层气、驱水，CO_2 生物转化、化工合成、矿化等不同利用途径开展了理论和关键技术研究，已建成 CO_2 驱油及矿化利用的工业示范项目，以及微藻制备生物柴油中试和小规模的 CO_2 制备可降解塑料生产线。封存方面，已启动全国 CO_2 地质储存潜力评价系统，初步结果表明，我国 CO_2 地质储存主要空间类型为深部咸水层，潜力可观，并已建成工业规模为 10 万吨/年的咸水层封存示范项目。

经过近年来的努力，中国在 CCUS 技术链各环节都已具备一定的研发基础，但是，相比国际先进水平，我国整体上仍存在较大差距，尤其是在 CCUS 全链条在电力、冶金和建材等碳密集型行业的技术应用上，我国缺少有自主知识产权的创新技术及相关示范项目经验。

为此，本书从全球视角出发，探究了国内外 CCUS 全链条技术知识产权整体发展态势，揭示了 CCUS 在电力、钢铁冶金和水泥建材三大碳密集型行业应用的知识产权研发布局和发展态势，分别围绕 CO_2 捕集、利用和封存各个阶段及其关键技术开展知识产权发展布局的分析和探讨，同时介绍了 2020 年以来的技术专利创新情况。毫无疑问，本书对从事 CCUS 研发创新工作的机构和科研人员了解和掌握 CCUS 前沿技术方向而言，不失为良师益友。

本书的完成得到了中国科学院地质与地球物理研究所庞忠和研究员，中国科学院武汉岩土力学研究所李小春研究员、李琦研究员、魏宁研究员、张力为研究员，怀柔国家实验室高林研究员，国网电力科学研究院武汉南瑞有限责任公司谷山强总工程师，以及众多专家的指导和支持；也得到了国家电网有限公司总部科技项目"'双碳'目标下电力绿色低碳关键支撑技术评价方法和专利标准化研究"(NO. 1400－202340338A－1－1－ZN)的支持，在此一并表示衷心的感谢。

CCUS 技术涉及的领域、学科、行业众多，部署具有创新性和前瞻性，由于本书作者专业和水平有限，对诸多问题的理解难免有所偏差，如有错误和不妥之处，希望各位专家和读者提出宝贵意见和建议，以便进一步修改和完善。

编 者

2023 年 7 月

目录 | Contents

第 1 章

引　言

全球气候变暖日益严峻，已经成为威胁人类可持续发展的主要因素之一，削减温室气体排放以减缓气候变化成为当今国际社会的核心议题。2020 年 9 月 22 日，习近平主席在第七十五届联合国大会上提出“中国将提高国家自主贡献力度，采取更加有力的政策和措施，二氧化碳排放力争于 2030 年前达到峰值，努力争取 2060 年前实现碳中和”，习近平主席关于碳达峰、碳中和作出的一系列重大宣示和重要论述为我国应对气候变化和绿色低碳发展明确了目标与方向，为强化全球气候行动注入了强大的政治推动力。全球其他主要经济体也纷纷提出实现碳中和的目标，日本、美国等发达国家及欧盟已制定明确的碳中和实施路线，部署发展清洁能源、绿色低碳工业、绿色建筑、绿色交通等领域，这场由含碳气体的净排放带来的广泛而深远的科技革命、产业变革、社会变革正在发生，全球竞争发展新格局正在形成。碳达峰、碳中和或将成为未来三十年大国博弈的新焦点。

在“中国碳达峰、碳中和目标”（以下简称“双碳”目标）下，二氧化碳捕集、利用与封存（CCUS）技术是在众多温室气体减排技术方案中的一项可实现化石能源大规模低碳利用的技术。CCUS[国际上常使用二氧化碳捕集与封存（CCS）]是指将 CO_2 从工业或能源排放源中分离出来，封存在地质构造中或加以利用，从而将其长期与大气隔绝的工业过程。CCUS 包括 CO_2 捕集、运输、利用和封存四个环节，是众多技术的集群，具有技术种类多、数量多、跨行业的复杂特性。国际能源署（IEA）在《能源技术展望 2020》中提到 2070 年能源部门要实现近零排放，除提高能效及可再生能源比例外，还包括终端部门广泛电气化，二氧化碳捕集、利用与封存(CCUS)，以及发展氢能及相关燃料和生物能等。联合国政府间气候变化专门委员会(IPCC)在第五次评估报告的决策者摘要中指出，CCS对于全球温室气体减排具有非常重要的意义。

2022年11月2日，全球碳捕集与封存研究院发布的《2022年CCS全球现状》报告显示：截至2022年，全球商业CCS项目数量再创新高，达到194个，其中30个项目在运行，11个在建，153个项目处于开发阶段，CO_2 长输管线工程新增61个，全球正在开发的CCS设施 CO_2 捕集能力增长到每年2.44亿吨，与去年相比增长了44%。

近年来，在我国政府相关部门的共同推动下，CCUS相关政策逐步完善，科研技术能力和水平日益提升，试点示范项目规模不断扩大，整体竞争力进一步增强，但是我国还面临着关键核心技术尚未突破等一系列尚待解决的技术难题以及可能引发的知识产权问题，因此掌握国内外CCUS关键技术知识产权相关知识及其竞争状况具有重要的现实意义。

1.1 主要国家CCUS的定位和发展

CCUS是目前实现化石能源低碳化利用的唯一技术选择。CCUS在技术成熟前提下有可能实现油气、燃煤发电、煤化工、钢铁、建材等工业领域近零排放，是全球气候解决方案的重要组成部分，对世界能源供给具有战略意义。出于各自不同的发展目标和需求，不同国家对CCUS的认识和定位各不相同，CCUS在不同国家的成熟性及发展速度也不一样。美国已经出台了一系列CCS激励政策和法律，最著名的是《通胀削减法案》(IRA)，该政策为CCS提供了增强的45 Q税收抵免法案，加拿大也将CCS列为重要的碳减排技术之一，波兰、保加利亚等国在欧盟创新基金的资助下也相继进入CCS市场。

1.1.1 美国重视CCUS各阶段关键技术的研发

美国发展CCUS具有明确的目标和发展方向，即持续加大对CCUS的支持投入。美国政府不仅加大对CCUS基础设施的投入，还从CO_2捕集、利用和封存各个阶段和各个行业持续开展新技术的研发及试点示范，期望通过“负碳攻关项目”的一系列举措使CO_2捕集和封存成本低于100美元/t，加快推进2050年净零排放目标的实现。

1. 加大投入CCUS基础设施的建设

2022年9月，美国能源部宣布拨款70亿美元用于支持CCUS基础设施建设，这些基础设施项目是根据美国《2020年能源法》和美国《基础设施投资和就业法案》(2021年)建立的。其中，有25.4亿美元用于6个CCUS综合示范项目，1亿美元用于二氧化碳运输管网的设计和规划，22.5亿美元用于开发新的或扩建大型商业碳封存项目，21亿美元用于二氧化碳运输基础设施融资与创新。

2. 加大电力、建筑、汽车、新材料等行业CO_2捕集、利用的新技术研发

近年来，美国能源部先后投入1.15亿美元支持CCUS前沿技术领域研发，包括CO_2在工业企业的捕集技术、CO_2微藻利用、CO_2建筑利用、利用CO_2生产新材料技术等多个新领域，以助力美国实现近零排放目标。具体研究领域和解决方案如下。

(1) 开发天然气联合循环(NGCC)电厂高效二氧化碳捕集技术。研究目标是：捕集效率需达到95%以上，成本较其他电厂需降低20%以上；NGCC电厂燃烧后捕集技术工程的目标是在精炼厂、化工生产(氨和石化)、矿物生产(水泥和石灰)、天然气加工和钢铁生产等工业设施中开发95%或更高捕集效率的碳捕集技术；碳捕集系统前端工程设计研究。期望构建先进的碳捕集系统，以实现在工业设施中每年捕集并分离10万吨以上的CO_2，或在NGCC电厂每年捕集并分离50万吨CO_2，且进行封存。

(2) 提高藻类系统二氧化碳利用率。最终目标是实现碳利用效率超过70%。碳利用效率指的是在30天实验周期内，收获的生物质量(kg)与CO_2供给量(kg)的比值。具体策略包括：改变藻类生长环境中的化学成分以提高CO_2的吸收率；分离新的菌株或改进现有的藻类菌株以适应生长环境的改变；开发新的CO_2输送系统，以及优化藻类生长环境以最大限度地增加碳吸收；利用来自公共事业和工业来源的人为CO_2的藻类技术。开发高效藻类系统是藻类资源利用的关键途径，藻类原料的多元性和市场终端应用的广泛性使得藻类 CO_2 转化途径具有更大的商业吸引力。

（3）利用建筑实现碳封存技术研发。包括：利用生物燃料生产中的低价值副产品制造高性能负碳混凝土；利用汉麻混凝土 3D 打印建筑，实现可持续性和可恢复性；利用光合途径生产负碳石灰石硅酸盐水泥；生物基绝缘板的模块化设计和增材制造；采用 3D 打印碳吸收缆索系统的高性能建筑结构；用于负碳排放建筑/构造的纤维素-菌丝体复合材料；净负碳排放、可重复使用住宅的开发与示范；用于住宅和商业建筑的纤维素-水泥复合材料；用于定向刨花板和其他工程木材的可再生负碳黏合剂；基于直接空气碳捕集技术的预拌负碳混凝土建筑构造；交叉层压木材-钢复合结构建筑的碳封存技术；能消耗 CO_2 的坚固“活”木建筑；用于高性能绝缘的木质素碳封存泡沫塑料；为报废拆除/重建/施工而设计的负碳全木地板系统；高性能负碳隔热建筑；新一代负碳排放竹框架材料；将 CO_2、碳纤维废物和生物材料回收到复合板中，以制造低碳建筑材料；负碳生物混凝土单元生产概念。

（4）支持工业减排和清洁能源制造技术研发。包括：利用 CO_2 生产聚氨酯泡沫和纺织品原料，用于制造零碳汽车；丙酮的可持续性供应链；实现高效被动和主动对流干燥的蒸汽选择性膜热交换器循环技术；利用热响应型聚合物对多孔材料进行非蒸发干燥；通过智能干燥剂辅助热泵系统加热的创新技术，实现优质木材的高效干燥过程；利用复合环烯烃树脂通过增材制造实现汽车轻量化；开发逆向设计方法，用于轻型汽车部件制造的低成本敏捷工具；开发改进模具材料的粉末加工技术，用于制造轻型汽车车身板材；丙烯腈的可持续制造；利用可感知、可管理、适应性强、可重复使用的工具，实现轻量化复合材料汽车零部件制造；新一代超高温换热器材料；能源系统中高分辨率碳化硅纤维复合材料构件的增材制造；应用于恶劣环境下的涂层-合金材料的开发；混氢天然气输送/分配和工业终端应用中的耐氢多层复合涂层材料；应用于航空航天领域高疲劳和断裂强度的 Al－Ce 和 Al－Ce－Mg/Zn 合金材料；用于高温航空航天结构的耐用铝铈合金材料固态增材制造工艺；在航空航天中使用节能的混合稀土金属代替铸造铝合金中的铈；使用新型 Al－Ce－Ni 基合金材料通过增材制造生产轻量化航空航天部件；通过改性处理新型前驱体材料制造高效的碳化硅纤维；适用于恶劣工况的先进轴承材料；用于轴承和齿轮的金属氧化物涂层，可在恶劣环境下快速高效地沉积；通过掺杂氧化物的激光定向能量沉积制备适用于恶劣环境的大规模网状氧化物弥散强化钢组件；通过机器学习改进氢燃气轮机热障涂层耐久性和工艺；开发保护氢燃气轮机发电系统关键部件的高熵合金涂层。

(5) 积极加大 CO_2 捕集技术的试点示范。2021 年 2 月 1 日，美国国家能源技术实验室（NETL）支持开发的非水溶剂（NAS）碳捕集技术在挪威蒙斯塔德技术中心（TCM）进行工程规模测试，该技术有望为美国未来燃煤电厂碳减排实现美国能源部设立的成本和性能目标铺平道路。非水溶剂碳捕集技术是在美国能源部化石能源和碳管理办公室（FECM）和 NETL 支持下开发的，与其他基于溶剂的技术[如单乙醇胺（MEA）工艺]相比，它可以大幅降低燃煤电厂进行碳捕集的能耗。与传统 MEA 工艺溶剂相比，RTI 公司开发的 NAS 碳捕集技术可以降低 40%的能耗。美国能源部为美国未来燃煤电厂碳减排设立的目标主要包括到 2030 年每吨 CO_2 捕集成本降低至 30 美元，此次 NETL 支持的 RTI 研究项目正是朝这一目标迈出的重要一步。之前，非水溶剂碳捕集技术已经在美国国家碳捕集中心（NCCC）和挪威科技工业研究所（SINTEF）进行了现场测试，此次在 TCM 的测试将通过对现有 10 MW 机组的胺法碳捕集装置实施改造，实现 200 t/d 捕集规模的工程示范，为进一步的测试和风险评估做准备。

3. 支持 CO_2 地质封存项目

2022 年 5 月，美国政府宣布投资超过 23 亿美元资助 3 个 CO_2 地质封存项目，以减少美国的碳污染。这些项目将由美国能源部化石能源和碳管理办公室统一管理，具体项目包括：

(1) CO_2 地质封存验证和测试项目。政府资助 22.5 亿美元，目的是验证 CO_2 地质封存项目的可行性，总结 CO_2 地质封存场地的特征，理顺 CO_2 地质封存项目建设的许可程序，增加 CO_2 封存地点的数量，甄别 CO_2 地质封存项目的建设阶段，鼓励地方社区积极参与，并避免项目建设给地方社区增添额外的负担。

(2) 碳安全项目。政府资助 4 500 万美元，目的是完善 CO_2 地质封存的程序，以安全、高效、经济的方式，寻求和评估适合商业开发的陆上与海上 CO_2 储存场所。

(3) 碳管理项目。政府资助 4 600 万美元，目的是寻求关键的碳管理方法与技术，以清除、捕获、转化或储存来自公共事业和工业来源或大气中的 CO_2。

1.1.2 欧盟创新计划下启动 CCUS 等多个脱碳项目

欧盟非常重视能源密集型行业的脱碳项目。2021 年 11 月，欧盟宣布在“创新基金”自主框架下向芬兰、法国、比利时等欧洲多国大规模的创新项目投入 11 亿欧元，支持将能源密集型行业的 CCUS 等脱碳突破技术推向市场。具体项目包括：

(1) 芬兰“可持续氢与碳的回收”(SHARC)项目。该项目将示范两种在炼油厂生产低碳氢的方法，即通过电解制“绿氢”(50 MW 规模)和通过化石燃料结合 CCS 制“蓝氢”，同时将捕集的 CO_2 永久封存在北海。预计投运 10 年将减少超过 400 万吨碳排放。

(2) 法国 K6 项目。该项目将在现有水泥厂的基础上，最大限度地利用生物基及其他替代燃料，以及利用已脱碳的原材料，大幅减少碳排放。通过将新型工业规模富氧煅烧水泥窑与碳捕集相结合的工艺，取代现有湿法窑，可捕集超过 90%的碳排放，并通过火车和轮船运输至北海封存地，或用于生产混凝土产品。

(3) 比利时 Kairos@C 项目。该项目旨在开发完整的 CCS 价值链，投运 10 年可减排 1 420 万吨，具体包括：部署大型碳捕集和净化设施，可处理来自 5 个不同碳源(2 个制氢装置、2 个环氧乙烷装置和 1 个氨装置)的排放；并入 Antwerp@C 项目设施，该项目正开发一种多模式运输基础设施，将 CO_2 运输至北海周围的多个永久封存库，并部署先进的节能液化技术；设计和建造先进的液态 CO_2 储罐，用于将 CO_2 运输至封存地。

1.1.3 英国坚持开展 CCUS 技术竞赛以鼓励创新

2018 年以来，英国坚持持续开展 CCUS 创新项目竞赛，包括技术、融资和风险等方面。早在2018年，英国商业、能源与产业战略部(BEIS)就发起了一轮CCUS创新竞赛(CCUS innovation programme)，通过提供2 400万英镑的赠款，旨在推动大幅度降低CCUS项目的成本，以及推动CCUS项目在英国乃至全世界更快速、更广泛地部署。

2021年7月，BEIS再次发布通知，提供高达1 950万英镑的奖励，支持CCUS创新2.0竞赛，重点在3个方向：支持CCUS技术的创新，示范并降低下一代CCUS技术的风险，降低CCUS项目的部署成本。此次竞赛，被认为是对英国“绿色工业革命十点计划”(the Ten Point Plan for a Green Industrial Revolution)中“再次明确强调英国未来将推动创新型CCUS技术发展，使英国成为CCUS技术的全球领导者”的回应。

2022年5月，英国商业、能源与产业战略部(BEIS)宣布再次资助超过3 100万英镑支持碳捕集和绿色能源技术开发，包括红色柴油替代、工业燃料转换和二氧化碳捕集、利用与封存，以减少英国工业对化石燃料的依赖，帮助工业削减排放和降低能源成本。其中BEIS将提供1 200万英镑支持“CCUS创新2.0竞赛”第1阶段的8个项目，并为竞赛的第2阶段资助730万英镑。项目涉及电气化海底CO_2存储系统技术研发、旋转填充床工艺设备技术和非水溶剂碳捕集技术在点源工业碳捕集中的应用、难减排行业部署碳捕集技术可行性研究、废弃CO_2转化为表面活性剂创新方案、地下碳封存储层的精确模拟等。

1.1.4 日本大力支持废气CO_2的分离、回收及利用技术

2022年，日本新能源产业技术综合开发机构(NEDO)宣布在“绿色创新基金”框架下，投入超过2 500亿日元支持CO_2分离和回收技术、CO_2循环转化利用技术等项目研发，期望在2030年前降低CO_2减排的技术成本，推进发展碳循环产业，助力实现日本碳中和目标。具体项目及技术包括：

(1) 天然气发电烟气CO_2大规模分离回收技术开发与示范。推进天然气燃烧废气低成本CO_2分离/回收工艺的商业化，开发基于固体吸收剂的国产化技术，降低燃气轮机烟气中低浓度CO_2的分离回收成本，并通过技术验证推进商业化。

(2) 中小型工厂废气 CO_2 分离回收技术开发与示范。包括开发通过施加电压吸收和解吸 CO_2 的技术，将分布式排放源的 CO_2 转化为燃料；开发和验证使用创新分离剂的物理吸附从低浓度废气中分离回收 CO_2 的技术，并验证使用回收的 CO_2 生产化学品的技术；开发一种膜分离系统，从低浓度工厂废气中分离回收 CO_2，并用于乙醇等化学品生产；使用 Na－Fe 基氧化物开发创新的 CO_2 分离和捕集技术，包括提高 Na－Fe 基氧化物碳捕集性能并开发制造方法，以及利用废气余热直接加热 Na－Fe 基氧化物以提高效率；示范在液化天然气站回收 CO_2，并利用通过电解制取的氢气合成甲烷等。

(3) 建立 CO_2 分离材料标准评估方法。包括建立并运营气体测试中心以开发针对实际气体的标准评估方法；开发各种分离材料的标准评估方法；开发分离材料开发的标准评估方法；开发耐久性评估方法；进行数据库建设以推动标准评估方法的传播和国际化。

(4) 研发碳循环技术和 CO_2 制燃料、制塑料技术。前者在火电厂 CO_2 分离/回收型吹氧整体煤气化联合循环(IGCC)实证研究基础上，开发利用回收的 CO_2 生产化学品、燃料和矿物的碳循环技术，包括通过金刚石电极使用燃煤电厂废气中的 CO_2 生产关键材料；利用常压等离子体开发新的 CO_2 分解/还原工艺；开发能够高效利用 CO_2 的藻类生物质生产和利用技术；利用 CO_2 和工业废弃物合成碳化硅；液化石油气的碳循环制造技术及工艺研发；微藻固定 CO_2 及生产高值化学品的技术研发。后者包括开发利用 CO_2 生产合成燃料、可持续航空燃料、甲烷和绿色液化石油气等燃料的制造技术，以及利用 CO_2 等碳原料生产塑料及高价值化学品的技术。

1.1.5 中国 CCUS 的发展

中国非常关注 CCUS 技术的发展，在多份应对气候变化的政策文件中均提到 CCUS，如《国家应对气候变化规划(2014—2020 年)》《"十三五"控制温室气体排放工作方案》《中国碳捕集利用与封存技术发展路线图(2019 版)》等，这些政策文件旨在推进产业结构和能源结构调整、开展节能减碳和生态建设、加强应对气候变化能力建设，相关政策及主要内容见表 1.1。这些发展规划不仅涉及国家战略层面，还进一步向具体化、可操作、可执行、可示范、可推广的趋势深度发展，为相关技术的研发、示范、应用指明了方向。

表1.1 “十二五”“十三五”期间我国发布的CCUS相关政策及主要内容

发布时间	发布单位	名 称	主 要 内 容
2014年12月	国家能源局、环境保护部、工业和信息化部	《国家能源局、环境保护部、工业和信息化部关于促进煤炭安全绿色开发和清洁高效利用的意见》	大力推进科技创新；提出“积极开展二氧化碳捕集、利用与封存技术研究和示范”
2015年4月	国家能源局	《煤炭清洁高效利用行动计划(2015—2020年)》	积极开展二氧化碳捕集、利用与封存技术研究和示范；鼓励现代煤化工企业与石油企业及相关行业合作，开展驱油、微藻吸收、地质封存等示范，为其他行业实施更大范围的碳减排积累经验
2015年12月	国家发展和改革委员会	《国家重点推广的低碳技术目录》(第二批)	涵盖新能源与可再生能源，燃料及原材料替代，工艺过程等非二氧化碳减排，碳捕集、利用与封存，碳汇等领域
2015年12月	环境保护部	《合成氨工业污染防治技术政策》	鼓励研发的新技术中提到“二氧化碳捕集和综合利用技术”
2016年3月		《中华人民共和国国民经济和社会发展第十三个五年规划纲要》	提出坚持减缓与适应并重，主动控制碳排放，落实减排承诺，增强适应气候变化能力，深度参与全球气候治理，为应对全球气候变化作出贡献
2016年6月	环境保护部	《二氧化碳捕集、利用与封存环境风险评估技术指南(试行)》	包括二氧化碳捕集、利用与封存的术语与定义，环境风险评估工作程序，主要环境风险源，环境风险受体，确定环境本底值，环境风险评估
2016年7月	国务院	《“十三五”国家科技创新规划》	重点加强燃煤二氧化碳捕集利用封存的研发，开展燃烧后二氧化碳捕集实现每年百万吨的规模化示范

续 表

发布时间	发布单位	名 称	主 要 内 容
2016年10月	国务院	《“十三五”控制温室气体排放工作方案》	为加快推进绿色低碳发展，确保完成“十三五”规划纲要确定的低碳发展目标任务，推动我国二氧化碳排放2030年左右达到峰值并争取尽早达峰而制定。提出“在煤基行业和油气开采行业开展碳捕集、利用和封存的规模化产业示范，控制煤化工等行业碳排放”；“推进工业领域碳捕集、利用和封存试点示范，并做好环境风险评价”；研究制定碳捕集利用与封存标准等
2017年4月	科技部、环境保护部、气象局	《“十三五”应对气候变化科技创新专项规划》	推进减缓气候变化技术的研发和应用示范，设立大规模低成本碳捕集、利用与封存关键技术专栏。“继续推进大规模低成本碳捕集、利用与封存(CCUS)技术与低碳减排技术研发与应用示范，同时推进森林、草地、农田、湿地等重要生态系统固碳增汇技术研发与应用示范”
2018年9月	住房和城乡建设部	《烟气二氧化碳捕集纯化工程设计标准》	适用于新建、扩建或改建的烟气二氧化碳捕集纯化工程设计
2019年5月	科学技术部社会发展科技司、中国21世纪议程管理中心	《中国碳捕集利用与封存技术发展路线图(2019版)》	国内外应对气候变化的新形势要求对CCUS技术重新定位，以促进生态文明建设和可持续发展战略的实施；CCUS技术内涵的丰富和外延的拓展，需要进一步明确发展方向，以有序推进第一代捕集技术向第二代捕集技术平稳过渡；亟待加快调整CCUS技术的发展目标和研发部署，为相关政策的制定执行和项目的顺利实施提供科技支撑

在国家的主导之下，各省市也根据各自的能源、经济发展情况，纷纷出台政策和发展规划，政策和发展规划涉及火电、煤化工、水泥、石油、食品、钢铁、化工等多个行业，旨在促进低碳技术研究和应用，推进示范项目开展。如湖北省提出了《湖北省应对气候变化和节能"十三五"规划》《湖北省"十三五"节能减排综合工作方案》《湖北省"十三五"控制温室气体排放工作实施方案》等一系列政策措施。

(1) 我国持续开展 CCUS 研发创新

"十二五""十三五"期间，我国 CCUS 技术研发活动主要由政府指导，科研单位、高等院校和企业作为基础研究、应用研究和试点示范等不同技术层面的实施主体，来推进 CCUS 技术创新和应用发展。具体项目开展情况如表 1.2 所示。

表 1.2　中国开展的部分 CCUS 创新研发项目情况

项目名称	资助来源/渠道	执行时间	主要参与单位
二氧化碳减排、储存与资源化利用的基础研究	973 项目	2011—2015	中国石油集团科学技术研究院有限公司等
中国陆地生态系统碳-氮-水通量的相互关系及其环境影响机制		2010—2014	中国科学院地理科学与资源研究所
超临界二氧化碳强化页岩气高效开发基础研究		2014—2018	武汉大学等
新型 O_2/CO_2 循环燃烧设备研发与系统优化	863 计划	2009—2011	华中科技大学等
CO_2-油藻-生物柴油关键技术研究		2009—2011	新奥集团股份有限公司、暨南大学等
基于 IGCC 的 CO_2 捕集、利用与封存技术研究与示范		2011—2013	中国华能集团有限公司、清华大学、中国科学院工程热物理研究所等
百兆瓦级光伏系统设计集成技术研究及关键设备研制		2012—2014	特变电工新疆能源股份有限公司

续 表

项目名称	资助来源/渠道	执行时间	主要参与单位
35 MWth 富氧燃烧碳捕获关键技术、装备研发及工程示范	支撑计划	2011—2014	华中科技大学、中国东方电气集团有限公司、四川空分设备集团有限责任公司等
30 万吨煤制油工程高浓度二氧化碳捕集与地质封存技术开发与示范		2011—2014	神华集团有限责任公司、北京低碳清洁能源研究院、中国科学院武汉岩土力学研究所等
高炉炼铁 CO_2 减排与利用关键技术开发		2011—2014	中国金属学会、钢铁研究总院等
大规模燃煤电厂烟气二氧化碳捕集、驱油及封存技术开发及应用示范		2012—2015	中国石油化工集团有限公司(简称中石化)、北京大学、清华大学、中国科学院武汉岩土力学研究所等
冶金过程 CO_2 资源化利用产业化技术示范		2012—2015	北京科技大学、中国科学院过程工程研究所等
陕北煤化工 CO_2 捕集、埋存与提高采收率技术示范		2012—2015	中国石油大学、湖南大学、陕西延长石油(集团)有限责任公司
全国二氧化碳地质储存潜力评价与示范工程	国土资源部	2010—2014	中国地质调查局、中国科学院武汉岩土力学研究所、北京大学等
CO_2 驱油与埋存关键技术	“大型油气田及煤层气开发”重大专项	2011—2015	中国石油集团科学技术研究院有限公司、中国石油天然气股份有限公司吉林油田分公司等
松辽盆地 CO_2 驱油与埋存技术示范工程		2011—2015	中国石油天然气股份有限公司吉林油田分公司、中国石油集团科学技术研究院有限公司等
中联煤深煤层气开发技术试验项目		2011—2015	中联煤层气有限责任公司等

续 表

项 目 名 称	资助来源/渠道	执行时间	主要参与单位
地层约束条件下 N_2/CO_2 混合气体驱替煤层气的机理及最佳气体组分比研究	国家自然科学基金	2012—2014	中国科学院武汉岩土力学研究所
基于深部煤层 CO_2 封存的超临界 CO_2 与煤相互作用及其对碳封存影响研究		2012—2015	山东科技大学
碳排放限制政策下供应链运输模式选择与生产-库存策略研究		2013—2015	华东理工大学
气候变化、林火和采伐对大兴安岭森林与土壤碳储量的长期影响		2013—2015	中国科学院沈阳应用生态研究所
东北沼泽湿地土壤碳库分子结构特征及其稳定性对气候变化响应机制		2016—2018	中国科学院东北地理与农业生态研究所
喀斯特区域植被碳对极端气候变化的多时间尺度响应		2019—2022	中国科学院亚热带农业生态研究所
气候变化下青藏高原高寒湿地甲烷与二氧化碳释放比例研究		2020—2023	中国科学院水利部成都山地灾害与环境研究所

(2) 推动 CCUS 全流程示范

过去十年,我国逐步形成了政府指导、企业牵头、科研单位和高等院校协同等不同技术层面的实施主体共同完成项目示范及相关理论研究的局面,取得了一系列突破。我国成功开展了10万吨/年规模的CCUS全流程示范,已建成数套10万吨级以上的 CO_2 捕集示范装置,覆盖燃烧前、燃烧后和富氧燃烧多种捕集技术,并已将 CO_2 强化石油开采技术应用于多个驱油与封存示范项目。目前,我国已投运或建设中的CCUS示范项目约为40个,捕集能力为300万吨/年,捕集方式、运输和封存利用的类型呈现多样化分布。其中捕集源覆盖燃煤电厂的燃烧前、燃烧后和富氧燃烧捕集,煤化工

CO_2 捕集以及水泥窑尾气的燃烧后捕集等多种技术。相关技术的示范如表 1.3 所示。

表 1.3　我国已投运或建设中的万吨级 CCUS 示范项目

项　目	捕集方式	运　输	封存/利用	规　模	现　状
华能上海石洞口捕集示范项目	燃煤电厂燃烧后捕集	罐车运输	工业利用与食品	12 万吨/年	2009 年投运 间歇式运营
中国华能集团有限公司天津绿色煤电项目	IGCC 燃烧前捕集	罐车运输	天津大港油田 EOR	10 万吨/年	2015 年捕集装置完成 封存工程延迟
中石化胜利油田 CO_2 捕集和驱油示范	燃煤电厂燃烧后捕集	罐车运输	胜利油田 EOR	一阶段 4 万吨/年 二阶段 100 万吨/年	一阶段 2010 年投运
中石化齐鲁石油化工 CCS 项目	化工生产工业分离	管道运输距离为 75 km	胜利油田 EOR	一阶段 35 万吨/年 二阶段 50 万吨/年	一阶段捕集单元 2017 年建成
中石化中原油田 CO_2 - EOR 项目	化肥厂合成氨尾气化学吸收	罐车运输	中原油田 EOR	10 万吨/年	2015 年建成捕集装置
延长石油陕北煤化工 5 万吨/年 CO_2 捕集与示范	煤化工燃烧前捕集	罐车运输 计划建 200～350 km 管道	靖边油田 EOR	5 万吨/年	2013 年建成 在运营
国家能源集团鄂尔多斯咸水层封存项目	煤化工燃烧前捕集	罐车运输距离为 13 km	咸水层封存	10 万吨/年	2011 年投运 2016 年停止注入，监测中
中石油吉林油田 EOR 研究示范	煤化工燃烧前捕集	管道运输距离为 20 km	吉林油田 EOR	一阶段 25 万吨/年 二阶段 60 万吨/年	一阶段 2008 年投运 二阶段在建

续 表

项 目	捕集方式	运 输	封存/利用	规 模	现 状
中电投重庆双槐电厂碳捕集示范项目	燃煤电厂燃烧后捕集	无	用于焊接保护电厂发电机氢冷置换等	1万吨/年	2010年投运在运营
华中科技大学35兆瓦富氧燃烧项目	燃煤电厂富氧燃烧捕集	罐车运输	市场销售工业应用	10万吨/年	2014年建成在运营
连云港清洁煤能源动力系统研究设施	IGCC燃烧前捕集	管道运输	盐水层封存	3万吨/年	2011年投运在运营
天津北塘电厂CCUS项目	燃煤电厂燃烧后捕集	罐车运输	市场销售食品应用	2万吨/年	2012年投运在运营
新疆克拉玛依敦华石油-新疆油田 CO_2-EOR项目	甲醇厂燃烧前捕集	罐车运输距离为26 km	准噶尔盆地新疆油田EOR	10万吨/年	2015年投运在运营
长庆油田 CO_2-EOR项目	甲醇厂燃烧前捕集	罐车运输	长庆油田EOR	5万吨/年	2017年投运在运营
海螺集团芜湖白马山水泥厂5万吨 CO_2 捕集与纯化示范项目	水泥厂燃烧前捕集	罐车运输	市场销售	5万吨/年	2018年投运在运营
华润电力海丰碳捕集测试平台	燃煤电厂燃烧后捕集			2万吨/年	2019年投运在运营
中石化华东油气田CCUS全流程示范项目	化工厂燃烧前捕集	槽车槽船100 km	华东油田EOR	10万吨/年	2005年投运在运营
新疆准东 CO_2-EWR野外先导性试验	燃烧后捕集	罐车运输	试验中		2018年投运在运营

续 表

项　目	捕集方式	运　输	封存/利用	规　模	现　状
国家能源集团国华锦界电厂15万吨/年燃烧后CO_2捕集与封存全流程示范项目	燃煤电厂燃烧后捕集			15万吨/年	2019年投建
齐鲁石化-胜利油田CCUS项目	化工厂燃烧前捕集	槽车运输距离为80 km	胜利油田EOR	100万吨/年	2021年7月投建
中石化齐鲁石化CCS项目	炼油厂燃烧前捕集	管道运输距离为75 km	EOR	50万吨/年	项目暂停
大唐集团CO_2捕集和示范封存	电厂富氧燃烧捕集	管道运输距离为50～100 km	EOR或咸水层封存	100万吨/年	项目中止
延长石油集团EOR项目	煤化工燃烧前捕集	管道运输距离为140±42 km	EOR	40万吨/年	计划2017年投运，项目滞后
山西国际能源集团CCUS项目	电厂富氧燃烧捕集	管道运输	未明确	200万吨/年	项目滞后，可能取消
神华宁夏煤制油项目	煤制油燃烧前捕集	管道运输距离为200～250 km	未明确	200万吨/年	目前项目滞后
华能绿色煤电IGCC项目三期	电厂燃烧前捕集	管道运输距离为501～100 km	EOR或咸水层封存	200万吨/年	目前项目滞后
神华鄂尔多斯煤制油项目二期	煤制油燃烧前捕集	管道运输距离为200～250 km	咸水层封存	100万吨/年	目前项目滞后
神华国华电力神木电厂CCS项目	电厂富氧燃烧捕集	管道运输距离为80 km	EOR或咸水层封存	100万吨/年	目前项目滞后

续 表

项　目	捕集方式	运　输	封存/利用	规　模	现　状
华润电力碳捕集与封存集成示范项目	电厂、炼油厂燃烧后、燃烧前捕集	管道运输距离为150 km	离岸EOR或咸水层封存	100万吨/年	计划2025年建成

“十四五”时期，我国CCUS发展进程显著加快，尤其是在我国宣布2030年前实现碳达峰、2060年前实现碳中和的目标后。陕西国华锦界电厂15万吨级碳捕集示范项目于2021年投入运营，胜利油田百万吨级CCUS项目2022年已建成运营，另外还有国家能源集团泰州发电有限公司50万吨碳捕集项目正处于建设阶段，中国华能集团有限公司依托陇东能源基地正在建设150万吨CCUS技术研发与工程示范工程，中国海洋石油集团有限公司已宣布和壳牌研究有限公司、埃克森美孚公司开展惠州大亚湾石化区千万吨级CCUS产业集群项目合作。中国石油化工集团有限公司与壳牌研究有限公司、中国宝武钢铁集团有限公司、巴斯夫股份公司在上海签署合作谅解备忘录，四方将开展合作研究，在华东地区共同启动我国首个开放式千万吨级CCUS项目，项目将长江沿线等工业企业，比如钢材厂、化工厂、电厂、水泥厂等的碳源通过槽船集中运输至二氧化碳接收站，通过距离较短的管线再把接收站中的CO_2输送至陆上或海上的封存点，为华东地区长江沿线工业企业提供灵活、有效、一体化的CO_2减排方案。华东地区经济活跃，CCUS的发展符合该地区的脱碳需求。在该区内有多个国家级工业园区，以江苏省为例，沿长江分布了南京经济技术开发区、扬州经济技术开发区、苏州工业园区、南通经济技术开发区等多个国家级工业园区，在该区域内部署CCUS集群项目，可以有效降低单位脱碳成本，显著提升整体作业效率。

1.2 CCUS将促进多产业实现近零排放

CCUS是众多技术的集群，具有技术种类多、数量多、跨行业的复杂特性，同时它还具有维度性和阶段性。从实施阶段来看，CCUS依次分为二氧化碳捕集阶段、运输阶段、利用阶段和封存阶段四个阶段；亦可以从技术链、流程链、时间链、价值链及物质链等不同维度来描述CCUS。CCUS的三大特征：维度特征、阶段特征和技术特征，既相互独立、又相互交融，如图1.1所示。

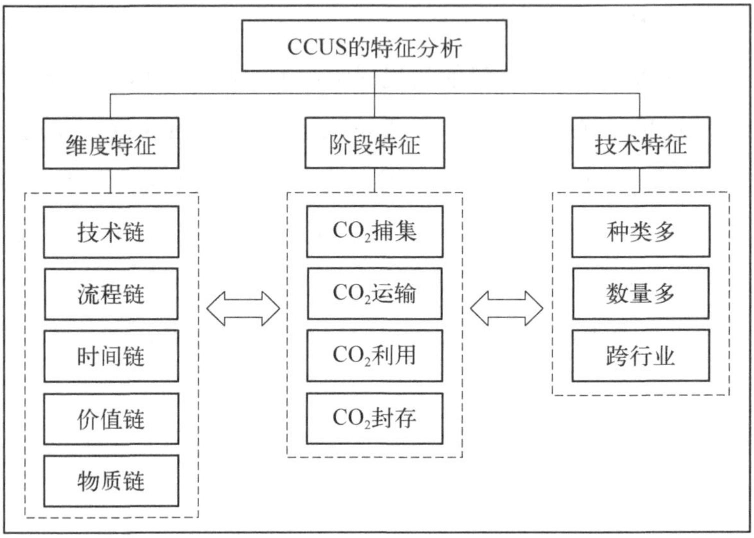

图1.1 CCUS特征分析示意图

从实施流程来看，CCUS包括CO_2捕集、运输、利用和封存各阶段在内的一系列的技术集群。从产业角度来看，CCUS依次涉及电力、钢铁、化肥、水泥、交通、化工、地质勘探、环保等多个行业。从时间角度来看，CCUS不仅应用了传统行业已有的相关技术，而且随着CCUS的发展，有许多CCUS领域的专业技术被研发。从价值链角度来看，伴随CCUS每个阶段CO_2物质的流出流入，都存在CO_2价值转移。

CCUS技术可以应用于多个高碳密集型行业，实现低碳化利用和碳的近零排放。火电行业是当前我国CCUS示范的重点。在燃煤电厂加装CCUS装置可以捕获90%的碳排放量，所以CCUS技术是一种相对低碳的发电技术，有助于充分利用现有的煤电机组，在碳中和背景下适当保留煤电产能，避免一部分煤电资产提前退役而导致资源浪费。对于钢铁行业，我国钢铁生产工艺以排放量较高的高炉-转炉法为主，电炉钢产量仅占10%左右。而高炉-转炉法炼钢约89%的能源投入来自煤炭，导致我国吨钢碳排放较高。CCUS技术可以应用于钢铁行业的许多方面，主要包括氢还原炼铁技术中氢气的产生以及炼钢过程。目前我国钢铁行业最主流的碳捕集技术是从焦化和高炉的尾气中进行燃烧后的CO_2捕集。钢铁行业捕集的CO_2除了进行利用与封存以外，还可直接用于炼钢过程。水泥行业的CO_2排放来源主要是石灰石分解产生的CO_2气体，约占水泥行业总碳排放量的60%，而CCUS是水泥行业脱碳的必要技术手段。石化和化工行业是CO_2的主要利用领域，通过化学反应将CO_2转变成其他物质，然后进行资源再利用。由于化工行业有很多高浓度(高于70%)的CO_2排放源(包括天然气加工厂，煤化工厂，氨/化肥生产厂，乙烯生产厂，甲醇、乙醇及二甲基乙醚生产厂等)，相较于低浓度CO_2排放源，其捕集能耗低、投资成本与运行维护成本低，有显著优势。

1.3 开展CCUS知识产权研究的意义

开展国内外CCUS全链条技术知识产权战略研究工作，主要为了实现以下目标。

(1) 全面掌握CCUS研发状况。面向CCUS技术创新和工业化需求，梳理二氧化碳捕集、利用和封存三个阶段的关键技术和重点设备设施，比较不同关键核心技术的创新发展趋势、适用范畴及所处的发展阶段，掌握国内外CCUS关键核心技术发展状况，指导CCUS关键技术创新研发。

(2) 实现CCUS研发应用布局。针对CCUS全球竞争状况，开展全球CCUS关键核心技术和应用领域的专利分析，发掘CCUS技术创新突破点，识别并提出推进CCUS发展可能面临的技术壁垒与发展机会，为CCUS专利布局、技术引进和输出等提供实施路径指导和建议。

(3) 提出 CCUS 专利和标准化应用策略。在明晰 CCUS 领域核心专利布局及其国内外差距和竞争态势的基础上，制订以知识产权战略为导向的 CCUS 科技发展应对策略，研究提出在 CCUS 领域研究创新和专利标准化的策略建议，为提高 CCUS 技术竞争力提供参考。

第2章

CCUS全链条技术

CCUS技术链跨越发电、钢铁、建材、化工、地质等部门，技术环节多元而紧密联系。国内外缺少详细描述CCUS全技术链的信息，本章节将介绍最新的低碳燃烧技术，二氧化碳捕集、利用与封存技术，介绍CCUS全链条技术的发展情况。

2.1 低碳燃烧技术

2.1.1 煤气化技术

煤气化技术是煤炭清洁利用的重要途径之一，涉及复杂的传热、传质、两相流动、化学反应等过程，具有适应多种煤，及其他有机固废、废液等非煤原料的优点。但无论是生产煤制油产品还是生产合成氨、甲醇、烯烃等煤化工产品，合适的煤气化技术都是整个生产工艺的核心。"十三五"以来，我国在建、拟建的大型煤化工项目对煤气化技术有很大需求。

根据不同的工艺条件、应用场景、处理原料、气化介质性质、反应器结构等，煤气化技术可分为数百种气化方式。目前，常用的煤气化技术分为固定床气化技术、流化床气化技术、气流床气化技术三类。固定床气化技术一般是炉顶加煤料，气化剂由炉底加入，双方在炉膛中部充分混合，气化较为完全，热量分布均匀，具有较高的热效率，适用于5～80 mm粒径的碎煤或块煤(焦煤、兰炭、无烟煤等)或成型煤，由于熔渣气化反应温度高，在气化过程中会产生焦油、酚类等副产物，需要配置相关的处理和回收设备。常见固定床气化炉有间歇式气化炉、连续式鲁奇气化炉、碎煤移动床气化炉、BGL 熔渣气化炉等。目前，固定床气化技术在煤制天然气、煤制油、煤制燃气和原料气、煤制合成化学品、煤制氢等方面均有相关应用。

流化床气化技术又称沸腾床气化技术，是以空气或氧气或富氧蒸汽为气化剂，使煤粉在床层中沸腾并和气化剂充分接触混合，从而在高温下进行煤气化的技术，一般适用于 0～12 mm 粒径的粉煤，原料成本低，生产过程中无焦油、酚类物质生成。流化床气化技术使用的原料主要包括烟煤、褐煤等。常见流化床气化炉有温克勒流化床、灰熔聚流化床、循环流化床、加压流化床等。主要应用场景为钢铁、氧化铝、焦化、陶瓷等行业工艺需求的中低热值工业燃气。

气流床气化技术是一种并流式气化技术，它适应的煤种范围较广、工艺灵活、合成气质量高、气化压力高、生产能力高、三废少、处理较方便，适用于褐煤、烟煤、无烟煤、石油焦、兰炭、焦炭及有机废液、废油、危废、垃圾飞灰等含碳原料。该技术目前主要有水煤浆气化技术、干煤粉气化技术两类。干煤粉气化代表技术有干煤粉炉、GSP 炉。对于干煤粉气化技术，合成气中有效气成分可达到 90%左右；对于水煤浆气化技术，合成气中有效成分大于 80%。

总体上，煤气化技术较为成熟。近年来，煤气化技术应用日益广泛，主要应用在煤制油、煤制烯烃、煤制天然气、煤制乙醇、煤制燃料气等行业。煤气化技术的限制因素主要在于运行成本和环保要求上。

2.1.2 流化床技术

流化床技术是一种煤炭气化技术，具有燃料适应性广、燃烧效率高、燃烧过程直接实现炉内脱硫、NO_x 生成量低、负荷调节范围大、燃料预处理系统简单、灰渣易于综合利用等优点。流化床技术对 CO_2 捕集过程效果明显。流化床反应器最早出现在 20 世纪 20 年代，最初应用于粉煤气化的温克勒炉。1979 年世界上第一台商用循环流化床锅炉由芬兰奥斯龙公司研制并投入使用。截至 2021 年 2 月，我国是世界上循环流化床锅炉总装机容量最大、数量最多的国家，410 t/h 以上在役循环流化床锅炉约 440 台，总装机容量超过 8 300 万千瓦。目前，流化床反应器已在化工、石油、冶金、核工业等领域得到了广泛的应用。按照床体大小，流化床反应器可分为传统流化床反应器和微流化床反应器。图 2.1 为流化床脱碳装置结构示意图。

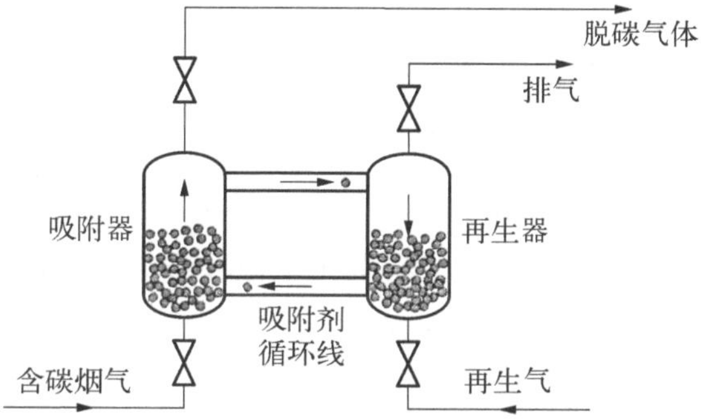

图 2.1　流化床脱碳装置结构示意图

科学界对流化床中 CO_2 捕集减排技术开展了大量的研究。2006 年，Thomas J. Tarka 开展了流化床反应器 SBA－15 吸附剂的 CO_2 捕集实验，认为流化床反应器具有较低的压降，但是吸附剂磨损比较严重，吸附剂更换成本高；2009 年，Wen-Ching Yang 等初步设计并探究了一个流化床作为 CO_2 吸附剂的 CO_2 捕集装置，发现流化床反应器内气固接触充分，床层温度分布均匀，压降低，传热传质性能好，吸附剂利用率高。2010 年，房凡等在双流化床反应器内使用钙基吸附剂对烟气中 CO_2 进行连续捕集，结果发现双流化床反应器不仅可以进行长期循环捕集，而且捕集效率高达 90%。

2.1.3　预燃稳燃技术

我国是煤炭的生产和消费大国，开展煤粉预热燃烧技术（OPPC）的研究和应用能够为煤粉燃烧提供良好的预热条件，大幅节约点火和稳燃用油。该技术具有快速稳定着火、提高燃烧效率、稳燃、污染物超低排放等特点，避免了传统煤粉锅炉在燃烧过程中燃烧温度低、炉内流场不易等缺陷。该技术是将煤粉在燃烧前进行预热，提前释放挥发分，具有良好的经济性和煤种适应性，在煤粉工业锅炉中得到广泛应用。预燃技术的核心室采用预燃室结构(又称预燃室燃烧器),一般可分为直流和旋流两类,随着电站规模扩大和煤粉稳燃技术的发展,旋流稳燃器得到了较多应用。根据结构不同,预燃室旋流燃烧器可分为预燃室钝体旋流燃烧器、预燃室分级旋流燃烧器和预燃室逆喷旋流燃烧器。

目前,已经有学者对利用煤粉预热燃烧技术降低污染物排放开展了相关研究。西班牙和挪威的研究人员提出将氧载体材料输进煤粉预燃室和IGCC发电站设计试验,提高了中间产物 H_2 的产量,降低了含碳气体的生成,相对于传统IGCC,该技术将发电效率提高了约6%,但是 CO_2 捕集效率降低了6%,预热燃烧技术避免了基于化学循环燃烧带来的最高温度限制,同时降低了因捕集 CO_2 带来的能耗。

2.2 CO_2 捕集关键技术

CO_2 捕集是指在电力、钢铁、水泥等行业中,将化石能源在过程中产生的 CO_2 进行分离和富集的过程,是CCUS系统耗能和成本产生的主要环节。按照技术路线,CO_2 捕集方式一般分为燃烧后捕集、燃烧前捕集以及富氧燃烧捕集三大类。不同 CO_2 捕集技术的成熟性差异较大。目前燃烧前物理吸收法已经处于商业应用阶段,燃烧后化学吸附法尚处于中试阶段,其他大部分捕集技术处于工业示范阶段。燃烧后捕集是目前我国最成熟的捕集技术,可用于大部分火电厂、发电厂、钢铁厂、水泥厂、冶炼厂、化肥厂、合成燃料厂以及基于化石原料的制氢工厂等的脱碳改造。

总体上,第一代碳捕集技术(燃烧后、燃烧前、富氧燃烧捕集)在我国的发展已渐趋成熟,主要瓶颈为成本和能耗偏高、缺乏广泛的大规模示范工程经验;而第二代技术(如新型膜分离技术、新型吸收技术、新型吸附技术、增压富氧燃烧技术等)仍处于实验室研发或试验阶段,技术成熟后其能耗和成本会比成熟的第一代技术降低30%以上,预计在2035年前后有望大规模推广应用。当前,我国 CO_2 捕集技术的类型和发展阶段如表2.1所示。

表 2.1　我国 CO_2 捕集技术的类型和发展阶段

CO_2 捕集技术类型	发展阶段
燃烧前物理吸收法	商业应用
燃烧前化学吸附法	工业示范
燃烧前变压吸附法	工业示范
燃烧前低温分馏法	工业示范
燃烧后化学吸收法	工业示范
燃烧后化学吸附法	中试阶段
燃烧后物理吸附法	工业示范
燃烧后膜分离法	中试阶段
富氧燃烧（常压）	工业示范
富氧燃烧（增压）	基础研究
富氧燃烧（化学链）	中试阶段

(1) 燃烧后捕集

燃烧后捕集是指从燃烧设备（锅炉、燃机、石灰窑等）出口烟气中捕集或者分离 CO_2 的技术。燃烧后捕集的基本流程是：从锅炉中出来的烟气首先经过脱硝、除尘、脱硫等净化措施，并调整烟气的温度、压力等参数，以满足 CO_2 分离设备的要求；处理后的烟气进入吸收装置促使 CO_2 被吸收吸附，从而达到脱除效果。这种技术适用于各类改造和新建的 CO_2 排放源，包括电力、钢铁、水泥等行业，应用范围广。但是，燃烧后的烟气体积流量大、CO_2 分压小，脱碳过程能耗较大，设备投资和运行成本较高，一般常规燃煤电厂锅炉出口烟气中的 CO_2 含量仅为 15%～20%，导致 CO_2 分离能耗较高。根据分离介质，燃烧后捕集分为吸收法、吸附法及膜分离法。化学吸收法应用最为广泛。在燃烧后捕集过程中，吸收剂是对捕集能耗影响最大的部分，先进吸收剂具有大幅降低能耗的潜力，是当前国内外燃烧后捕集开发的重点；固体吸附和膜分离作为新型的捕集技术，虽然技术还不成熟，但在投资成本、能耗、环保以及防腐等方面均有明显的优越性，有较大的发展潜力，是未来可能的重要技术选择；热集成与耦合优化通过捕集系统与电厂系统进行集成耦合，能在一定程度上降低捕集能耗。

(2) 燃烧前捕集

燃烧前捕集的基本原理是在煤炭燃烧前，将煤炭中的碳元素通过化学反应转化成 CO_2 去除。燃烧前捕集相对复杂，它是将煤气化为 CO_2 和 H_2，然后分离 CO_2 和 H_2，从而实现 CO_2 捕集的技术。燃烧前捕集多与 IGCC 相结合。国内的 IGCC 项目有华能天津 IGCC 项目以及连云港清洁能源动力系统研究设施。

燃烧前捕集在降低能耗方面是最具潜力的技术，主要用于 IGCC 和部分化工过程。电厂通过燃烧前捕捉系统捕捉 CO_2 的基本流程是：在化石燃料燃烧前，首先对煤炭进行气化反应，把煤炭转化为 CO 和 H_2 的合成气；待合成气冷却后，再经过蒸汽转化反应，使合成气中的 CO 转化为 CO_2，同时产生更多的 H_2，CO_2 和 H_2 的密度差异较大，易于分离；此时再将 CO_2 从混合气体中分离出来进行捕集，让 H_2 作为无碳能源进行发电。

国外电厂燃烧前捕集中试试验已经运行，国内 30 MWth 的中试系统已于 2015 年在华能天津 IGCC 电站建成。在燃烧前捕集中，水煤气变换在化工行业较为成熟，是燃烧前捕集能耗占比最大的部分。当前，该技术主要的瓶颈是系统复杂，富氢燃气发电等关键技术还未成熟，新的 H_2/CO_2 分离技术和中高温耐硫变换等技术还未得到突破。

(3) 富氧燃烧捕集

富氧燃烧捕集属于燃烧中的 CO_2 捕集技术，主要采用空气分离方法，将从空气中分离出的 O_2 和再循环烟气混合后，作为助燃气体送入燃烧设备，来提高烟气中 CO_2 的浓度（90%～95%），以利于 CO_2 捕集。一般地，富氧燃烧后干烟气中的 CO_2 含量可达到 80%以上，再经过简易的压缩纯化过程即可达到 95%以上的纯度，满足大规模管道输送和存储的需要。富氧燃烧捕集的基本流程是：首先运用空气分离装置对空气进行氧气提纯；然后让煤和纯氧进行燃烧；接着对燃烧产生的烟气实施冷却、脱硝、脱硫和除尘处理，这样就得到了高浓度的 CO_2；最后经过加压、脱水、运输，使 CO_2 被封存或者利用。

富氧燃烧捕集分为常压、加压两类。近年来富氧燃烧捕集发展迅速，可用于部分改造后的火电厂和新建燃煤电厂。尽管在玻璃、冶金行业采用富氧燃烧已有近百年的历史，但在这些行业的工业过程中富氧燃烧主要用于提供高温和直接加热，而不是用于发电和捕集 CO_2。具有碳捕集能力的燃煤电厂富氧燃烧技术的研发历史不到 20 年。目前，德国、法国、澳大利亚、西班牙、中国等国已分别建成十万吨级的工业示范装置，部分装置已开展了数万小时的性能考核试验，英国白玫瑰 426 MWe 富氧燃烧大型示范装置正在进行可行性研究，阿尔斯通公司、美国巴威公司、斗山巴布科克、IHI 公司、日立等国际动力巨头和国内的东方电气集团都在该技术方向上有技术储备。低能耗大规模制氧技术、酸性气体压缩技术和系统集成优化技术是降低富氧燃烧技术投资和运行成本的关键，也是现阶段该技术发展的瓶颈。其中，制氧是整个捕集过程中能耗最大的，所以低能耗大规模制氧技术是显著降低脱碳能耗的关键。

2.3　CO_2 主要利用技术

CO_2 利用是指利用 CO_2 参与的物理、化学或生物反应，生产具有商业价值的产品，且相对于其他没有 CO_2 参与的同类工艺可减少 CO_2 排放的工业过程。首先，CO_2 利用技术必须是一种工业化过程，不应是一种自然过程。其次，CO_2 利用技术必须同时具有以下三方面的属性：① CO_2 作为主要供应物质，直接参与工业过程。这使得 CO_2 利用技术区别于那些没有 CO_2 参与但也能够实现减排的技术，如节能增效等。② 附带经济性。只有那些能够产生具有经济价值产品的技术才是 CO_2 利用技术，这使得 CO_2 利用技术区别于单纯的咸水层封存及枯竭油气田封存等技术。③ 净减排效果。相对于生产同类产品但没有 CO_2 参与的同类技术，能够实现 CO_2 净减排的才属于 CO_2 利用技术。根据 CO_2 利用技术的反应类型，可将 CO_2 利用技术分为化工利用、生物利用和地质利用三大类，每一类利用又可分为若干技术。表 2.2 表示我国 CO_2 利用技术类型和发展阶段。本节将重点介绍几类主要的 CO_2 利用技术。

表 2.2 我国 CO_2 利用技术类型和发展阶段

CO_2 利用技术类型		发展阶段
化工利用	重整制备合成气	工业示范
	制备液体燃料	基础研究
	合成甲醇	工业示范
	制备烯烃	中试阶段-工业示范
	光电催化转化	基础研究
	合成有机碳酸酯	工业示范
	合成可降解聚合物	工业示范-商业应用
	合成异氰酸酯/聚氨酯	工业示范-商业应用
	制备聚碳酸酯/聚酯材料	工业示范
	钢渣矿化利用	工业示范
	磷石膏矿化利用	工业示范-商业应用
	钾长石加工联合矿化	中试阶段
	混凝土养护利用	中试阶段
生物利用	微藻生物利用	中试阶段
	气肥利用	基础研究
	合成苹果酸	中试阶段-工业示范
地质利用	强化石油开采	工业示范
	驱替煤层气	中试阶段-工业示范
	强化天然气开采	基础研究

续 表

CO_2 利用技术类型		发展阶段
地质利用	强化页岩气开采	基础研究
	置换水合物	基础研究-中试阶段
	地浸采矿	商业应用
	采热利用	基础研究
	强化深部咸水开采与封存	中试阶段

2.3.1 CO_2 化工利用技术

CO_2 化工利用技术一般是指将 CO_2 加氢，制成化学品与液体燃料等高附加值产品的技术，该技术不仅能实现低碳减排，还可实现 CO_2 的资源化利用，创造额外收益，具有较好的应用前景，对传统产业的转型升级起到重要作用。

由于 CO_2 分子具有化学惰性，因此它的转化需要大量能量输入。因为 H_2 产生的能量可以用来转化 CO_2，所以可以通过可再生能源如太阳能、风能、生物质能、核能等制得的 H_2 将 CO_2 转化为高附加值的化学品或燃料，同时也有助于解决温室气体大量排放、化石燃料的过度依赖及可再生能源存储三个方面的问题。

目前，CO_2 制化学品与液体燃料大部分的研究较多关注合成甲醇、甲酸、一氧化碳等碳一（C_1）小分子化合物，烯烃、烷烃（液化石油气和汽油）、芳烃等。其中，烯烃分为两个组：含有 2～4 个碳原子的低级烯烃（C_2～C_4）、碳链更长的汽油烃类组分高级烯烃（C_5～C_{11}）。低碳烯烃通常是指乙烯、丙烯、丁烯和 1,3-丁二烯，是重要的石油化工基础物质，是塑料、合成纺织品、橡胶、溶剂和涂料的组成部分。高碳烯烃，特别是线性 α-烯烃，是生产聚氯乙烯（PVC）增塑剂、合成润滑油、清洁剂和表面活性剂的重要工业中间体。芳烃，主要是苯、甲苯和二甲苯（BTX），是生产合成橡胶、尼龙、树脂、香料和药物的最重要的基础化学原料，全球年消费量为 14 亿吨，并且继续以每年

2%～6%的速度增长。下面将主要介绍 CO_2 加氢制甲醇、甲酸、烯烃和液体燃料这四类技术。

(1) CO_2 加氢制甲醇技术

CO_2 加氢制甲醇技术是指在一定温度、压力下，利用 H_2 与 CO_2 作为原料气，通过在催化剂（$Cu/ZnO/Al_2O_3$ 等氧化物催化剂）上发生加氢反应催化转化生产甲醇。CO_2 加氢制甲醇技术主要涉及的反应方程式具体如下。

$$CO_2 + 3H_2 = CH_3OH + H_2O \quad -49.43\ kJ/mol$$

$$CO_2 + H_2 = CO + H_2O \quad -41.12\ kJ/mol$$

$$CO + 2H_2 = CH_3OH \quad -90\ kJ/mol$$

甲醇是最简单的饱和醇，也是重要的化学工业基础原料和清洁液体燃料，被广泛用于有机合成、医药、农药、涂料、染料、汽车和国防等领域中，用来合成甲醛、二甲醚、烯烃、汽油、乙酸、氯甲烷、甲胺、硫酸二甲酯、对苯二甲酸二甲酯、甲基丙烯酸甲酯、丙烯酸甲酯等多种产品。

目前，我国主要采用以煤炭为原料，经过气化合成甲醇的技术路线，这种方式不仅浪费了大量的煤炭资源，同时也排放出了大量的 CO_2。截至 2018 年年底，我国甲醇有效产能逾 8 300 万吨，约占世界甲醇总产能的 59%，精醇产量达 4 900 万吨。我国拥有年产规模在 50 万吨以上的甲醇生产企业超 50 家，涉及产能逾 5 700 万吨，占全国有效总产能的近 7 成。

目前，CO_2 加氢制甲醇处于工业示范阶段。CO_2 加氢制甲醇具有两点优势：一是可以利用 CO_2 合成化工原料甲醇；二是可减少 CO_2 排放，实现碳资源的循环利用。同时，也有两个需要重点解决的技术瓶颈问题：一是高性能催化剂的开发；二是廉价 H_2 的来源。CO_2 加氢制甲醇，一定程度上也依赖新能源的发展，特别是风能、核能、太阳能等能源技术大规模发展后，可解决廉价 H_2 的来源问题。就近期来看，我国盐卤行业、焦炉气行业和弛放气行业等排放出大量的 H_2，是目前 CO_2 加氢制甲醇技术可以利用的优先区域。从长远来看，随着我国可再生能源、先进核能技术的发展，电解水制氢和生物质制氢的成本将大幅降低，可能获得充足的廉价 H_2，这些技术将极大地推动 CO_2 加氢制甲醇技术的大面积应用。

(2) CO_2 加氢制甲酸技术

CO_2 加氢制甲酸技术是指 CO_2 与氢气在催化剂的作用下直接合成甲酸的技术。该过程在理论上属于原子经济性100%的绿色工艺，引起了各国研究者的关注。CO_2 加氢制甲酸技术主要涉及的反应方程式具体如下。

$$CO_2 + H_2 \longrightarrow HCOOH \quad -31.5\ kJ/mol$$

甲酸是最简单的有机羧酸，与其他有机酸相比，其分子中既含有羧基，又含有醛基；既有酸的性质，又有醛的性质。甲酸在化学工业、食品工业、医药、农药、制革行业中应用广泛。甲酸还可以作为能源生产的原料，CO_2 加氢制甲酸可以作为储存和运输氢气的方式。甲酸也可作为燃料电池和汽车燃料的原料，为人们提供电力和动力。

甲酸生产主要采取轻油液相氧化法、甲酸甲酯水解工艺，而生物法和 CO_2 法生产工艺仍处于研究阶段，污染严重、原料成本高的甲酸钠法生产甲酸技术已经基本被淘汰。随着医药及食品等领域的发展，我国甲酸需求不断增长，产业进入快速发展阶段。2018年，我国甲酸行业产量约为50.2万吨，同比2017年的40.2万吨增长了24.9%。2018年我国甲酸行业进口量约为0.02万吨，出口量约为17.69万吨，国内甲酸行业需求量约为32.53万吨。

目前，CO_2 加氢制甲酸技术大多数还处于实验室阶段，选择性和转化率均不太理想，难以进行商业化推广。该技术需要解决的技术瓶颈问题是制备活性高、能够长周期使用、环境友好的催化剂。当前的研究绝大多数都集中于均相反应，该反应在较高压力下进行，存在金属残留的问题，部分催化剂的成本太高，造成大量损失，而其他类型的催化过程技术不成熟，效率较低。改善催化反应体系中的传质和传热，促进反应的产业化，使二氧化碳有效地转化为有用的化工资源，对解决环境问题、能源问题和化工原料问题均具有重大意义。同时，为了降低生产成本，开发能量优化的合成工艺也是该技术走向工业化必须解决的难点之一。

(3) CO_2 加氢制烯烃技术

CO_2 加氢制烯烃技术是热催化 CO_2 加氢直接合成乙烯、丙烯等高附加值化学品的技术。CO_2 加氢制烯烃可以通过两种途径进行，分别是改良的费托合成(FTS)和甲醇介导合成,如图 2.2 所示。

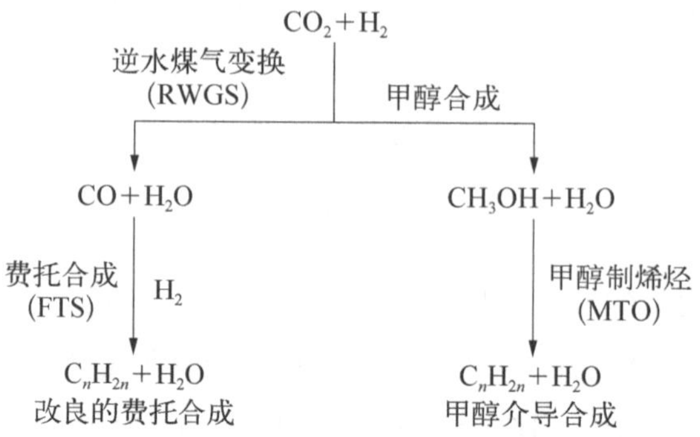

图 2.2 CO_2 加氢制烯烃的直接途径

在第一种途径中,CO_2 通过逆水煤气变换(RWGS)还原为 CO,然后通过 FTS 进行链传播。在第二种途径中,CO_2 首先被氢化为甲醇,然后转化为碳氢化合物。在这两种途径中,都是在链增长步骤产生增值的碳氢化合物。由于上述两种途径都涉及两个不同的步骤,因此可以使用两级反应器(间接途径),通过使用两种不同的催化剂并在针对每个步骤优化的特定反应条件下进行这两个步骤。同时,由于这两个步骤不是互相排斥的,单独使用单个反应器的直接路线也是可行的,这样会更经济、节能。目前,研究较多关注 CO_2 加氢生成低级烯烃,主要研究的参数如表 2.3 所示。

目前,烯烃主要来自化石燃料,消费主要集中在聚乙烯、环氧乙烷/乙二醇和苯乙烯、聚丙烯、丙烯腈、异丙醇、丙酮、环氧丙烷等领域。人们对塑料等需求的不断增长促使人们需要开发更可持续的合成路线。2018 年,全球乙烯产能达到 1.8 亿吨左右,我国是仅次于美国的世界第二大乙烯生产国,国内乙烯总产能为 2 600 万吨左右,约占全球总产能的 14%。2018 年,我国丙烯产量达 3 140 万吨,产能高速增长,丙烷脱氢(PDH)和煤制烯烃(CTO)生产工艺进展迅速。

目前,CO_2 加氢制烯烃技术大多数还处于实验室阶段。在 CO_2 制备低级烯烃过程中,减少烷烃特别是甲烷的生成以及提高某一烯烃的选择性是该研究的重点。需要开展研究,更好地控制 C/H 表面比率和催化剂功能范围内的相互作用,以及了解反应机理并避免催化剂失活。

表 2.3 CO_2 加氢生成低级烯烃的部分研究(CO_2 转换率在 20%～40%)

催化剂	CO_2 转换率/%	选择性[①]/%			O/P 的比[②]	反应条件			空间速率/($mL \cdot gcat^{-1} \cdot h^{-1}$)
		CO	CH_4	低碳烯烃(C_2～C_4)		T/℃	H_2/CO_2 的比	p/MPa	
80 Fe20 Cu/K/Al_2O_3	30.0	5.7	9.2	n. r.[③]	5.5	300	3∶1	2.0	756
Fe-Cu(0.17)/K(1)/Al_2O_3	29.3	17.0	7.0	n. r.	5.2	300	3∶1	1.1	3 600
Fe-Co/K/Al_2O_3	37.2	28.9	13.5	30.2	7.3	320	3∶1	2.0	3 600
5Fe-1 Zr-1 Ce-K	28.2	10.5	41.8	22.6	1.1	320	3∶1	2.0	n. r.
Fe/ZIF8	30.0	17.0	25.0	8.0	0.2	300	3∶1	3.0	3 600
FeK1.5/rGO	37.0	46.0	n. r.	30.2	5.6	340	3∶1	2.0	2 200
$ZnGa_2O_4$/SAPO-34	37.0	85.0	0.8	6.8	1.0	450	3∶1	3.0	5 400
In-Zr/SAPO-34	35.5	85.0	0.6	11.5	4.6	400	3∶1	3.0	9 000
ZnZrO/SAPO	20.0	65.0	1.8	28.0	8.0	400	3∶1	2.0	3 600
In-Zr/SAPO-34	26.2	63.9	0.7	26.9	3.5	380	3∶1	3.0	9 000
CuZnZr@(Zn-)SAPO-34	19.6	58.6	6.1	25.0	3.0	400	3∶1	2.0	n. r.

① 表中的选择性值是基于碳计算的，包括 CH_4、CO、C_2～C_4 烯烃、C_2～C_4 烷烃和 C_5+化合物。

② O/P 的比是指产物混合物中烯烃与链烷烃的差异。

③ n. r. 指尚未报告的数据。

(4) CO_2 加氢制液体燃料

目前，CO_2 加氢合成高碳烃的研究还相对较少。2017 年 5 月，中国科学院大连化学物理研究所碳资源小分子与氢能利用创新特区研究组研究员孙剑、葛庆杰团队通过设计一种新型 Na - Fe_3O_4/HZSM - 5 多功能复合催化剂，成功实现了 CO_2 直接加氢制取高辛烷值汽油，被认为是 CO_2 催化转化领域的突破性进展。Na - Fe_3O_4/HZSM - 5 多功能复合催化剂催化 CO_2 氢化的三个步骤，如图 2.3 所示。首先通过 RWGS 得到 CO；随后通过 FTS 将 CO 氢化为 α -烯烃中间体；最后通过酸催化低聚、异构化和芳构化反应形成汽油烃。

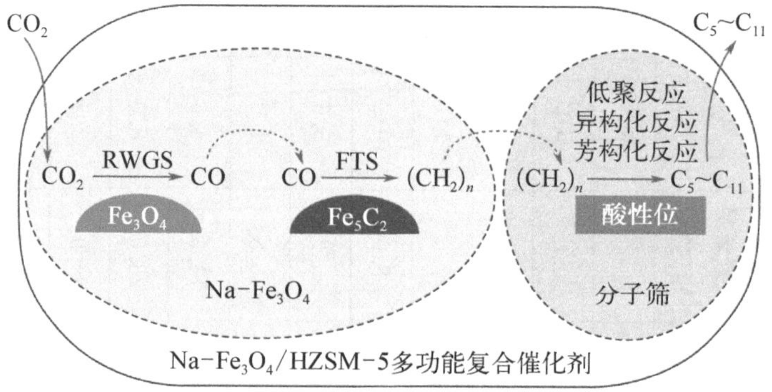

图 2.3 通过 CO_2 加氢制汽油的直接途径

2017 年，中国科学院低碳转化科学与工程重点实验室创造性地采用氧化铟/分子筛双功能催化剂，实现了 CO_2 加氢一步转化高选择性得到液体燃料。孙予罕、钟良枢和高鹏团队成功地设计出了金属氧化物/分子筛双功能催化剂，在 CO_2 高选择性转化为高碳烃方面取得突破。烃类产物中汽油烃类组分的选择性高达近 80%，而副产物甲烷的选择性小于 1%，汽油烃类组分以高辛烷值的异构烃为主。双功能催化剂是利用氧化铟表面的高度缺陷结构来活化 CO_2 并进行选择性加氢，在实现 CO_2 高效转化为含氧中间体的同时可有效抑制副产物的生成，中间体传递至分子筛笼中，发生偶联反应得到汽油烃类组分。研究还发现，双活性位的精准控制对汽油烃类组分的生成起着至关重要的作用。

此外，CO_2 加氢还可以合成芳烃，这是一种非石油路线合成芳烃的技术。目前，利用 CO_2 加氢直接制取芳烃的技术也取得了一定的突破，控制活性金属组分的还原能力，调控分子筛的结构与最佳酸浓度，寻找金属组分与分子筛的最佳空间距离，是将 CO_2 转化为芳烃过程中得到复合催化剂高活性与高稳定性的关键条件。但是反应过程中仍然存在着 CO_2 转化率过低、副产物 CO 的选择性高、产物分布广泛等问题。

2.3.2　CO_2 生物利用技术

CO_2 生物利用技术是指以生物转化为主要特征，通过植物光合作用等生物技术将 CO_2 用于生物质的合成，从而实现 CO_2 的资源化利用。据估计，地球上的植物每年通过光合作用固定的碳达 2×10^{22} t，能量达 3×10^{18} kJ，可开发的能源约相当于全世界每年能耗的 10 倍，其中藻类生物固碳利用的贡献约占 46%。

近年来，CO_2 生物利用技术已经成为全球 CCUS 中的后起之秀。当前，CO_2 生物利用技术还处于初期发展阶段，其研究主要集中在微藻固碳和 CO_2 气肥利用上。其中，微藻固碳技术主要用于能源、食品和饲料添加剂、肥料等的生产，包括微藻固定 CO_2 转化为生物燃料和化学品技术、微藻固定 CO_2 转化为生物肥料技术、微藻固定 CO_2 转化为食品和饲料添加剂技术等。

(1) 微藻固定 CO_2 转化为生物燃料和化学品技术

微藻固定 CO_2 转化为生物燃料和化学品技术主要利用微藻高效的光合作用原理，如式(2-1)所示将 CO_2 通过卡尔文循环固定转化为碳水化合物并释放氧气，碳水化合物进一步分解转化为热值更高的微藻能源物质，从而达到利用 CO_2 的目的。这种微藻光合作用固碳的速率高达 1 826 mg/(L.d)，是陆生植物的 10～50 倍。这种利用微藻制备生物柴油(biodiesel)的工艺方法包括：产油微藻的选育、产油微藻的大规模培养、产油微藻的收获、藻泥的干燥、微藻细胞的破碎、藻粉油脂的提取和生物柴油的制备。

$$6CO_2 + 6H_2O \xrightarrow[\text{叶绿体}]{\text{太阳光}} C_6H_{12}O_6 + 6O_2 \tag{2-1}$$

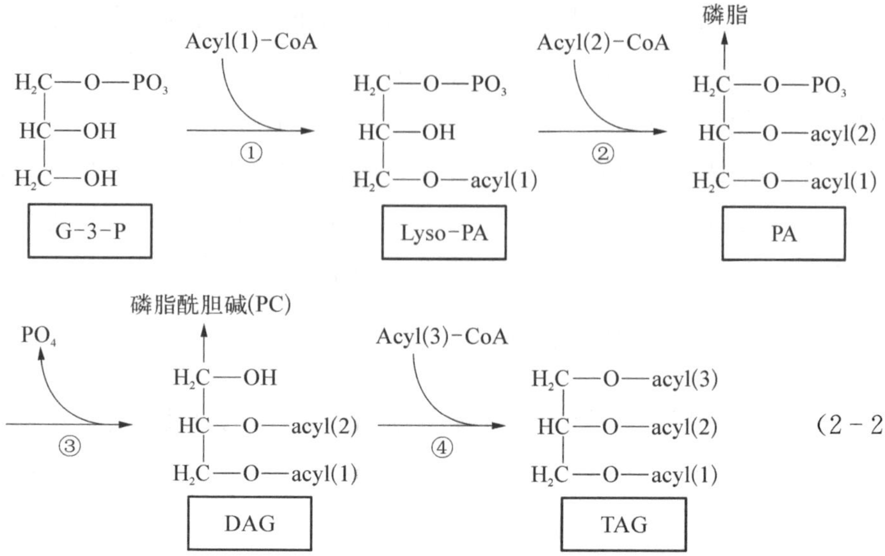

(2-2)

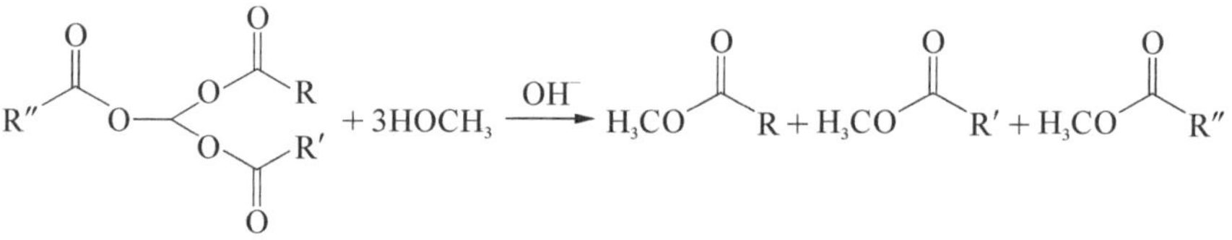

(2-3)

利用微藻固定 CO_2 是可行的技术减排方案，但如何提高该工艺的经济性和效率是难题。选育的产油微藻不仅要求含油量高，还必须有生长快、不易污染、易于收获等特点。目前上述技术路线存在以下问题：① 微藻累积油脂过程在缺氮、高光等胁迫环境下完成，当光照强度过强时，微藻受到光抑制从而停止生长，但微藻油脂含量将提高；② 微藻干燥和油脂提取过程能耗极高，占全过程总能耗的 42%，并且通过微藻生物质炼制的生物柴油价格远高于普通柴油价格，所以微藻制取生物柴油的经济性极差。

微藻产油涉及多方面。在产油微藻的大规模培养上主要采用开放池系统和封闭式反应器方式。开放池系统是以自然光作为光源和热源，依靠搅拌来提高光能的利用效率和防止微藻沉降，它具有投资少、成本低和技术简单的优点，缺点是易受污染和水分蒸发严重。封闭式反应器具有光能及

CO_2 利用效率高，培养条件易于控制、不易污染，生长速度快等优点，缺点是透光比较困难、操作成本高。当 CO_2 气流烟气通入光生物反应器后，形成气液两相流动，CO_2 经溶解扩散至藻细胞内被生物转化利用，但 CO_2 溶解呈酸性，酸性条件会抑制微藻的光合生长固碳及产物合成，因此藻种筛选是实现高效固碳的首要条件，良好的藻种是实现微藻高效利用 CO_2 的基础。

在微藻产油的流程上，主要采用沉降、絮凝、超滤和离心等方法。干燥藻泥的方法主要有日晒干燥、旋鼓式干燥、喷雾式干燥和真空干燥等。微藻细胞的破碎方法有超声波破碎法、冻融破碎法和碾磨法等。油脂的提取技术主要包括机器榨取法、有机溶剂萃取法等。生物柴油的制备主要包括物理法和化学法，物理法包括直接混合法和微乳液法，化学法包括热裂解法和酯交换法。常用的酯交换法是在酶的作用下，利用甲醇和微藻油脂发生酯交换反应，生成长链脂肪酸甲酯的反应，其产物称为生物柴油。

微藻作为理想的“太阳能捕获器”，其制取的生物柴油已成为国际上发展最快的环保再生能源之一，这对于缓解能源压力、保障能源安全、促进环境保护具有重要意义。这种微藻转化为生物燃料或化学品的技术实现了 CO_2 的资源化利用，还可以与土壤综合治理、工业及农业废水治理相结合，来实现工业化生态减排，进一步地可与农、牧、渔业相辅相成形成区域性绿色循环经济，可同时兼顾国家利益（温室气体减排、能源安全和粮食安全）和地区效益。

清华大学的常世彦和张希良对中国中长期（2020—2050）生物燃料的发展情况进行了比较和分析，认为在保持现有政策的前提下，2020 年生物燃料保守发展量为 400 万吨油当量；而在积极财税政策支持下，最大市场发展量可达 2 980 万吨。可以预见，在调整经济增长模式和产业结构，保障能源安全等重大发展问题的决策过程中，发展从微藻制取生物燃料或化学品的市场潜力将是巨大的。

此外，利用微藻还能生产醇类、烷烃和异戊二烯等化学品，但目前没有形成规模。

(2) 微藻固定 CO_2 转化为生物肥料技术

微藻固定 CO_2 转化为生物肥料技术主要是利用微藻的光合作用，将 CO_2 和水在叶绿体内转化为单糖和氧气，如式(2-4)所示；同时丝状蓝藻能将空气中的无机氮转化为可被植物利用的有机氮，如式(2-5)所示。这类技术将生物固碳与生物固氮、工厂附近固碳、稻田大规模固碳结合起来，主要流程包括：高固碳和高固氮藻种的选育、微藻的大规模培养、微藻的收集、干燥和运输和微藻藻粉在稻田中的应用。

$$6CO_2 + 6H_2O \xrightarrow[\text{叶绿体}]{\text{太阳光}} C_6H_{12}O_6 + 6O_2 \tag{2-4}$$

$$N_2 + 8H^+ + 8e^- + 16ATP \xrightarrow[\text{异型胞}]{\text{固氮酶}} 2NH_3 + H_2 + 16ADT + 16Pi \tag{2-5}$$

该技术的中间产品是干燥后的固氮蓝藻藻粉，该产品是一种天然微生物肥料，可直接用于稻田繁殖蓝藻，为水稻提供氮肥，同时死亡的藻细胞变成有机肥料，能改善土壤结构，提高水稻的产量和品质。微生物肥料在我国是正在发展的产业，2012 年产量为 900 万吨，在不同作物和农业条件下增产 15%～19%。固氮蓝藻藻粉作为一种新型肥料将填补我国在水稻微生物肥料上的空白。因此，该技术使得微藻在工厂附近进行一次固碳后，还可在稻田中进行二次放大固碳，使碳以有机碳的方式在土壤中长时间保存，从而降低碳循环的速度，是很有前景的生物固碳技术。

(3) 微藻固定 CO_2 转化为食品和饲料添加剂技术

该技术是利用一些微藻的光合作用，将 CO_2 和水在叶绿体内转化为单糖和氧气，同时在细胞内积累高附加值的次生代谢物，如不饱和脂肪酸和虾青素，如式(2-6)所示。主要流程包括：能积累高附加值的固碳藻种的选育；微藻的大规模培养；微藻的收集、干燥和运输；微藻藻粉在食品和饲料行业中的应用。根据所选用的藻种的不同，该技术的产品包括不饱和脂肪酸(EPA 和 DHA)、虾青素和胡萝卜素等一系列高附加值的藻粉。由于目前虾青素的价值最高，而且大规模培养技术很容易与生物固碳相结合，所以本节以雨生红球藻(*Haematococcus pluvialis*)生产虾青素为例进行技术评估。

$$6CO_2 + 6H_2O \xrightarrow[\text{叶绿体}]{\text{太阳光}} C_6H_{12}O_6 + 6O_2 \left\langle \begin{array}{l} \nearrow \text{不饱和脂肪酸(EPA,DHA)} \\ \searrow \text{虾青素} \end{array} \right. \tag{2-6}$$

虾青素(Astaxanthin, ASTA)是一种红色素,是类胡萝卜素的一种,化学名称为 3,3′-二羟基-4,4′-二酮基-β,β′-胡萝卜素,分子式为 $C_{40}H_{52}O_4$。虾青素是目前为止自然界发现的最强抗氧化剂,其抗氧化活性是维生素 E 的 1 000 倍,因而它具有抗炎、抗癌、增强免疫力、美容祛斑、抗疲劳、抗衰老、改善衰老性视网膜黄斑变性等功效。因此,除作为动物饲料添加剂外,虾青素在营养保健品、化妆品和医药工业都具有巨大的应用前景。目前,虾青素市场总规模为每年 2 亿美元以上。

该技术充分利用微藻生物多样性的特点,将固碳和生产高附加值产品结合起来,从而抵消固碳成本,目前认为是最容易推广的生物固碳技术。

(4) CO_2 气肥利用技术

CO_2 气肥利用技术是通过增加温室中 CO_2 的浓度来提升作物光合作用速率,提高作物产量的 CO_2 利用技术。CO_2 的来源是能源、工业生产过程中捕集的 CO_2,利用的方式是农业温室生产,利用的对象是农作物,产生的效益是提高作物产量、减少 CO_2 排放。捕集 CO_2 温室气肥利用技术主要包括:CO_2 存储注入、温室 CO_2 浓度监控、温室 CO_2 浓度与作物生长阶段匹配调控,技术核心是温室浓度与作物生长过程的协调优化。

“CO_2 是蔬菜作物的粮食”。设施栽培相对密闭,温室内空气与外界空气不能正常流通,致使光合作用所需的二氧化碳不足,限制了作物的产量和效益。夜间作物呼吸作用、土壤微生物活动和有机质的分解使室内 CO_2 浓度达到 500～600 ppm①,日出 2～3 h,CO_2 浓度下降至作物补偿点(100 ppm)以下,叶片不能从周围环境中吸收 CO_2,光合作用基本停止,作物

① 1 ppm=10^{-6}。

处于一种临时的休眠状态；当温室 CO_2 提高到1 000～1 500 ppm，植物的光合作用可以提高一倍，产量增加20%～50%（董琪辉，2005）。

传统的气肥利用技术已经进入商业化阶段，CO_2 发生器装置（稀硫酸与碳酸氢铵化学反应），CO_2 气肥棒技术，双微 CO_2 气肥、新型 CO_2 复合气肥（颗粒气肥），液化气的燃烧等方式，均为额外制备 CO_2 释放，是典型的 CO_2 增排过程。而捕集 CO_2 温室气肥利用技术是将能源以及工业生产过程中捕集的 CO_2 注入温室中供作物利用，具有减少 CO_2 排放的效果。但目前捕集 CO_2 温室气肥利用技术的一次投入成本较高、操作复杂，仍处于技术研发阶段。

我国拥有 2.5×10^4 km^2 温室，是世界上设施园艺面积最大的国家（史艳华，2008）。通过大规模推广应用捕集 CO_2 温室气肥利用技术能增加作物产量，切实产生提高农户经济收入的经济效益，降低作物病虫害发病率，降低农药施用量的社会效益，同时通过 CO_2 的生物利用发挥减排 CO_2 的环境效益，是CCUS领域可行的发展方向。

2.3.3 CO_2 地质利用技术

CO_2 地质利用（CO_2 geological utilization, CGU）技术是指将 CO_2 注入地下，利用地下矿物或地质条件，生产有经济价值的产品或者提高其产量，同时减少 CO_2 排放的技术。此种利用技术被认为是能够实现大规模 CO_2 减排的有效措施，国家在相关政策文件中均明确提出要将 CO_2 地质利用技术开发作为控制温室气体排放和减缓气候变化的重要任务。同时，产品的额外附加值也增加了技术的经济可行性。该技术将为我国未来减少 CO_2 排放和保障能源安全提供重要的战略技术选择。

目前，CO_2 地质利用技术主要包括能源增产增效和矿产资源增产与利用两个方向，各方向分别包含若干技术途径，主要有 CO_2 强化石油开采（CO_2-EOR）技术、CO_2 增强驱替煤层气（CO_2-ECBM）技术、CO_2 提高天然气采收率（CO_2-EGR）技术、CO_2 增强页岩气开采（CO_2-ESGR）技术、CO_2 增强型地热系统（CO_2-EGS）技术等地质利用技术。其中，CO_2 地质利用增产能源主要是指利用 CO_2 作为溶剂或工质液注入目标地层中，增强石油、煤层气、天然气、页岩气、地热能源的开采，提高这些能源产品的产量。目前，CO_2 - EOR 技术已经商业化应用，CO_2 - ECBM 技术正处于中试研发与示范工程建设阶段，其他如 CO_2 - EGR 技术、CO_2 - ESGR 技术、CO_2 - EGS 技术等尚处于早期研发阶段。这些传统的 CO_2 增产能源资源技术不仅能够提高我国石油、天然气等关键能源资源的产量，缓解我国能源供应压力，还将在 CO_2 减排方面作出重要贡献，对应对气候变化、改善环境、提高公众生活质量具有现实意义。

CO_2 增采矿产资源主要是指结合特殊储层的地质特征和 CO_2 本身的性质特点，通过注入深部地层的 CO_2 或者含 CO_2 的溶浸液驱替或者溶浸出地下深部的高价值液体矿产资源（如锂盐、钾盐、硼酸等）、战略性矿产资源（如铀资源等）以及深部水资源，并加以开发和综合利用。其主要产品包括钠盐、钾盐、碘盐、硼酸、溴素、锂盐、铀矿，以及工业、农业用水等。

在矿产资源增采与利用的各类技术中，利用 CO_2 驱替高价值液体矿产资源或卤水资源技术目前尚处于研发阶段，CO_2 -铀矿浸出增采技术已经进入商业开发阶段，而利用 CO_2 驱替深部咸水并淡化利用技术已经进入示范工程建设阶段，如表 2.4 所示。

表 2.4　CO_2 地质利用技术类型及发展阶段

CO_2 利用技术类型		发展阶段
地质利用	强化石油开采	工业示范
	驱替煤层气	中试阶段-工业示范
	强化天然气开采	基础研究
	强化页岩气开采	基础研究
	置换水合物	基础研究-中试阶段
	地浸采矿	商业应用
	采热利用	基础研究
	强化深部咸水开采与封存	中试阶段

(1) CO_2 强化石油开采技术

CO_2 强化石油开采（简称 CO_2 强化采油，CO_2－enhanced oil recovery，CO_2－EOR）技术是一项相对成熟的、具有明显经济效益、已大规模商业化且应用范围广泛的采油技术（沈平平等，2007；Manrique et al.，2010）。我国 CO_2 强化采油及地质封存潜力巨大，CO_2 强化采油及地质封存的实施，将产生明显的经济、环境和社会效益。美国早在 1958 年在俄克拉何马州成功实施了 CO_2－EOR 矿场试验。2018 年，全球用于提高石油采收率的大规模 CO_2 利用项目数量为 23 个，CO_2 强化采油封存能力达到 4.2×10^7 t/a。其中，美国 11 个项目，CO_2 强化利用能力为 2.96×10^7 t/a，占比为 70%；加拿大 4 个项目，CO_2 强化利用能力为 6×10^6 t/a，占比为 14.3%；中国 5 个项目，CO_2 驱油能力为 4.4×10^6 t/a，占比为 10.5%。

CO_2 强化采油技术是将高纯度 CO_2 作为驱替流体和原油体积增膨剂注入油藏中，利用 CO_2 对原油的溶解、萃取、膨胀等作用，驱动原油流向生产井，从而达到石油增采目的的技术。在 CO_2 的作用下，原油体积膨胀，黏度降低，提高了原油的开采效率和采收率，这种技术常用于低渗油田增产或剩余油挖潜，但其对油藏的温度、压力和盐度等有着较高的要求。CO_2 泡沫驱也是一种重要的驱替方式，研究重点在于如何改善起泡剂的耐温耐盐性能、降低 CO_2 流度以及提高泡沫稳定性等。

CO_2/水交替驱技术是在注入井交替注入 CO_2 和水，利用水的密度大于原油密度、CO_2 的密度小于原油密度的特性，在重力作用下水经油层下部流向油井驱油，CO_2 经油层上部流向油井驱油，从而提高原油的开采效率和采收率。

CO_2 吞吐技术是采用在油井内注入 CO_2，将油井关闭一段时间后再开启的方式开采原油，在 CO_2 的作用下，使原油体积膨胀，黏度降低，并利用溶解气驱提高原油的开采效率和采收率。

在一定温度、较高压力下，当 CO_2 为液态或超临界状态时，原油中的轻质烃类分子被抽提到 CO_2 中，形成富含烃类的液相；同时，大量的 CO_2 溶解（分散）到原油中，形成溶解了 CO_2 的原油液相。当压力足够高时，两相液体混合成为“一相”，形成混相。在此条件下用 CO_2 驱替原油称为 CO_2 混相驱(miscible displacement)。在混相驱条件下，原油体积明显膨胀、黏度明显降低，CO_2 与原油的界面张力明显降低，显著改善原油在地层中的流动性。CO_2 混相驱可提高原油采收率幅度至原始原油地质储量(OOIP)的 7%～23%。

(2) CO_2 增强驱替煤层气技术

CO_2 增强驱替煤层气(CO_2-ECBM)技术是指将 CO_2 或者含 CO_2 的混合气体注入深部不可开采煤层中以实现 CO_2 长期封存，同时强化煤层气开采的技术。

CO_2 增强驱替煤层气技术与煤层气的单纯抽采方法相比有较高的产量，可以起到强化煤层气生产的作用。其主要机理有三个：首先，煤对 CO_2 比对 CH_4 具有更强的吸附性。在相同的温度和压力条件下，煤体表面吸附 CO_2 的能力大约是吸附 CH_4 的 2 倍。因此，将 CO_2 注入煤层后更容易被煤吸附，从而将原来吸附的 CH_4 置换出来。其次，降低 CH_4 分压，促进脱附。CO_2 的注入直接导致了自由气体中 CH_4 浓度的降低及 CO_2 浓度的增加，打破了原来吸附 CH_4 与自由 CH_4 之间的平衡。为了达到新的平衡，CO_2 将加快吸附，CH_4 则会加快脱附，脱附的 CH_4 变成自由气体从而容易被开采。最后，维持压力，促进流动。注入 CO_2 可维持注入井周围处于较高的压力，既可缓解单纯抽采中常见的压密降渗负作用又可提高压力梯度，从而提高煤层气产量和采收率。

CO_2-ECBM 技术不仅减少了温室气体 CO_2 的排放，同时还大幅度提高了煤层气的采收率，带有一定的经济附加值，具有双赢效果，因而受到广泛重视。

我国是煤炭大国，煤层气资源十分丰富，而且当前我国煤层气采收率普遍较低，发展 CO_2 增强驱替煤层气技术具有巨大的潜力。

(3) CO_2 提高天然气采收率技术

CO_2 提高天然气采收率(CO_2-EGR)技术是指将高压 CO_2 注入即将枯竭的气藏底部恢复地层压力，由于超临界 CO_2 相对于天然气具有高密度和高黏度特性，重力分异作用使得 CO_2 向下运移，促使天然气向顶部运移并稳定地产出，从而将自然衰竭无法开采的天然气驱替出来提高天然气的采收率，同时将大量 CO_2 封存于气藏地质结构中来实现 CO_2 减排的技术。该技术可以有效避免坍塌沉淀和水侵等现象的发生，这个过程也称为CSEGR(carbon sequestration with enhanced gas recovery)。随着经济的快速发展，我国的天然气需求量逐年增加，根据美国能源信息署(EIA)数据，我国天然气对外依存度达40%，因此 CO_2-EGR 技术对缓解我国能源需求具有重要意义。此外，天然气藏的储气性以及圈闭封盖的完整性在长期的天然气赋存阶段和开发阶段已经得到充分的地质验证，天然气藏可作为 CO_2 封存的良好场所，具有可观的埋存潜力，另外气田的采气井及地面集输管道网等基础设施齐全，稍加改进就可以直接用来注入 CO_2，节省了 CO_2 的注入成本。

CO_2-EGR 技术能够有效提高地层压力驱类型天然气藏的采收率。天然气藏的类型主要有两种：① 周围水系为驱动力的气藏类型，在采气过程中，周围水系渗透到气藏中，弥补气藏压力，维系开采直至枯竭，此时可以开采出50%～75%的天然气。对于水驱类型的气藏，在水系的弹性能量驱使其沿高渗透带窜入气藏，封闭气藏缝隙和空隙中未排出的天然气，形成死气区时，CO_2-EGR 技术无法起到提高采收率的效果。② 地层压力为驱动力的气藏类型，地层压力下降到了枯竭压力，不足以支撑气井自喷而枯竭，此情况下的采收率可以达到75%～90%，这部分气藏的储量约占14%。地层压力驱类型的气藏是 CO_2-EGR 技术应用的理想气藏类型，当气藏地层压力下降至枯竭压力，不能再进行自然衰竭开采时，通过注入 CO_2 来恢复地层压力并驱替天然气，可以获得最高的天然气采收率和最大的 CO_2 地下埋存量。如果气藏具有较大的深度，可以有效地避免 CH_4 和 CO_2 的混合，用该技术驱替天然气可提高采收率及 CO_2 封存的效果会更好。此外，在体积相对较小和渗透率较高的天然气藏中实施 CO_2-EGR 技术有利于在较短时间内恢复地层压力并较快地开采出天然气。

CO_2-EGR 技术主要是利用超临界 CO_2 和天然气的重力分异。超临界 CO_2 和天然气的固有物理性质表明，在目标气藏地层条件下，超临界 CO_2 密度很大，和液体接近；而地层天然气为干气，密度和黏度比超临界 CO_2 小很多，两者物理性质具有显著的差别。受重力分异的影响，超临界

CO_2 会倾向于向气藏储层下部沉降，即沉积在较轻的天然气下方形成“垫气”，体系趋于超临界 CO_2 与天然气不完全互溶的非平衡态，而不是超临界 CO_2 与天然气完全均匀混合的平衡态。另外，气藏中超临界 CO_2 和天然气的对流扩散过程很弱，两者之间在较长时间内保持超临界 CO_2 与天然气之间不完全互溶的两相共存状态，因此气藏中超临界 CO_2 不是与天然气大规模混合，而是部分混合。在地层温度下，10～20 MPa 范围内，埋存前缘与驱替前缘的流体密度差可达 500 kg/m^3，超临界 CO_2 带是埋存的主力地带，超临界 CO_2 -天然气过渡带是驱气的主要动力带。因此，利用超临界 CO_2 和天然气物理性质的差别，使得超临界 CO_2 在埋存的同时有效驱替天然气在原理上具有良好的可行性。

CO_2 - EGR 技术有其独特的优势：① 天然气藏是最适合通过主动注入大量 CO_2 实现地下封存的场地之一，因为气藏本身是自然形成的最适宜储存气态物质的地质结构体，而且气藏的储气性以及圈闭封盖的完整性，在长期的天然气赋存阶段和天然气的开发阶段已经得到充分的地质验证；② 气田的采气井及地面集输管道网等基础设施齐全，稍加改进就可以直接用来注入 CO_2，节省了 CO_2 的注入成本；③ 在气藏前期勘探和开发过程中，已经获得了有关气藏地下岩石力学特征、储盖层结构以及水文地质等详细信息，为 CO_2 的地下埋存提供了详细的资料。因此 CO_2 - EGR 技术在 CO_2 减排方面有着突出的优势。

(4) CO_2 增强页岩气开采技术

页岩气开发是全球能源领域的一场革命，它不仅仅增加了天然气产量，更对全球天然气市场、能源供应格局、气候变化政策等产生了重要影响。页岩的物质性质决定了页岩气开采的核心技术之一是水力压裂技术。水力压裂技术广泛应用于常规油气开采，但如何将该技术应用于吸附气比重极大的页岩气、提高单井产量，仍是挡在页岩气“美好前景”面前的一道门槛。不仅如此，水力压裂不但浪费水资源，还会污染地下水，诱发地震。在水资源匮乏、生态环境脆弱的中国，若要实现页岩气的大范围开采，必须考虑并规避水力压裂可能带来的风险。

美国纽约 2009 年 12 月出炉了一份报告，该报告列举了利用水力压裂技术开采马塞卢斯页岩天然气过程中使用化学制剂对环境造成的隐患。2011年6月，法国议会通过了禁止应用水力压裂技术的法案。在“绿色和平组织”和“非洲地球生命”等环保团体的强烈反对和游说下，南非政府将推迟发放所有的水力压裂技术开采许可证。

CO_2 增强页岩气开采技术作为一种新型的页岩气开采技术，以超临界或液相 CO_2 代替水来压裂页岩，利用 CO_2 吸附页岩能力比 CH_4 强的特点，置换 CH_4，从而提高裂隙网络的生成质量、页岩气产量和生产速率并实现 CO_2 地质封存，减少温室气体排放。超临界 CO_2 增强页岩气开采技术的原理有以下几个方面。

① 超临界 CO_2 黏度较低，扩散系数较大，最重要的是表面张力为零。因此，它在储层孔隙中非常容易流动，而且能够进入任何大于其分子的空间，在外力作用下，能够有效驱替微小孔隙和裂缝中的游离态 CH_4。

② CO_2 分子与页岩的吸附能力强于 CH_4 分子与页岩的吸附能力。因此，它能够与吸附在孔隙有机质、微小黏土颗粒等矿物表面的 CH_4 分子发生置换，将吸附态的 CH_4 分子变为游离态，CH_4 分子经过孔隙裂缝运移到井筒中被开采出来，使气井投产后很长一段时间内保持较高产量，缩短生产周期。

③ 超临界 CO_2 流体密度大，有很强的溶剂化能力，能够溶解近井地带的重油组分和其他污染物，减小近井地带油气的流动阻力。

CO_2 增强页岩气开采技术不仅可以利用 CO_2 进行强化采气，换得清洁能源，而且还可以将大量 CO_2 注入储层，实现永久封存，并从碳排放较多的企业或国家获取碳收益，从而进一步降低页岩气的开发成本，可产生明显的经济效益和社会效益，对提升国内天然气供给保障能力、增强国家能源安全、应对全球气候变化，具有现实的战略意义。

(5) CO_2 增强型地热系统(CO_2－EGS)技术

EGS(enhanced (or engineered) geothermal systems)，即增强型地热系统(或称为工程地热系统)，是为了从低渗透性或低孔隙率的热量源中提取具有一定经济效益的热能而创造的人工地下储热系统。目前所有没有被商业化利用，并且需要增产或增强类型的地热能资源的利用都被包含在此定义之下。增强型地热系统包括在沉积岩层和基底结构中蕴藏的以导热为主导、低渗透性的热源，地压型岩浆和档次低、非生产性的水热型资源。

干热岩地热发电技术是增强型地热系统技术的一种。干热岩增强型地热系统是增强型地热系统的典型类型，因此本节主要以干热岩增强型地热系统为例进行讨论。干热岩是一种普遍埋藏于距地表 4～5 km 深处、温度为 200～300 ℃、没有水或蒸汽的热岩体。

Brown 于 2000 年提出了用超临界 CO_2 代替水作为增强型地热系统技术中的换热工质的概念，以期在获得相等的地热能的同时产生附加的 CO_2 埋存效益。

开发干热岩资源的 EGS 技术的原理是：从地表往干热岩中打一眼井（注入井），封闭井孔后向井中高压注入温度较低的水，从而产生了非常高的压力。在岩体致密无裂隙的情况下，高压水会使岩体大致在垂直最小地应力的方向产生许多裂缝。若岩体中本来就有少量天然节理，这些高压水会使之扩充成更大的裂缝。这些裂缝的方向受地应力系统的影响，随着低温水的不断注入，裂缝不断增加、扩大，并相互连通，最终形成一个大致呈面状的人工干热岩热储构造。在距注入井合理的位置处钻几口井并贯通人工热储构造，这些井用来回收高温水和蒸汽，被称为生产井。

注入的水沿着裂缝运动并与周边的岩石发生热交换，产生温度高达 200～300 ℃的高温高压水或水汽混合物。从贯通人工热储构造的生产井中提取高温蒸汽，用于地热发电和综合利用。利用之后的温水又通过注入井回灌到干热岩中，从而达到循环利用的目的。

以 CO_2 为换热工质的 EGS 技术流程与以水为换热工质的 EGS 技术流程基本相同，只是把换热工质换为 CO_2。CO_2 作为 EGS 流动工质在地质岩层环境中处于超临界状态，具有类液体密度、类气体低黏度的特性，正是超临界 CO_2 的这种特性使得 CO_2 - EGS 技术与水- EGS 技术相比有着很大的差异性。

EGS 技术与传统的地热开采相比有它特有的优点。传统的地热开采对地质状况的要求非常高，必须在易于接近的地热水源附近，限制了其应用，EGS 技术则能够适应在不同的地理区域内进行地热发电。地热的热量是巨大的，而且与传统化石燃料相比，地热不会产生温室气体 CO_2 与二氧化硫等污染物，与风能、太阳能系统相比，地热发电厂又不受气候和时间的影响，因此EGS技术是一项很重要的CCUS技术，如果EGS能够普及，将会改善能源结构，缓解环境压力。

(6) CO_2 强化深部咸水开采技术

CO_2 强化深部咸水开采（CO_2－EWR）技术是将 CO_2 注入深部咸水层中，通过压力驱动而开采深部咸水的技术。CO_2－EWR技术还能够有效释放储层压力，使 CO_2 达到安全稳定大规模封存。

CO_2 驱水技术是指将超临界 CO_2 注入深度800 m以下，矿化度（TDS）$>$10 g/L的深部咸水/卤水层，驱替地下深部的高附加值液体矿产资源（例如锂盐、钾盐、溴素等）或深部水资源，并对其加以综合开发和利用的一种新型CCUS技术。CO_2 驱水技术主要包括两类：① 利用 CO_2 驱替高附加值液体矿产资源技术或 CO_2 驱替卤水技术；② 利用 CO_2 驱替深部咸水并淡化利用技术或 CO_2 驱替咸水技术。

对于传统的CCS工程项目，大规模注入 CO_2 会导致地层压力增加、咸水取代。压力的增加使得上覆盖层产生破裂或潜在断层重新活化，从而引发 CO_2 的泄漏；咸水取代会对原有的地下水系统产生影响，可能导致地层深部的高浓度咸水向浅层水体迁移，引起浅层水体的污染。CO_2－EWR技术能够通过合理的抽水井位控制和采水量控制释放储层压力，达到安全、稳定、大规模封存；在咸水开采过程中，对于低矿化度咸水，可以利用储层压力进行反渗透淡化处理，降低处理成本，产生的淡水可以满足各种工农业发展和生活所需。对于高矿化度咸水或卤水，可利用其蕴含的丰富氯化镁矿化 CO_2，获得高附加值的盐酸和轻质碳酸镁或提取出钾盐、溴素等重要矿产资源，该技术可产生明显的经济效益和社会效益。

CO_2－EWR技术对我国的意义可根据我国含水层系统的类型分为三大类。

在我国中西部地区（Ⅰ区），水资源相对紧缺，但煤炭资源相对丰富，这对耗水量大的煤化工企业来说无疑是发展的一大障碍，且 CO_2 的高浓度排放也使其在减排方面面临巨大压力，因此 CO_2 地质封存联合采水的新思路，对于我国煤化工产业发展较快而又缺水的地域如新疆、内蒙古等地，具有很大的应用潜力。

在我国东部地区（Ⅱ区），含水层类型主要是以砂砾石、中粗砂为主的松散岩类含水层系统，过度抽取地下水已引起华北、华东等地区严重的地面沉降，地下水采水深度正在逐年增加，开采深层咸水并加以淡化利用对于缓解这一地质问题有一定的应用前景。同时东部发达地区的碳排放强度高，所以深部咸水层封存是主要的选择之一。

在我国南部地区（Ⅲ区），主要是以碳酸盐岩为主或夹杂碎屑岩的含水层系统，裂隙富集和孔隙赋存的控矿机制形成了富集的卤水资源地，将其加以综合开发，可产生明显的经济效益和社会效益。

2.4　CO_2 封存技术

CO_2 地质封存是指通过工程技术手段将捕集的 CO_2 封存于地质构造中，实现 CO_2 与大气长期隔绝但不产生附带经济效益的过程。按封存地质体及地理特点划分，主要分为陆上咸水层封存、海底咸水层封存、陆上枯竭油气田封存和海底枯竭油气田封存等方式。有些情况下封存的 CO_2 气体中含一定量的 H_2S 等酸性气体杂质，这就对封存有特定的技术要求，较典型的有酸气回注技术①。目前，难以保障长期安全性和可靠性是 CO_2 地质封存技术发展的主要障碍。

(1) 陆上咸水层封存

陆上咸水层封存所需技术要素几乎都存在于油气开采行业，油气行业已有技术要素能够部分满足示范工程的需求。陆上咸水层是 CO_2 地质封存的首选之地，因为这种地质构造在地质年代内一直保持流体，同时在油气田开采中已经积累了不少 CO_2 封存的专业技术经验，此外，注入 CO_2 可以提高采收率，具有经济效益。对我国而言，陆上咸水层封存各技术要素的发

---

① 目前，酸气回注技术主要是将随天然气生产开采出的 H_2S 和 CO_2 注回地下的过程，以实现两种气体的减排。酸气回注技术也可用于其他领域，如将燃烧前或富氧燃烧等工艺过程中捕集的含杂质的高浓度 CO_2 注入咸水层等地质封存体。

展程度很不一致，其中监测与预警、补救技术等还仅处于研发阶段。目前，中国正在开展建设10万吨/年规模的陆上咸水层封存示范项目，相关技术和经验还在积累过程中。

(2) 海底咸水层封存

海底咸水层封存与陆上咸水层封存有一定相似性，但在海洋平台及钻井的再利用、封存安全性监测等方面比陆上具有更大的挑战性。海底咸水层封存在国外已有多年工程实践经验，我国已在东海和南海开展预可行性研究，但目前尚无工程示范项目。

(3) 陆上枯竭油气田封存

陆上枯竭油气田封存与陆上咸水层封存也很相似，但需要重点关注原有注采井的完整性、前期抽采扰动后盖层及断层的密封性评价。酸气回注的特殊性在于酸气对工程材料的腐蚀性和对地层的损害性等，国外已有60多个项目正在运行，国内目前还没有工程示范项目。

(4) 海底枯竭油气田封存

海底枯竭油气田封存与海底咸水层封存相似，也需要重点关注原有注采井的完整性、前期抽采扰动后盖层及断层的密封性评价。

2.5 小结

目前，CCUS技术是在众多温室气体减排技术方案中，能够兼顾能源安全、经济持续发展与CO_2大规模减排的战略性新兴技术。因此世界各国均不断投入大量资金进行该技术的研发与示范，并积极推动相关政策、法规与机制的制定。

CCUS全链条技术具有数量多、种类多、涉及的行业多等复杂特性，各项技术既独立，又相互交融联系。随着CCUS的技术应用和工程启动，以及国际合作研究项目的开展，我国面临较多尚待解决的技术难题、急需突破的核心技术以及可能引发的知识产权问题，因此，掌握CCUS的关键应用技术和知识产权具有重要的现实意义。

第3章

CCUS 全链条技术知识产权发展态势

CCUS 技术是实现 CO_2 近零排放的规模化技术集群，也是实现碳达峰、碳中和目标的重要技术选择。CCUS 技术不仅为煤炭、石油、天然气等化石能源的利用带来可持续低碳化的可能性，还是保持电力系统灵活性的主要手段，对电力、钢铁冶金、水泥建材等碳密集型行业的绿色低碳发展具有重要意义。本章将基于 CCUS 技术的全流程全链条，全面梳理现有技术专利文献，开展全球 CCUS 专利技术分析，对电力、钢铁冶金、水泥建材等高碳排放行业的 CCUS 技术专利发展趋势进行梳理，分析关键技术的分布、重点技术研发趋势以及前沿技术的发展动向。此外，还将针对国内外重点机构进行优势特色领域、研发重心、专利布局等方面的分析。

为了准确检索全球 CCUS 全链条的技术专利，本章在结合 CCUS 全流程关键装备技术清单和专家咨询的基础上，采用关键词和专利分类号组合的方式，构建检索式，并对下载的 CCUS 专利数据进行筛选和清洗。专利数据来源为德温特创新索引（Derwent innovation index，DII），检索时间为 2023 年 3 月 31 日。

3.1 全球 CCUS 全链条知识产权发展分析

CCUS 技术是集相关行业众多技术于一体的技术集群，涵盖 CO_2 捕集、运输、利用、封存等技术环节，涉及化学工程、材料科学、机械工程、电气工程等多个专业领域。目前，全球众多机构积极开展 CCUS 技术的研发和专利布局，在各个环节都有多种技术路线，技术发展呈现出多样性和复杂性的特点。本节将展开对全球 CCUS 全链条知识产权发展态势、技术分布、国别比较、技术侧重、专利权人等方面的分析，梳理 CCUS 领域的技术创新、发展态势、特点及布局，为我国 CCUS 技术研发和工程示范提供支撑。

3.1.1 全球 CCUS 专利技术的发展趋势

全球 CCUS 领域技术研发活动活跃，专利数量呈现快速增长的趋势，如图 3.1 所示。全球 CCUS 专利技术的发展具体可以分为以下四个阶段。

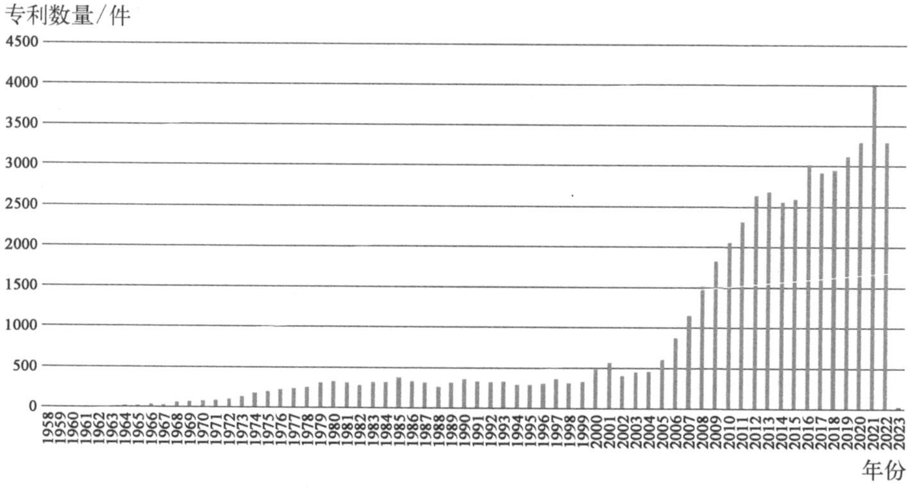

注：专利授权公开需要一定的审查周期，2021 年及之后的专利可能还未全部录入数据库，图中数据仅供参考，下同。

图 3.1 全球 CCUS 技术专利数量的发展趋势

第一阶段为 20 世纪 50 年代末至 1971 年，这一时期是 CCUS 技术专利申请的萌芽期，专利数量和专利权人的数量均较少。1958 年，B. H. Caudle 和 A. B. Dyes 发现注入含有 CO_2 的水可以提高石油的开采量，这一发现促进了 CO_2 驱油技术的研发和专利申请。

第二阶段是1972年至2004年，这一时期是CCUS技术专利申请的缓慢发展期，整体保持低速稳定增长，年均专利申请数量从第一阶段的不足100件增长至约500件的水平。1972年，全球首个CO_2驱油商业项目在美国得克萨斯州的SACROC油田开始运行。20世纪80年代，美国密集建设CO_2运输管道，广泛部署商业化CO_2－EOR项目，并在全球范围拓展。CO_2驱油技术的商业化成功应用推动了CCUS相关技术的发展。

第三阶段是2005年至2015年，这一时期是CCUS技术专利申请的快速发展期，年均专利申请数量从600件增长到2012年的2 640件，但2013年至2015年呈现出缓慢下降的趋势。进入21世纪，随着全球气候变化问题的加剧，CCUS在应对气候变化方面的潜力受到关注和重视。2005年，联合国政府间气候变化专门委员会（IPCC）发布《二氧化碳捕集与封存特别报告》，促进了CCUS技术的研发、示范和推广。2007年，大庆油田开展CO_2驱油工业化实验，该项目作为我国首个大型CO_2驱油项目，促进了我国相关CCUS技术的发展。2014—2015年，专利数量增长趋势减缓，一种可能是2014—2015年国际原油价格大跌，影响油气企业研发CO_2驱油等相关技术的积极性，另一种可能是相关技术本身成本过高。

第四阶段是2016年至今，CCUS技术专利数量呈现出新一轮的快速增长，2021年专利数量达到3 993件。2015年12月颁布的《巴黎协定》在2016年生效，随后全球多个国家相继作出大幅减排温室气体的承诺，CCUS技术作为CO_2减排的重要技术受到多个国家关注，CCUS技术专利数量再次快速增长。预计全球CCUS全链条技术专利数量仍将继续保持增长趋势。

3.1.2　全球CCUS专利技术领域分布及重点方向

从CCUS的技术特点来看，CCUS技术可以广泛应用于电力、钢铁、水泥、石油天然气等传统的工业领域。根据国际上公认的学科、技术与专利的分类方法（IPC法），对技术专利涉及的主要技术领域进行分析，如表3.1所示。

表 3.1　全球 CCUS 专利技术领域分布分析

序号	IPC 号	技 术 领 域	专利数量/件	申请时间	2020 年以来专利数量占比
1	B01D-053/62	废气中碳氧化物的分离	4 722	1970—2023	20.14%
2	B01D-053/14	通过吸收作用分离混合气体	4 126	1963—2023	15.02%
3	C01B-031/20	涉及 CO_2 的工艺过程(2016 年之后使用 C01B-032/50,见序号 9)	2 265	1961—2016	0.00%
4	B01D-053/02	通过吸附作用分离混合气体	2 110	1967—2023	21.10%
5	B01D-053/04	用固定的吸附剂分离混合气体	1 786	1969—2023	23.46%
6	C10J-003/72	固态含碳燃料经(氧气或水蒸气)氧化生成其他气态燃料工艺的其他设备特征	1 677	1973—2023	23.91%
7	B01D-053/78	利用气-液接触分离混合气体	1 651	1987—2022	32.28%
8	B01D-053/22	通过扩散法分离混合气体	1 577	1968—2023	19.85%
9	C01B-032/50	涉及 CO_2 的工艺过程	1 548	2003—2022	39.30%
10	C10J-003/46	在悬浮状态下粒状或粉状燃料的气化	1 466	1968—2022	4.30%
11	C10J-003/48	在悬浮状态下粒状或粉状燃料的气化装置或设备	1 399	1970—2022	16.15%
12	B01D-053/18	用于分离混合气体的吸收装置	1 289	1968—2022	30.02%
13	B01J-020/30	吸附剂的制备、再生或再活化的方法	1 224	1977—2023	27.78%

续　表

序号	IPC 号	技 术 领 域	专利数量/件	申请时间	2020 年以来专利数量占比
14	C10J-003/00	由固态含碳燃料通过包含氧气或水蒸气的部分氧化工艺制造含一氧化碳和氢气的气体，例如合成气或煤气	1 177	1968—2023	10.71%
15	C07C-031/04	甲醇	1 108	1967—2022	20.80%
16	C10J-003/84	由固态含碳燃料通过包含氧气或水蒸气的部分氧化工艺制造含一氧化碳和氢气的气体-具有从煤气中除尘或焦油的装置	1 092	1974—2023	17.12%
17	B01D-053/34	废气的化学或生物分离净化	1 089	1962—2023	7.99%
18	B01D-053/00	气体或蒸气的分离、废气的净化	988	1961—2023	23.20%
19	C10L-003/10	天然气或合成天然气的加工	970	1982—2023	15.48%
20	B01D-053/96	反应剂的再生、再活化或循环	899	1992—2023	24.33%

整体来看，CCUS 技术主要集中在 CO_2 捕集环节，技术涉及 CO_2 分离的各种物理化学方法、设备、装置、材料等，如溶液吸收、化学吸附、膜分离、吸附剂活化、分离混合气体的吸收装置等技术是主要研究方向。此外，CO_2 的化工利用也有较多专利，CO_2 制气体燃料和液体燃料、CO_2 制甲醇等化工品等是主要研究方向。

从专利数量来看，CO_2 捕集环节的专利数量最多，集中在 CO_2 分离技术。其中，废气中碳氧化物的分离（B01D-053/62）相关技术专利数量最多，达到 4 722 件，其次是通过吸收作用分离混合气体（B01D-053/14）和涉及 CO_2 的工艺过程（C01B-032/20），相关技术专利数量分别达到 4 126 件和 2 265 件。此外，通过吸附作用分离混合气体（B01D－053/02）、用固定的吸附剂分离混合气体（B01D－053/04）、固态含碳燃料经（氧气或水蒸气）氧化生成其他气态燃料工艺的其他设备特征（C10J－003/72）、利用气-液接触分离混合气体（B01D－053/78）、通过扩散法分离混合气体（B01D－053/22）相关技术专利数量达到 1 500 件以上。

从时间跨度来看，涉及 CO_2 的工艺过程，气体或蒸气的分离、废气的净化，通过吸收作用分离混合气体，用于分离混合气体的吸收装置、通过扩散法分离混合气体等技术在 20 世纪 60 年代就已经开展研究；废气中碳氧化物的分离，在悬浮状态下粒状或粉状燃料的气化装置或设备，由固态含碳燃料通过包含氧气或水蒸气的部分氧化工艺制造含一氧化碳和氢气的气体-具有从煤气中除尘或焦油的装置，吸附剂的制备、再生或再活化的方法在 20 世纪 70 年代出现；天然气或合成天然气的加工、利用气-液接触分离混合气体在 20 世纪 80 年代出现；而反应剂的再生、再活化或循环在 20 世纪 90 年代才开始出现。

随着时间的推移，CCUS 技术的研究和应用不断进步和完善。在捕集技术方面，从涉及 CO_2 的工艺过程、气体或蒸汽的分离，到通过吸收作用、吸附作用、扩散法等多种方法分离混合气体，技术不断优化和升级，反应剂的再生、再活化或循环技术也逐步成熟。在利用技术方面，从天然气的加工、CO_2 驱油，到气体液体燃料制备，CO_2 的利用途径和方法更加多元化，为 CCUS 技术的应用提供了更加可靠的支持。

从 2020 年以来的技术热点来看，利用气-液接触分离混合气体，用于分离混合气体的吸收装置，吸附剂的制备、再生或再活化的方法，反应剂的再生、再活化或循环，固态含碳燃料经（氧气或水蒸气）氧化生成其他气态燃料工艺的其他设备特征，用固定的吸附剂分离混合气体，气体或蒸气分离、废气的净化，通过吸附作用分离混合气体等技术领域近三年专利占比达到 20%以上，表明这些技术领域近年来发展较快。

从 2020 年以来新出现的技术来看，从气体或蒸气中分离粒子的设备组合的专利（B01D－050/60、B01D－050/20）出现较多，此类技术关注 CO_2 和其他多种工业废气的协同处理，如同时处理多种废气的净化塔、清除煤炭燃烧过程中产生多种气体的方法等。此外，过滤元件的更换(B01D－046/88)，可靠性分析或可靠性优化(G06F－119/02)，刮板、刷子或类似物过滤元件移动(B01D－046/681)，使用分类匹配图像(G06V－010/764)，具有桨或臂的混合器(B01F－027/90)，专门适用于住宅供热、区域供热或住宅热水供应的小型热电联产系统(F24D－018/00)等新技术发展较快，已申请 10 件以上专利。

3.1.3　主要国家 CCUS 专利的技术分布与重点领域

2000 年以来，各国专利数量都有较快增长，中国、美国、日本的 CCUS 专利数量位居全球前三。从各国 CCUS 专利数量来看，排名前 10 位的国家或组织依次为中国、美国、日本、世界知识产权组织、欧洲专利局、韩国、加拿大、德国、澳大利亚、印度，这些是 CCUS 技术应用的主要市场，如图 3.2 所示。

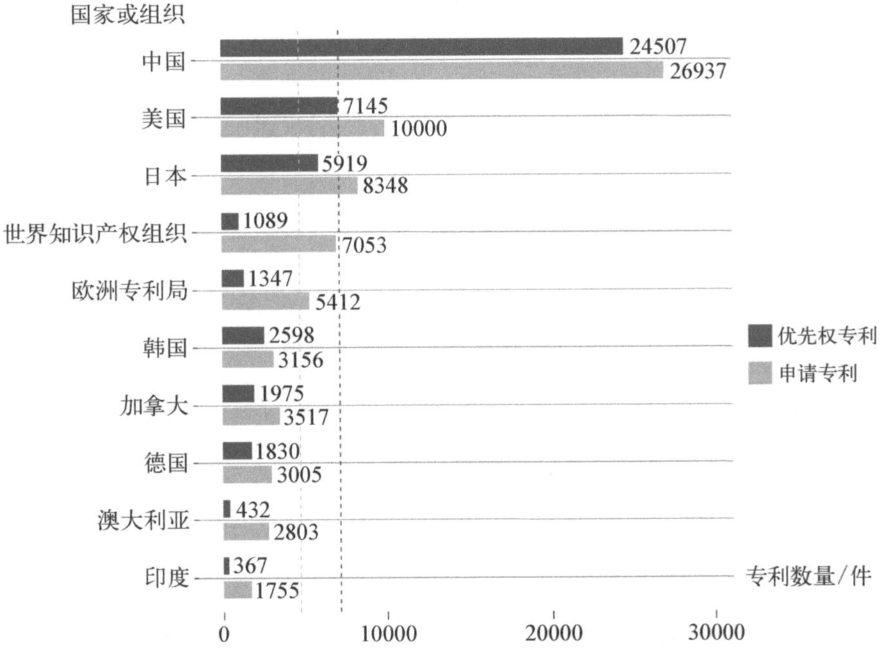

图 3.2　全球 CCUS 技术专利数量的国家或组织排名情况

从优先权专利数量来看，截至 2023 年 5 月，中国 CCUS 专利申请总量达到 24 507 件，约是美国专利数量(7 145 件)的 3 倍，日本专利数量(5 919 件)的 4 倍，位居全球第一。中国 CCUS 技术专利申请起步晚，但发展快。

我国在2005年以后CCUS专利数量保持快速增长，并在2014年优先权专利年申请数量超过美国，之后保持全球第一。美国和日本在CCUS领域的专利布局较早，但优先权专利数量在2012年达到高峰后，呈现出下降趋势。此外，韩国、加拿大、德国、俄罗斯、法国也有较多优先权专利，具备较好的CCUS技术储备。

图3.3表示了中国、美国、日本等国家或组织专利主要分布在CO_2捕集环节，涉及各类吸收法（胺类吸收、氨法吸收、离子液体吸收、复合型吸收等）、吸附法（变压吸附、沸石吸附、聚合物吸附、钙基吸附等）、膜分离法（聚合物膜、混合基质膜、分子筛膜等）等技术的方法、设备、材料上。此外，CO_2化工利用、CO_2地质利用也是其关注的重点。

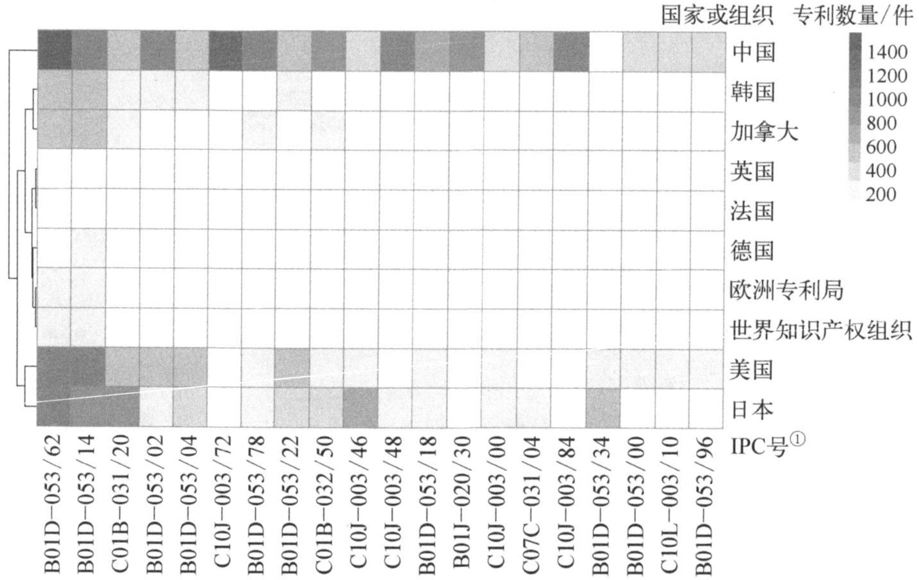

图3.3 全球主要国家或组织CCUS专利的技术分布

具体来看，中国在主要技术领域都有较多专利布局，重点关注废气中碳氧化物的分离、固态含碳燃料经（氧气或水蒸气）氧化生成其他气态燃料工艺的其他设备特征、通过吸附作用分离混合气体等。美国在较多技术领域

① IPC号对应的技术领域见表3.1。

开展专利布局，重点关注通过吸收作用分离混合气体、废气中碳氧化物的分离等，并在 CO_2 驱油驱气的方法、设备上具有较多专利。日本除了关注废气中碳氧化物的分离等技术外，在废气的化学或生物分离净化、在悬浮状态下粒状或粉状燃料的气化技术上具有专利数量优势。加拿大、德国、欧洲专利局等国家或组织的专利技术布局相似，主要集中在废气中碳氧化物的分离、通过吸收作用分离混合气体，此外韩国重点关注通过扩散法分离混合气体技术。

3.1.4 主要专利权人及重点技术方向

全球CCUS技术排名前20位的专利权人的专利数量、申请时间、2020年以来专利数量占比如表3.2所示。专利数量排名前10位的专利权人分别是三菱重工业株式会社(819件)、中国石油化工集团有限公司(721件)、西安热工研究院有限公司(529件)、壳牌研究有限公司(371件)、法国液化空气集团(356件)、埃克森美孚公司(308件)、新奥科技发展有限公司(302件)、日立公司(282件)、石川岛播磨重工业株式会社(276件)、巴布科克日立公司(272件)。在排名前10位的专利权人中，3家来自中国，4家来自日本，美国、英国、法国各1家。

表3.2 全球CCUS技术主要专利权人分析

序号	专利权人	国家	专利数量/件	申请时间	2020年以来专利数量占比
1	三菱重工业株式会社	日本	819	1968—2021	1.47%
2	中国石油化工集团有限公司	中国	721	1992—2022	23.16%
3	西安热工研究院有限公司	中国	529	2007—2022	56.71%
4	壳牌研究有限公司	英国	371	1961—2021	1.08%
5	法国液化空气集团	法国	356	1968—2021	10.11%
6	埃克森美孚公司	美国	308	1968—2021	4.22%
7	新奥科技发展有限公司	中国	302	2007—2022	34.44%
8	日立公司	日本	282	1971—2021	2.13%

续 表

序号	专 利 权 人	国家	专利数量/件	申请时间	2020 年以来专利数量占比
9	石川岛播磨重工业株式会社	日本	276	1977—2021	2.17%
10	巴布科克日立公司	日本	272	1967—2013	0.00%
11	通用电气公司	美国	265	1972—2021	1.13%
12	东芝集团	日本	265	1977—2021	3.77%
13	日本制铁集团公司	日本	246	1968—2021	1.63%
14	林德集团	德国	229	1962—2021	4.37%
15	中国石油天然气股份有限公司	中国	227	2000—2022	28.63%
16	西安交通大学	中国	226	2005—2022	48.67%
17	清华大学	中国	224	1994—2022	21.88%
18	神华集团有限责任公司	中国	223	2005—2022	26.01%
19	韩国能源研究所	韩国	218	1996—2021	8.72%
20	浙江大学	中国	205	2000—2022	30.24%

在欧美日等发达国家和地区，CCUS 专利权人以大型跨国企业为主，主要来自化工、能源、工业气体等领域。日本综合性跨国企业，如三菱重工业株式会社、日立公司、东芝集团等，在全球范围内拥有广泛的业务分布，从而使得它们持有的 CCUS 技术专利涵盖了多种不同的技术领域。在化工和能源领域，以埃克森美孚公司、壳牌研究有限公司为代表的石油化工企业，在石油勘探、加工、运输以及相关技术方面占据着领先地位，拥有较多的相关专利。此外，以法国液化空气集团、林德集团为代表的工业气体企业，业务涉及氧气、氮气、氢气等工业气体的制造、输送、存储和利用等多个方面，也是主要的 CCUS 技术专利权人。

我国主要专利权人以大型企业和高校为主。在大型企业方面，中国石油化工集团有限公司、西安热工研究院有限公司、新奥科技发展有限公司、中国石油天然气股份有限公司、神华集团有限责任公司等是主要代表。在高校方面，西安交通大学、清华大学、浙江大学等是具有代表性的高校。

目前，我国多家机构正加快 CCUS 相关技术领域的布局，其中西安热工研究院有限公司和西安交通大学专利数量增长较快，2020 年以来专利数量占各自总量的百分比分别达到 56.71%和 48.67%。浙江大学、清华大学、神华集团有限责任公司等 2020 年以来的专利申请也较为积极。

全球 CCUS 技术主要专利权人的技术布局和优势技术如图 3.4 所示。三菱重工业株式会社涉及 CCUS 技术领域较广，研发重心主要是废气中碳氧化物的分离、通过吸收作用分离混合气体、在悬浮状态下粒状或粉状燃料的气化、废气的化学或生物分离净化，但在通过吸附作用分离混合气体，通过扩散法分离混合气体，吸附剂的制备、再生或再活化的方法等吸附法、膜分离法技术上布局较少。

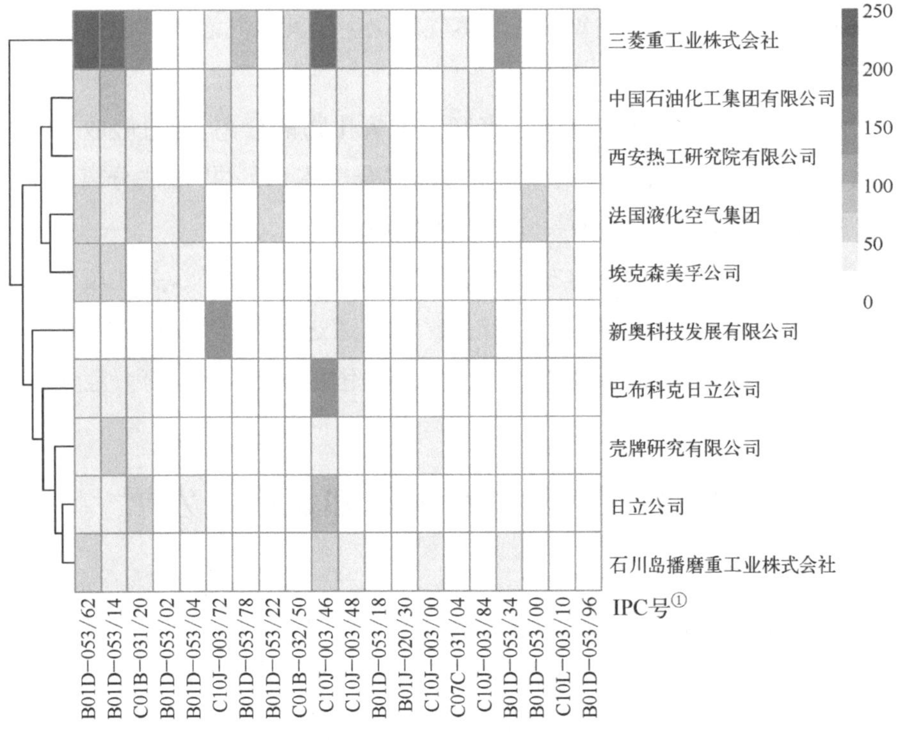

图 3.4　全球 CCUS 技术主要专利权人的技术布局和优势技术

① IPC 号对应的技术领域见表 3.1。

中国石油化工集团有限公司布局多个 CCUS 技术领域，持续关注相关技术的发展。研发重点包括通过吸收作用分离混合气体、固态含碳燃料经（氧气或水蒸气）氧化生成其他气态燃料工艺的其他设备特征、废气中碳氧化物的分离、利用气-液接触分离混合气体、由固态含碳燃料通过包含氧气或水蒸气的部分氧化工艺制造含一氧化碳和氢气的气体-具有从煤气中除尘或焦油的装置等方面。然而，在通过吸附作用分离混合气体、用固定的吸附剂分离混合气体、通过扩散法分离混合气体、在悬浮状态下粒状或粉状燃料的气化等技术上，该机构的布局较为有限。

西安热工研究院有限公司 2020 年以来 CCUS 专利技术研发活跃，技术布局与中国石油化工集团有限公司相似，主要关注吸收法捕集 CO_2。专利主要集中在通过吸收作用分离混合气体、用于分离混合气体的吸收装置、废气中碳氧化物的分离以及利用气-液接触分离混合气体等技术上。此外，还开发了固态含碳燃料经过氧气或水蒸气氧化生成其他气态燃料的工艺以及其他相关设备。

法国液化空气集团主要关注废气中碳氧化物的分离、通过吸收作用分离混合气体，还关注用固定的吸附剂分离混合气体、通过扩散法分离混合气体等吸附法、膜分离法，具有一定的技术优势。

埃克森美孚公司的技术布局与法国液化空气集团相似，关注废气中碳氧化物的分离、通过吸收作用分离混合气体、通过吸附作用分离混合气体、用固定的吸附剂分离混合气体，在吸收法、吸附法等技术上具有一定优势。

3.2 CCUS＋发电技术全球知识产权发展

化石燃料目前仍是世界上最大的电力来源，发电是能源部门最大的碳排放源，占全球能源相关碳排放量的近 40%。CCUS 技术对于降低发电的碳排放至关重要，可以在零碳能源无法完全替代化石能源的情况下，实现电力行业的碳中和目标。CCUS 技术可以使燃煤和天然气发电厂能够在发挥提供惯性控制和频率控制作用的同时满足长期的灵活性要求。本节将聚焦电力行业，展开相关 CCUS 技术专利发展趋势、技术分布、重点领域和专利权人的分析。

3.2.1　发电行业 CCUS 专利技术的发展趋势

截至 2023 年 3 月 31 日，发电行业 CCUS 相关专利数量为 3 004 件，整体呈现增长的趋势，如图 3.5 所示。在 2010 年之前，发电行业 CCUS 专利技术发展趋势与全球 CCUS 专利技术的发展趋势大体相同，但 2010 年之后 10 年发展减缓，直到 2021 年出现快速增长。

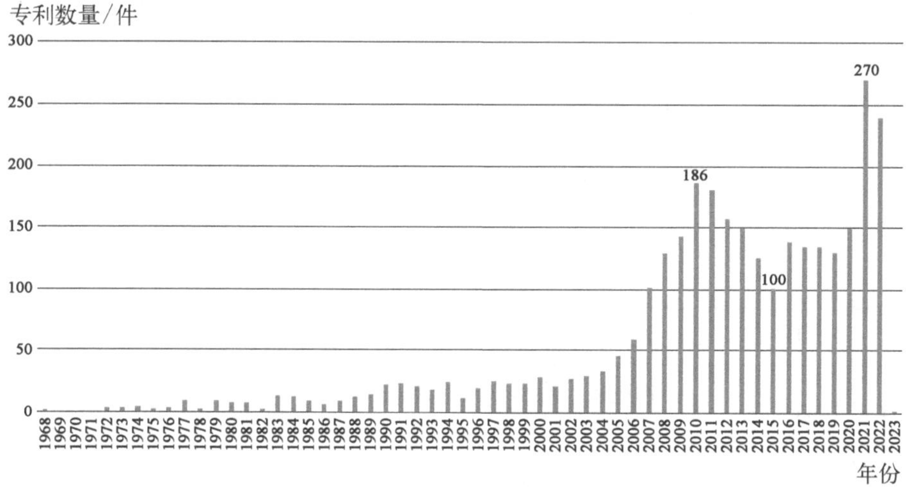

图 3.5　全球发电行业 CCUS 技术专利数量的发展趋势

发电行业 CCUS 专利技术的发展具体可以分为四个阶段：第一阶段为 20 世纪 50 年代末至 1982 年，这一时期为技术萌芽期，年均专利申请数量低于 10 件，且不连续。1958 年，美国 AVCO 公司提出磁流体动力机中的煤炭预热，涉及煤炭低碳燃烧相关技术。第二阶段是 1983 年至 2004 年，这一时期为缓慢发展期，年专利申请数量整体保持低速稳定增长，在 20 件左右。第三阶段是 2005 年至 2015 年，年专利申请数量呈现快速增长，从 2005 年的 46 件增长到 2010 年的 186 件，但 2011 年后有所回落。2014 年，加拿大 SaskPower 公司的 Boundary Dam Power 项目开始在燃煤电厂运用集成燃烧后捕集技术，该项目成为全球首个电厂 CCUS 项目，但并未明显促进专利数量快速上涨。第四阶段是2016年至今，特别是2020年以来，随着“双碳”目标的提出，发电行业CCUS专利呈现出新一轮的增长，2021年专利申请数量达到270件。随着未来CCUS发电示范项目规划建设项目的增多，预计发电行业CCUS相关专利数量仍将持续增长。

3.2.2 专利技术领域分布及重点方向

全球发电行业CCUS专利技术领域主要集中在CO_2捕集技术和发电装置中的燃气轮机技术，如表3.3所示。在捕集技术方面，主要关注吸收法及其相关的工艺、材料、设备等，尤其是燃烧后捕集相关技术。吸附法和膜分离相关的专利技术相对较少。在燃气轮机技术方面，主要关注驱动发电机的装置和燃气轮机装置等。

表3.3 全球发电行业CCUS专利技术领域分布分析

序号	IPC号	技术领域	专利数量/件	申请时间	2020年以来专利数量占比
1	B01D-053/62	废气中碳氧化物的分离	832	1989—2022	15.62%
2	B01D-053/14	通过吸收作用分离混合气体	638	1977—2022	17.55%
3	C01B-031/20	涉及CO_2的工艺过程（2016年之后使用C01B-032/50，见序号9）	335	1976—2016	0.00%
4	B01D-053/78	利用气-液接触分离混合气体	291	1996—2022	31.27%
5	F01D-015/10	适用于驱动发电机或与发电机组合的装置	214	1985—2022	46.26%
6	B01D-053/18	用于分离混合气体的吸收装置	205	1992—2022	33.66%
7	B01D-053/34	废气的化学或生物分离净化	190	1972—2022	12.63%
8	F01K-023/10	用一个循环排出的流体加热另一个循环的流体	179	1980—2022	9.50%

续　表

序号	IPC 号	技 术 领 域	专利数量/件	申请时间	2020 年以来专利数量占比
9	C01B－032/50	涉及 CO_2 的工艺过程	174	2004—2022	29.89%
10	B01D－053/96	反应剂的再生、再活化或循环	170	2004—2022	27.65%
11	F02C－006/18	燃气轮机热电厂利用该装置的余热	151	1983—2022	9.93%
12	F02C－003/28	使用单独气体发生器在燃烧前使燃料气化的燃气轮机	147	1980—2020	0.68%
13	F23J－015/00	处理烟或废气装置的配置	138	1980—2022	15.22%
14	B01D－053/02	通过吸附作用分离混合气体	134	1990—2022	17.91%
15	F02C－006/00	复式燃气轮机装置	133	1985—2022	12.03%
16	B01D－053/00	气体或蒸气的分离、废气的净化	127	1987—2022	18.90%
17	F01K－025/10	以冷凝蒸气(如氨、二氧化碳、乙醚)为特点的装置或蒸汽机	124	1998—2022	54.03%
18	C10J－003/46	在悬浮状态下粒状或粉状燃料的气化	121	1973—2021	3.31%
19	B01D－053/22	通过扩散法分离混合气体	120	1990—2022	13.33%
20	F23J－015/02	处理烟或废气的纯化装置	120	1996—2022	34.17%

从专利数量上来看，CO_2 捕集环节的专利数量最多，集中在废气中碳氧化物的分离(B01D－053/62)和通过吸收作用分离混合气体(B01D－053/14)，专利数量分别为 832 件和 638 件，远高于其他技术领域。此外，利用气-液接触分离混合气体(B01D－053/78)，适用于驱动发电机或与发电机组

合的装置(F01D－015/10)、用于分离混合气体的吸收装置(B01D－053/18),废气的化学或生物分离净化(B01D－053/34),用一个循环排出的流体加热另一个循环的流体(F01K－023/10),反应剂的再生、再活化或循环(B01D－053/96)、燃气轮机热电厂利用该装置的余热(F02C－006/18)等相关技术专利数量达到150件以上。

从时间跨度来看,废气的化学或生物分离净化、在悬浮状态下粒状或粉状燃料的气化、涉及 CO_2 的工艺过程、通过吸收作用分离混合气体等应用于发电行业的捕集、气化技术,在20世纪70年代就已开展研究;使用单独气体发生器在燃烧前使燃料气化的燃气轮机、处理烟或废气装置的配置、用一个循环排出的流体加热另一个循环的流体、燃气轮机热电厂利用该装置的余热、复式燃气轮机装置等燃气轮机相关技术在20世纪80年代集中出现;通过吸附作用分离混合气体、通过扩散法分离混合气体、用于分离混合气体的吸收装置、利用气-液接触分离混合气体等技术在20世纪90年代出现;反应剂的再生、再活化或循环出现较晚,在2004年才应用到发电行业。

从2020年以来的技术热点来看,以冷凝蒸气(如氨、二氧化碳、乙醚)为特点的装置或蒸汽机;适用于驱动发电机或与发电机组合的装置;处理烟或废气的纯化装置、用于分离混合气体的吸收装置、利用气-液接触分离混合气体等技术2020年以来专利数量的占比达到30%以上,发展较快。反应剂的再生、再活化或循环也得到了快速发展,2020年以来专利申请的数量较多。此外,使用单独气体发生器在燃烧前使燃料气化的燃气轮机、在悬浮状态下粒状或粉状燃料的气化、燃气轮机热电厂利用该装置的余热等技术近年来申请专利数量较少。

从2020年以来新出现的技术来看,电解或电泳工艺的供电装置(C25B－009/65)、电力驱动的液体变容式机械(F04B－035/04)、流体循环的流程装置(F25B－041/40)、焚化炉零部件(F23G－005/44)、回热器(F25B－040/06)新技术发展较快,申请5件以上专利。其中,电解或电泳工艺的供电装置涉及CCUS技术和制氢技术的耦合,如基于液态阳光的用于煤电机组的减碳系统、燃煤电厂碳捕获耦合电解水制氢联产化工品系统、包含电解水制氢的燃煤电站 CCUS 系统等。电力驱动的液体变容式机械主要为气体储能系统，涉及锅炉烟气耦合压缩空气储能的燃煤发电系统、含有 CO_2 循环发电装置的储能发电系统、压缩烟气储能系统、基于超临界 CO_2 储能的燃煤电厂调峰系统。流体循环的流程装置主要涉及燃煤电厂收集烟气 CO_2 的甲醇吸收装置、与 CO_2 动力循环相结合的燃煤发电系统、燃煤磁流体超临界 CO_2 联合循环发电系统、利用液化天然气进行碳捕获发电的综合系统等。

3.2.3　主要国家 CCUS 专利的技术分布与重点领域

中国、美国、日本是发电行业 CCUS 技术专利的主要申请国家和主要优先权专利国家。从专利数量来看，排名前 10 位的国家或组织依次为中国、美国、日本、世界知识产权组织、欧洲专利局、加拿大、韩国、德国、澳大利亚、印度，是技术应用的主要市场，如图 3.6 所示。从优先权专利数量来看，中国专利达到 1 211 件，远高于美国的 625 件、日本的 559 件。

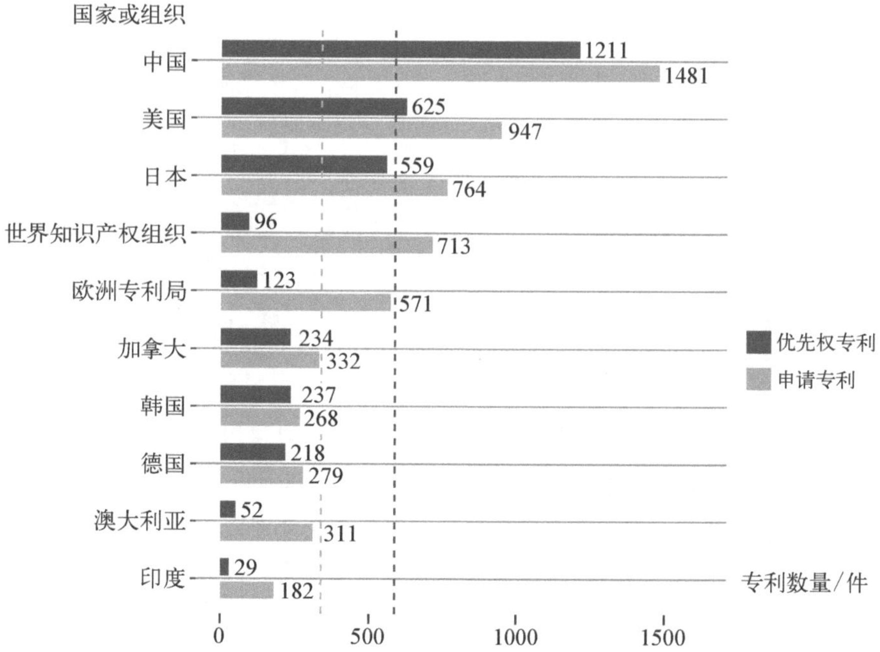

图 3.6　全球发电行业 CCUS 技术专利数量的国家或组织排名情况

中国 CCUS 专利技术研发较晚，我国在 2005 年以后 CCUS 专利数量保持快速增长，并在 2013 年优先权专利年申请数量超过美国，之后保持全球第一。美国和日本在 CCUS 领域的专利布局较早，在 20 世纪 70 年代就开展相关技术研究，2004 年至 2012 年发展迅速，但之后年申请数量出现下降趋势。此外，加拿大、韩国、德国等国家也有一些优先权专利，开展相关技术研发。

图 3.7 表示在发电行业，主要国家 CCUS 专利技术（基于优先权专利）主要集中在 CO_2 捕集环节，在技术布局上有所侧重。具体来看，中国在主要技术领域都有较多专利布局，重点关注废气中碳氧化物的分离、通过吸收作用分离混合气体、通过吸附作用分离混合气体、通过扩散法分离混合气体

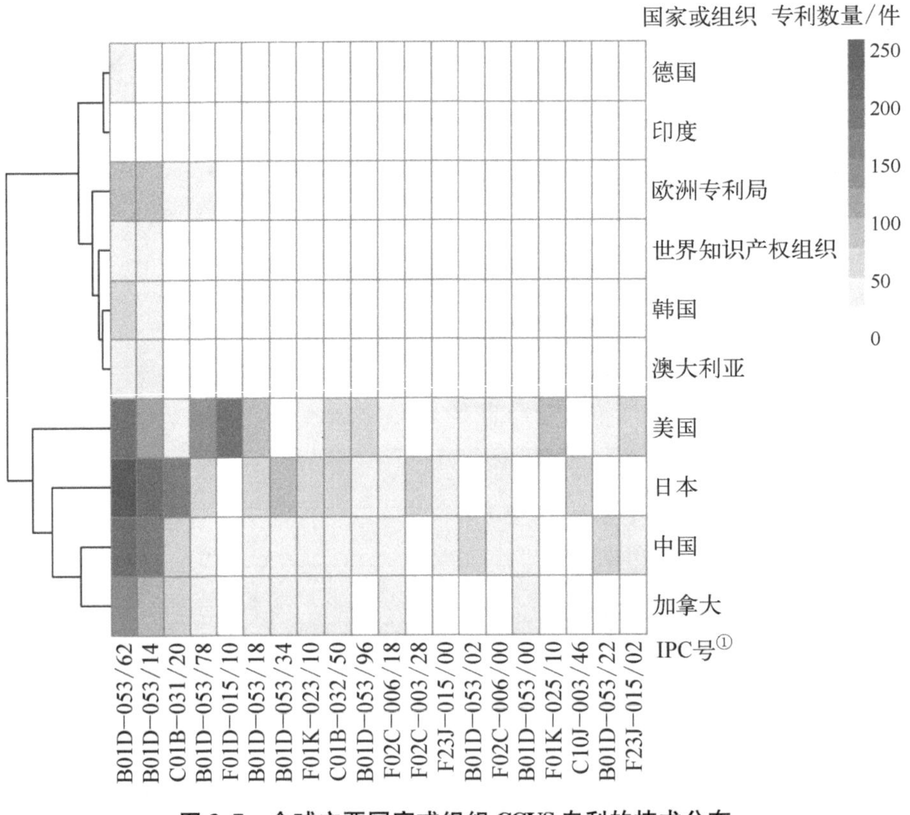

图 3.7 全球主要国家或组织 CCUS 专利的技术分布

① IPC 号对应的技术领域见表 3.3。

等各类 CO_2 捕集技术。美国重点关注适用于驱动发电机或与发电机组合的装置、废气中碳氧化物的分离、利用气-液接触分离混合气体、通过吸收作用分离混合气体等技术。日本关注废气中碳氧化物的分离、通过吸收作用分离混合气体，还关注在悬浮状态下粒状或粉状燃料的气化、使用单独气体发生器在燃烧前使燃料气化的燃气轮机、废气的化学或生物分离净化等其他国家较少关注的技术。

3.2.4　主要专利权人重点技术方向及布局

欧洲、美国和日本的主要专利权人以大型跨国企业和电力企业为主，我国主要专利权人以大型企业和高校为主。全球发电行业 CCUS 技术排名前 20 位的专利权人的专利数量、申请时间、2020 年以来专利数量占比如表 3.4 所示。专利数量排名前 10 位的专利权人分别是三菱重工业株式会社（134 件）、西安热工研究院有限公司（132 件）、东芝集团（86 件）、通用电气公司（80 件）、阿尔斯通公司（74 件）、西门子股份公司（67 件）、华北电力大学（57 件）、西安交通大学（44 件）、日立公司（40 件）、巴布科克日立公司（38 件），其中日本的专利权人 4 家，中国的专利权人 3 家，美国、德国、法国的专利权人各 1 家。

表 3.4　全球发电行业 CCUS 技术主要专利权人分析

序号	专利权人	国家	专利数量/件	申请时间	2020 年以来专利数量占比
1	三菱重工业株式会社	日本	134	1974—2019	0.00%
2	西安热工研究院有限公司	中国	132	2008—2022	65.15%
3	东芝集团	日本	86	1987—2021	4.65%
4	通用电气公司	美国	80	1978—2021	2.50%
5	阿尔斯通公司	法国	74	1992—2021	1.35%
6	西门子股份公司	德国	67	1983—2018	0.00%
7	华北电力大学	中国	57	2010—2022	12.28%

续 表

序号	专利权人	国家	专利数量/件	申请时间	2020 年以来专利数量占比
8	西安交通大学	中国	44	2009—2022	59.09%
9	日立公司	日本	40	1979—2015	0.00%
10	巴布科克日立公司	日本	38	1972—2013	0.00%
11	中国电力株式会社	日本	38	1998—2019	0.00%
12	石川岛播磨重工业株式会社	日本	37	1986—2020	2.70%
13	关西电力株式会社	日本	33	1991—2019	0.00%
14	三菱日立电力系统欧洲有限公司	日本	32	2006—2019	0.00%
15	中国华电工程(集团)有限公司	中国	28	2008—2022	53.57%
16	国电华北电力工程有限公司	中国	28	2011—2022	60.71%
17	哈尔滨锅炉厂有限责任公司	中国	27	2012—2022	37.04%
18	埃克森美孚公司	美国	26	1983—2020	15.38%
19	韩国电力公司	韩国	25	1999—2022	20.00%
20	国家电网有限公司	中国	25	2010—2022	60.00%

从时间分布来看，三菱重工业株式会社、日立公司、西门子股份公司、东芝集团、埃克森美孚公司等欧美日企业较早开展相关研究，在 2012 年左右专利申请数量达到高峰，但 2020 年以来专利申请较少。三菱重工业株式会社、西门子股份公司、日立公司、巴布科克日立公司、中国电力株式会社、关西电力株式会社、三菱日立电力系统欧洲有限公司 2020 年以来未开展相关专利申请。自 2012 年后，我国多家机构专利申请数量增长较快，西安热工研究院有限公司、国电华北电力工程有限公司、国家电网有限公司、西安交通大学、中国华电工程(集团)有限公司等 2020 年以来专利数量占比超过 50%，近期研发活跃。

从研发重心来看，全球发电行业 CCUS 技术主要专利权人的技术布局和优势技术如图 3.8 所示。三菱重工业株式会社涉及 CCUS 技术领域较广，但 2014 年之后较少开展研究，专利技术主要是废气中碳氧化物的分离、通过吸收作用分离混合气体、用一个循环排出的流体加热另一个循环的流体、使用单独气体发生器在燃烧前使燃料气化的燃气轮机、在悬浮状态下粒状或粉状燃料的气化等。2020 年以来，三菱重工业株式会社关注的技术是直接吸收空气中的二氧化碳的吸收剂，其包含含有脂环烃结构的多胺化合物。

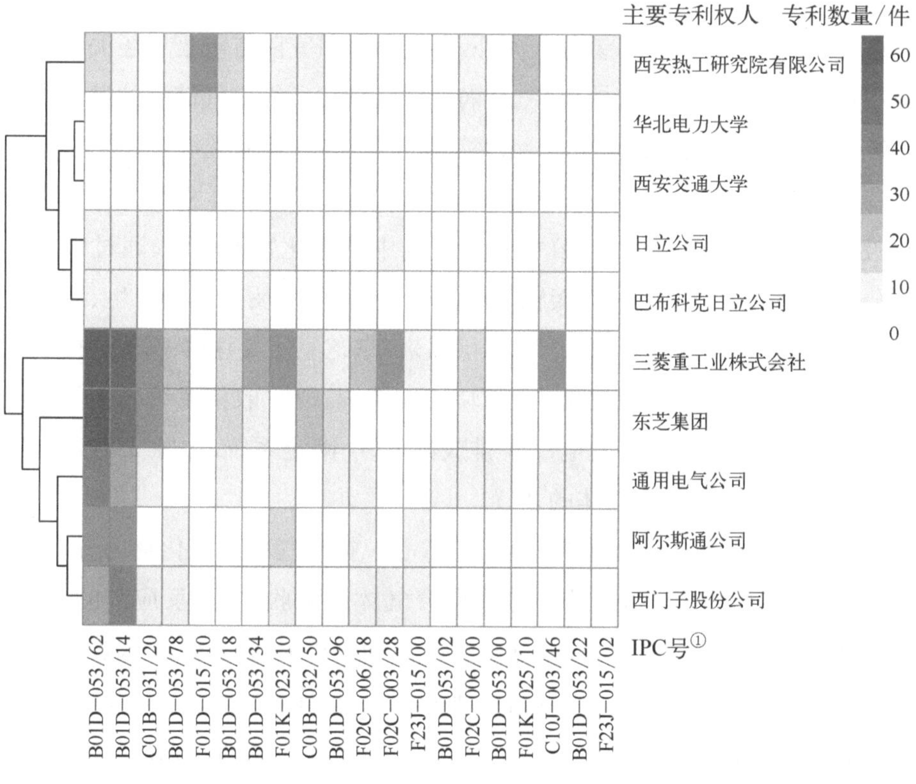

图 3.8　全球发电行业 CCUS 技术主要专利权人的技术布局和优势技术

西安热工研究院有限公司专利技术发展较快，主要技术布局包括适用于驱动发电机或与发电机组合的装置、以冷凝蒸气（如氨、二氧化碳、乙醚）为特点的装置或蒸汽机、废气中碳氧化物的分离、通过吸收作用分离混合气

① IPC 号对应的技术领域见表 3.3。

体、处理烟或废气的纯化装置等。2020年以来，西安热工研究院有限公司申请多项专利，关注的技术包括二氧化碳捕集技术和低碳燃烧技术，其中二氧化碳捕集技术包括燃煤电厂基于离子液体的CO_2捕集系统、基于金属有机骨架(MOF)的多孔液体碳捕集吸收剂、用于燃煤电厂开发试点和工业项目落地的CO_2吸收系统、低能耗的MEA碳收集装置、CO_2再生装置等，低碳燃烧技术包括煤粉深度低氧燃烧系统、发电领域的煤气化炉系统、用于改善煤粉锅炉特性的热力特性烟气循环系统、内燃机烟气维修混凝土碳封存系统、火力发电厂燃煤机组间歇性动态自适应一次风控系统、用于发电的超临界二氧化碳耦合蒸汽朗肯循环发电系统等。此外，西安热工研究院有限公司还关注用于分布式能源驱动的空气碳捕集装置、锅炉烟气耦合压缩空气储能的燃煤发电系统、通过耦合压缩液态CO_2来储存能量的消防电机组系统等新兴技术。

东芝集团的技术布局与三菱重工业株式会社相似，研发重心主要集中在吸收法相关技术方面。该公司关注废气中碳氧化物的分离、通过吸收作用分离混合气体、利用气-液接触分离混合气体，以及反应剂的再生、再活化或循环等方面的研究和开发。2020年以来，东芝集团关注的CCUS技术包括有效减少胺排出的火力发电厂CO_2捕集系统、CO_2收集系统的加热蒸汽系统、胺水溶液吸收火力发电厂碳排放的CO_2固定系统、去除火力发电厂和钢铁厂废气中的酸性气体的装置。

通用电气公司技术布局较广，研发重心包括废气中碳氧化物的分离，通过吸收作用分离混合气体，用于分离混合气体的吸收装置，反应剂的再生、再活化或循环等吸收技术，以及通过吸附作用分离混合气体、通过扩散法分离混合气体、用一个循环排出的流体加热另一个循环的流体等。2020年以来，通用电气公司关注的技术主要是检测碳捕集设备周围外壳泄漏的系统、从锅炉燃烧系统中排出的底灰中回收热量的方法。

阿尔斯通公司的研发重心包括废气中碳氧化物的分离、通过吸收作用分离混合气体、利用气-液接触分离混合气体、用一个循环排出的流体加热另一个循环的流体、燃气轮机热电厂利用该装置的余热、处理烟或废气装置的配置等。阿尔斯通公司2020年以来相关专利技术较少，关注燃煤电厂空气预热器的温度控制系统。

如图 3.9 所示，从市场布局来看，三菱重工业株式会社、通用电气公司、东芝集团等国外机构重视技术全球保护，在美国、中国、日本、欧洲专利局、世界知识产权组织均申请较多专利，表现出以本国市场为主、兼顾国际市场的布局特点。通用电气公司、阿尔斯通公司、西门子股份公司等欧美企业重视中国市场，在中国申请 20 件以上专利。以西安热工研究院有限公司、华北电力大学、西安交通大学等为代表的中国机构呈现出以本国市场为主的布局特点，尚未开展全球专利布局。

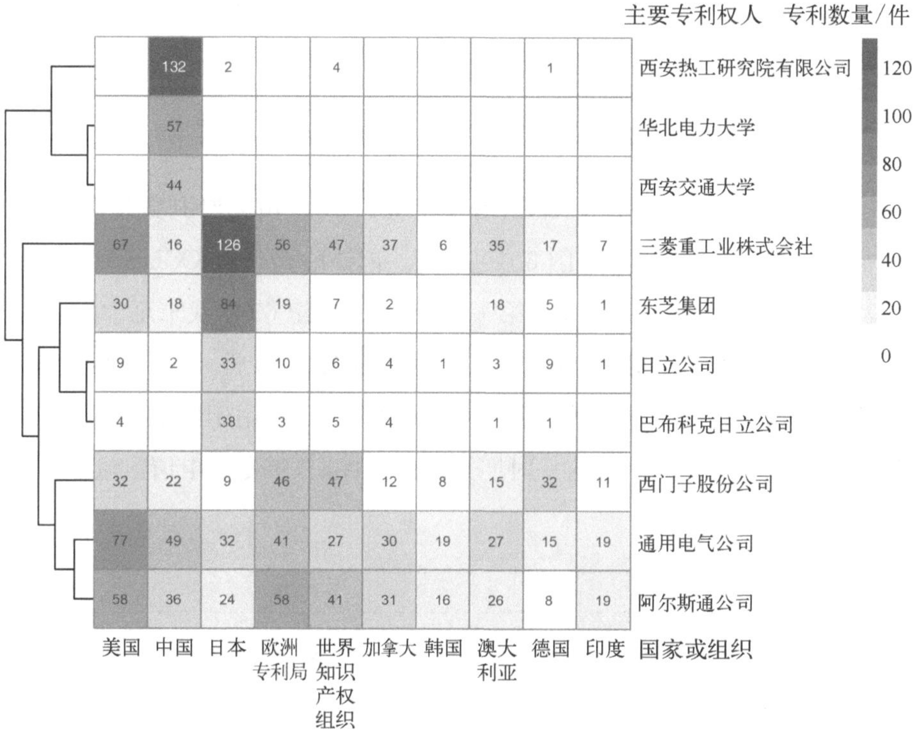

图 3.9　全球发电行业 CCUS 技术主要专利权人的市场布局

3.3　CCUS＋钢铁冶金技术全球知识产权发展

钢铁冶金行业是全球 CO_2 排放的重要来源之一，2020 年钢铁行业的直接碳排放总量占全球人类活动碳排放总量的 7%～9%。钢铁业是我国制造业领域中碳排放量最高的行业，其排放量占全球钢铁工业碳排放量超过 50%，占中国总碳排放量的 15%左右。考虑到钢铁生产活动的重要性，以及高炉炼铁仍将是钢铁生产活动的重要组成部分，实现 CCUS 技术应用有望成为该行业碳减排的关键。国际能源署预计，到 2050 年，CCUS 在传统钢铁生产中的应用比例将达到 53%以上。本节将展开钢铁冶金行业相关 CCUS 技术专利的分析，其中钢铁冶金行业包括钢铁冶金、钢熔体的处理和改变钢铁的物理特性、控制/测试方法、高炉和转炉、冶金炼焦过程等，对应德温特分类代码 M24。

3.3.1 钢铁冶金行业 CCUS 专利技术的发展趋势

截至 2023 年 3 月 31 日，钢铁冶金行业 CCUS 相关专利数量为 1 160 件，呈现快速增长的趋势，如图 3.10 所示。钢铁冶金行业 CCUS 专利技术的发展具体可以分为三个阶段：第一阶段为 20 世纪 60 年代末至 70 年代末期，这一时期为技术萌芽期，年均专利申请数量低于 10 件，且不连续。1966 年，日本川铁公司提出从转炉气和焦炉气中分离 CO_2 用于甲醇生产。第二阶段是 1979 年至 2006 年，这一时期为缓慢发展期，年专利申请数量在 1986

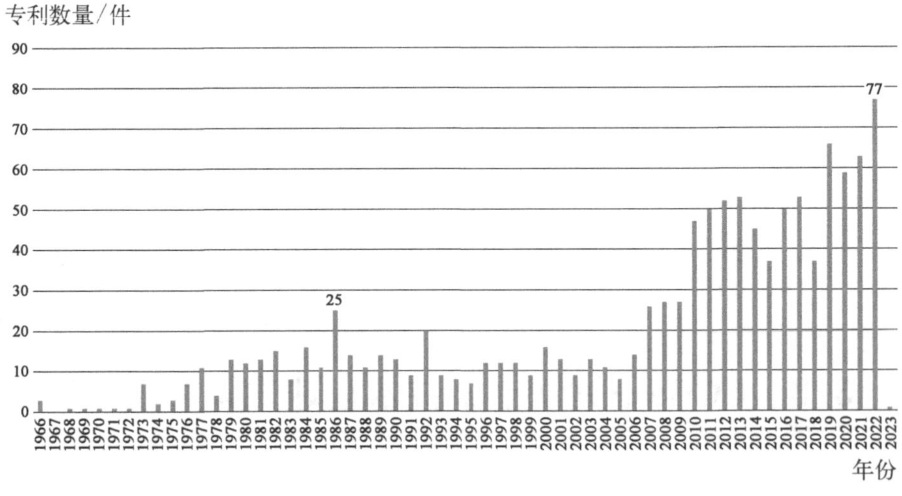

图 3.10 全球钢铁冶金行业 CCUS 技术专利数量的发展趋势

年之前保持低速稳定增长，1986 年达到 25 件，但之后呈下降趋势。第三阶段是 2007 年至今，整体呈现快速增长的趋势，年专利申请数量从 2007 年的 26 件增长到 2022 年的 77 件，但相关技术发展仍处于商业化起步阶段。2016 年，全球首个钢铁厂 CCUS 项目在阿联酋阿布扎比(Abū Dhabi)开始运行。2020 年，我国西昌投运的 CO_2 矿化脱硫渣关键技术与万吨级工业试验项目对钢铁企业烧结烟气进行捕集并矿化利用。

3.3.2　专利技术领域分布及重点方向

全球钢铁冶金行业 CCUS 专利技术领域主要集中在炼铁、炼钢中的煤炭低碳燃烧方面，如高炉炼生铁、直接还原法炼海绵铁或液体钢、高炉、利用余热的装置等，如表 3.5 所示。此外，钢铁冶金行业 CCUS 专利技术还涉及少量吸收法、吸附法等 CO_2 捕集相关技术。

表 3.5　全球钢铁冶金行业 CCUS 专利技术领域分布分析

序号	IPC 号	技 术 领 域	专利数量/件	申请时间	2020 年以来专利数量占比
1	C21B-005/00	高炉炼生铁	185	1963—2022	30.81%
2	C21B-013/00	直接还原法炼海绵铁或液体钢	160	1971—2023	21.88%
3	C21B-007/00	高炉	94	1976—2022	21.28%
4	F27D-017/00	利用余热的装置	89	1973—2022	7.87%
5	C21B-013/02	在竖炉中直接还原法炼海绵铁或液体钢	79	1966—2022	15.19%
6	C21B-013/14	多步法直接还原法炼海绵铁或液体钢	77	1976—2022	7.79%
7	C21B-011/00	不用高炉的生铁冶炼	68	1973—2022	5.88%
8	C21B-005/06	高炉生产中炉顶煤气的使用	63	1976—2022	31.75%
9	C10J-003/46	在悬浮状态下粒状或粉状燃料的气化	47	1979—2021	2.13%

续 表

序号	IPC号	技术领域	专利数量/件	申请时间	2020年以来专利数量占比
10	C21B-000/00	铁或钢的冶炼	47	1973—2020	2.13%
11	C21B-009/14	助燃空气的预热	45	1979—2022	13.33%
12	B01D-053/62	废气中碳氧化物的分离	44	1999—2022	22.73%
13	C10B-057/10	物料干燥	42	1976—2021	2.38%
14	C01B-031/20	涉及 CO_2 的工艺过程（2016年之后使用C01B-032/50）	39	1979—2016	0.00%
15	C21B-009/00	高炉用热风炉	39	1987—2022	15.38%
16	B01D-053/14	通过吸收作用分离混合气体	34	1975—2022	11.76%
17	C10B-057/00	利用冷蒸气的蒸汽机装置	30	1982—2022	3.33%
18	C21B-007/16	高炉风口	26	1970—2022	30.77%
19	B01D-053/04	用固定的吸附剂分离气体	25	1979—2022	12.00%
20	C10K-001/00	含一氧化碳可燃气体的提纯	25	1984—2022	20.00%

从数量上来看，高炉以及炼钢炼铁的专利数量最多，高炉炼生铁（C21B-005/00）专利数量达到185件，直接还原法炼海绵铁或液体钢（C21B-013/00）专利数量达到160件，高于其他技术领域。高炉（C21B-007/00）、利用余热的装置（F27D-017/00）、在竖炉中直接还原法炼海绵铁或液体钢（C21B-013/02）、多步法直接还原法炼海绵铁或液体钢（C21B-013/14）等相关技术专利数量达到70件以上。废气中碳氧化物的分离（B01D-053/62）、通过吸收作用分离混合气体（B01D-053/14）、用固定的吸附剂分离气体（B01D-053/04）等捕集技术专利数量达到20件以上。

从时间跨度来看，高炉炼生铁、在竖炉中直接还原法炼海绵铁或液体钢在 20 世纪 60 年代已开展研究；高炉风口、直接还原法炼海绵铁或液体钢、利用余热的装置、通过吸收作用分离混合气体、不用高炉的生铁冶炼等技术在 20 世纪 70 年代集中出现；利用冷蒸气的蒸汽机装置、含一氧化碳可燃气体的提纯、高炉用热风炉在 20 世纪 80 年代出现；废气中碳氧化物的分离出现较晚，在 1999 年才应用到钢铁冶金行业。

从技术热点来看，高炉生产领域的研究重点主要集中在高炉生产中炉顶煤气的使用、高炉炼生铁、高炉风口等相关技术的发展上，2020 年以来专利数量占比达到各自技术领域专利总量的 30%以上。此外，废气中碳氧化物的分离、直接还原法炼海绵铁或液体钢、高炉等技术也得到了快速发展，2020 年以来专利数量占比达到 20%以上。相比之下，近年来在悬浮状态下粒状或粉状燃料的气化、物料干燥，以及利用冷蒸气的蒸汽机装置等方面的技术申请专利数量较少，发展较为缓慢，可能这些技术较为成熟或发展遇到瓶颈。

2020 年以来新出现的设计优化、验证或模拟（G06F－030/20）、控制气体燃料和燃烧空气的装置（F23D－014/60）等相关技术，专利申请数量在 3 件以上。设计优化、验证或模拟涉及基于理论燃烧温度控制的钒钛磁铁矿的高炉冶炼、计算钢铁工业大型高炉炉料直接还原率的方法、计算钢铁工业生铁炼制过程中使用的大型高炉中煤的间接还原率的方法、利用炉膛取样单元计算全炉膛活动度指数的方法等，通过借助计算机技术实现高炉的低耗高效冶炼。控制气体燃料和燃烧空气的装置涉及用于预热废钢和计算煤氧比的氧气燃烧装置、充分烘烤的氩氧脱碳炉焙烧炉、采用富氧燃烧的焦炉加热系统等。

3.3.3　主要国家 CCUS 专利的技术分布与重点领域

中国、日本是钢铁冶金行业 CCUS 技术专利的主要申请国家和优先权专利国家。从专利数量来看，排名前 10 位的国家或组织依次为中国、日本、美国、韩国、德国、世界知识产权组织、欧洲专利局、巴西、澳大利亚、南非，这些国家或组织是技术应用的主要市场，如图 3.11 所示。

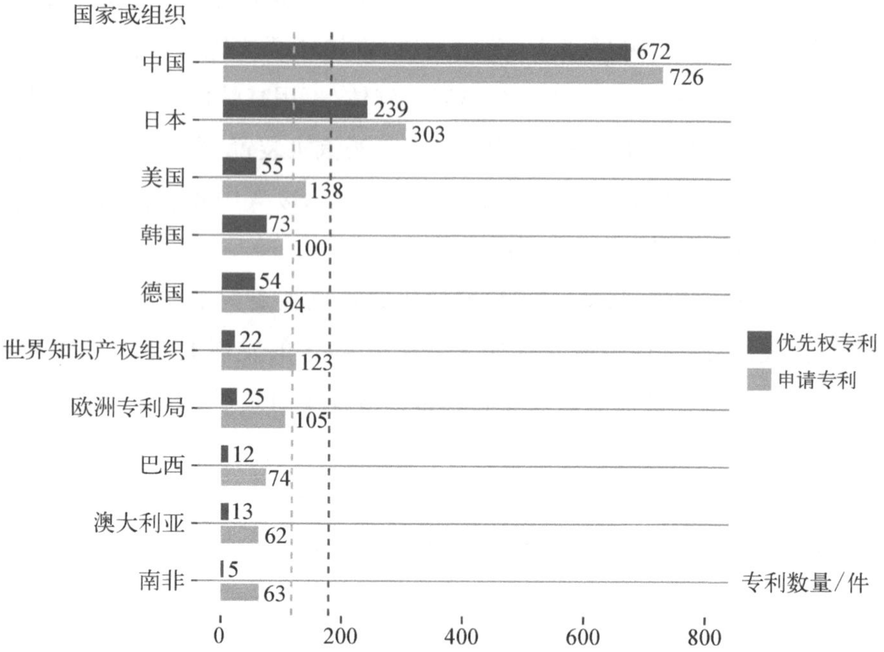

图 3.11　全球钢铁冶金行业 CCUS 技术专利数量的国家或组织排名情况

从优先权专利数量来看，截至 2023 年 3 月 31 日，中国专利达到 672 件，远高于其他国家，日本 239 件位居全球第二。中国 CCUS 专利技术研发较晚，我国在 2007 年以后 CCUS 专利数量快速增长，之后保持全球第一。日本技术专利布局较早，在 20 世纪 70 年代申请较多专利，但 2010 年以来专利活动不再活跃。此外，美国、韩国、德国等国家也有一些优先权专利，并在相关领域开展技术研发。

图 3.12 表示在钢铁冶金行业，主要国家 CCUS 专利技术（基于优先权专利）主要集中在高炉等炼铁中的煤炭低碳燃烧，在技术布局上有所侧重。具体来看，中国在主要技术领域都有较多专利布局，重点关注高炉炼生铁、直接还原法炼海绵铁或液体钢、高炉、利用余热的装置、在竖炉中直接还原法炼海绵铁或液体钢、助燃空气的预热等技术，但通过吸收作用分离混合气体、用固定的吸附剂分离气体的技术布局还较少。日本关注高炉炼生铁、利用余热的装置、在悬浮状态下粒状或粉状燃料的气化等，并在通过吸收作用分离混合气体、用固定的吸附剂分离气体等其他国家较少关注的技术上有所布局。

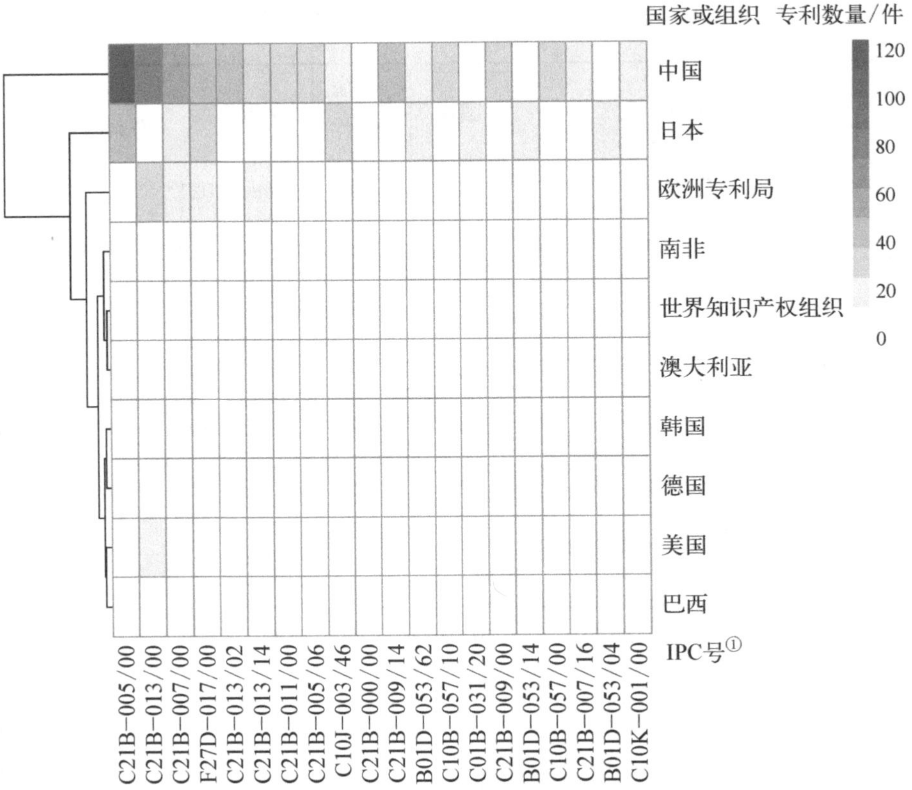

图 3.12　全球主要国家或组织 CCUS 专利的技术分布

3.3.4　主要专利权人重点技术方向及布局

钢铁冶金行业 CCUS 技术专利权人以中、日、韩的钢铁企业为主。全球钢铁冶金行业 CCUS 技术排名前 20 位的专利权人的专利数量、申请时间、2020 年以来专利数量占比如表 3.6 所示。专利数量排名前 10 位的专利权人分别是新日本制铁公司（63 件）、中国冶金科工集团有限公司（52 件）、JFE 钢铁株式会社（36 件）、日本钢管公司（36 件）、浦项制铁集团公司（35 件）、鞍钢股份有限公司（34 件）、宝钢集团新疆八一钢铁有限公司（34 件）、北京科技大学（27 件）、北京首钢国际工程技术有限公司（24 件）、住友金属工业公司（23 件），其中中国 5 家、日本 4 家、韩国 1 家。

① IPC 号对应的技术领域见表 3.5。

表 3.6 全球钢铁冶金行业 CCUS 技术主要专利权人分析

序号	专利权人	国家	专利数量/件	申请时间	2020 年以来专利数量占比
1	新日本制铁公司	日本	63	1968—2021	3.17%
2	中国冶金科工集团有限公司	中国	52	2010—2022	26.92%
3	JFE 钢铁株式会社	日本	36	1995—2020	5.56%
4	日本钢管公司	日本	36	1970—2012	0.00%
5	浦项制铁集团公司	韩国	35	1988—2020	2.86%
6	鞍钢股份有限公司	中国	34	2010—2022	38.24%
7	宝钢集团新疆八一钢铁有限公司	中国	34	1994—2022	41.18%
8	北京科技大学	中国	27	1994—2022	37.04%
9	北京首钢国际工程技术有限公司	中国	24	2008—2022	20.83%
10	住友金属工业公司	日本	23	1977—2010	0.00%
11	北京神雾环境能源科技集团股份有限公司	中国	21	2011—2017	0.00%
12	三菱重工业株式会社	日本	17	1974—2020	5.88%
13	西门子奥钢联冶金技术公司	德国	15	2000—2012	0.00%
14	奥地利联合钢铁集团	奥地利	15	1979—2012	0.00%
15	武汉钢铁股份有限公司	中国	15	2014—2022	60.00%
16	东北大学	中国	14	2009—2021	14.29%
17	日立公司	日本	13	1976—2015	0.00%
18	莱芜钢铁集团有限公司	中国	13	2007—2022	23.08%
19	神户制钢所	日本	11	1975—2016	0.00%
20	法国液化空气集团	法国	9	1981—2005	0.00%

从时间来看，新日本制铁公司、日本钢管公司、三菱重工业株式会社、住友金属工业公司等日本企业较早开展研究，但 2010 年后较少申请相关专利。2010 年左右开始，中国冶金科工集团有限公司、鞍钢股份有限公司、北京神雾环境能源科技集团股份有限公司、宝钢集团新疆八一钢铁有限公司等中国机构加快相关技术专利申请，武汉钢铁股份有限公司、宝钢集团新疆八一钢铁有限公司、鞍钢股份有限公司、北京科技大学等机构近期研发活跃，2020 年以来专利数量占比超过 37%。

全球钢铁冶金行业 CCUS 技术主要专利权人的技术布局和优势技术如图 3.13 所示。新日本制铁公司开展相关研究时间较长，涉及技术较多，关

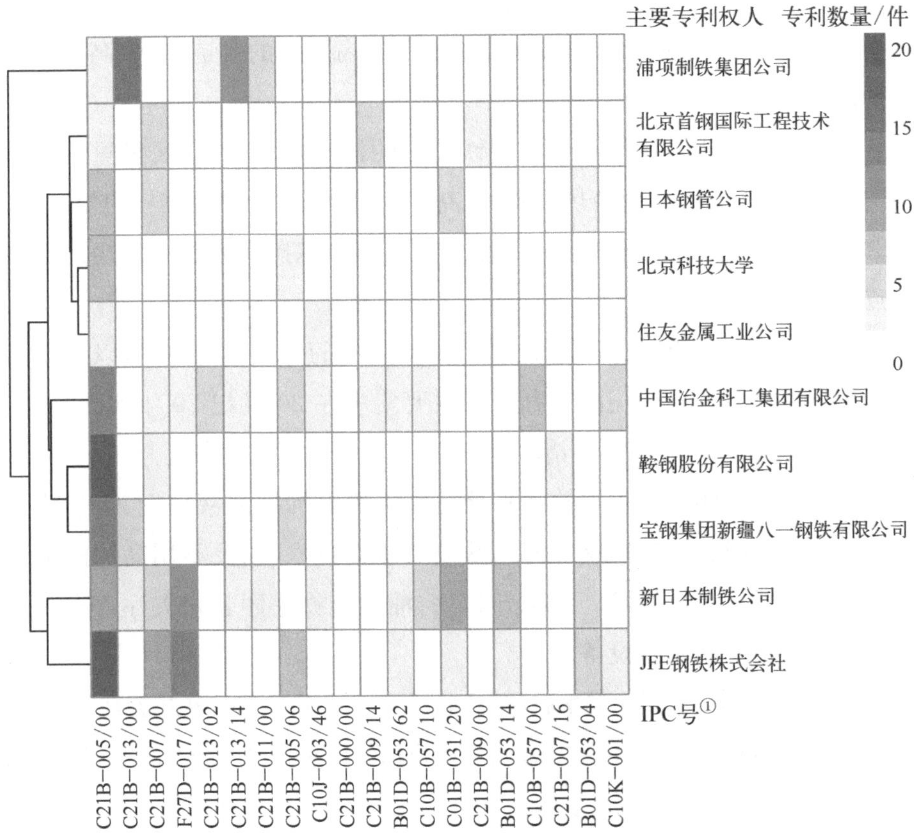

图 3.13　全球钢铁冶金行业 CCUS 技术主要专利权人的技术布局和优势技术

① IPC 号对应的技术领域见表 3.5。

注利用余热的装置、高炉炼生铁等低碳燃烧技术，还关注通过吸收作用分离混合气体、用固定的吸附剂分离气体等捕集技术。新日本制铁公司 2020 年以来关注的技术主要是用于 CO_2 回收或 CCUS 的双相不锈钢材料，在超临界腐蚀环境中具有优异的整体耐腐蚀性和耐点蚀性。

中国冶金科工集团有限公司 2017 年开始重视相关技术研发，关注高炉炼生铁、物料干燥、在竖炉中直接还原法炼海绵铁或液体钢、高炉生产中炉顶煤气的使用、含一氧化碳可燃气体的提纯等相关技术。中国冶金科工集团有限公司 2020 年以来关注的技术包括含 CO_2 隔离装置的转炉烟气处理系统、从转炉烟气中回收 CO_2 的系统、采用富氧燃烧的焦炉加热系统、钢铁行业低碳环保技术中使用的超低碳高炉冶炼方法、提高高炉喷粉煤的燃烧效率的方法、用于钢铁冶金行业碳排放的低碳高炉铁的制造方法、高炉的煤粉预热系统等。

JFE 钢铁株式会社与新日本制铁公司的技术布局相似，研发重心主要集中在高炉炼生铁、利用余热的装置、高炉、高炉生产中炉顶煤气的使用等。2020 年以来，JFE 钢铁株式会社关注二次炼钢精炼操作方法中使用的脱碳终点测定方法。

日本钢管公司重点关注高炉炼生铁、高炉中的低碳燃烧技术，以及 CO_2 吸附剂相关技术。该公司的专利申请主要集中在 20 世纪 70 年代至 90 年代，2000 年以后，相关专利申请较少。

浦项制铁集团公司重点关注直接还原法炼海绵铁或液体钢、多步法直接还原法炼海绵铁或液体钢等海绵铁或液体钢技术，以及不用高炉的生铁冶炼等相关低碳燃烧技术。2020 年以来，浦项制铁集团公司关注含有流化床还原炉的熔融铁制造设备。

图 3.14 表示从市场布局来看，新日本制铁公司、JFE 钢铁株式会社、日本钢管公司、浦项制铁集团公司、住友金属工业公司的专利申请以本国市场为主，兼顾国际市场，但在中国申请专利数量较少。中国冶金科工集团有限公司、鞍钢股份有限公司、北京首钢国际工程技术有限公司、宝钢集团新疆八一钢铁有限公司等中国企业大多只在中国进行专利布局，并未考虑在美国、日本、韩国、巴西等国家进行专利申请，表明我国企业在专利战略和市场占有方面考虑不够。

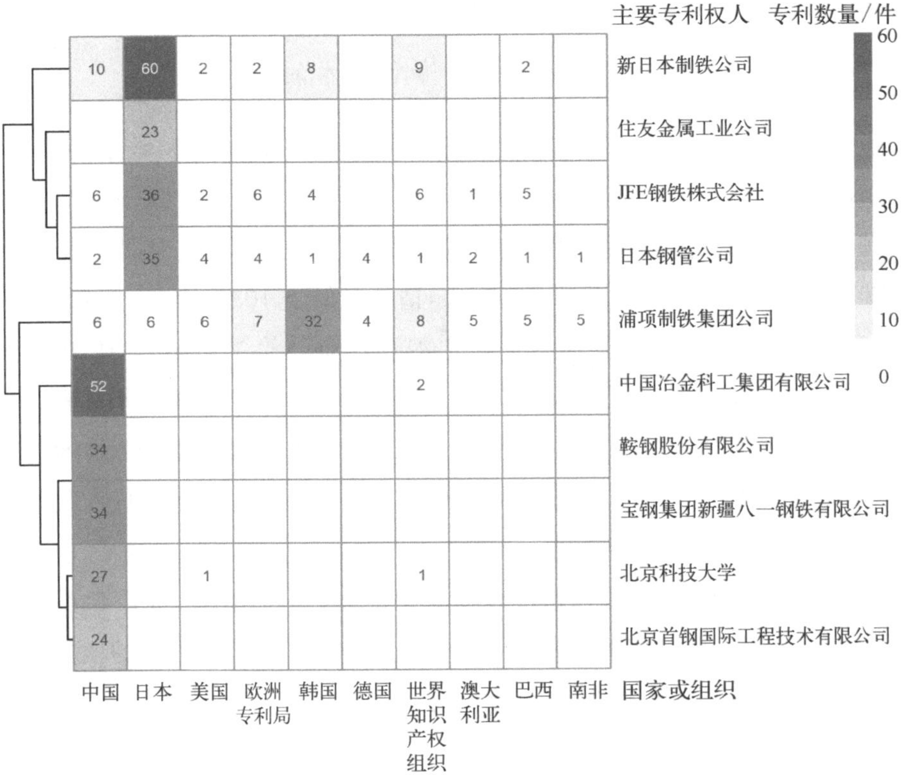

图3.14　全球钢铁冶金行业CCUS技术主要专利权人的市场布局

3.4　CCUS+水泥建材技术全球知识产权发展

水泥建材行业是国民经济中重要的基础产业，也是“碳排放大户”，水泥行业碳排放量占全球碳排放量的8%。我国水泥生产与消费占据全球市场的一半以上，碳排放仅次于电力与钢铁行业。水泥生产过程碳排放量占到水泥行业总碳排放量的90%以上，主要来自生料煅烧、燃料燃烧。系统节能、替代燃料、替代原料或熟料等一系列减排手段并不能完全实现零排放，因此有必要采用CCUS技术。本节将展开水泥建材行业相关CCUS技术的专利分析，其中水泥建材行业包括水泥、砂浆、混凝土、磨料、耐火材料、陶瓷、石灰、陶瓷复合材料等，对应德温特分类代码 L02。

3.4.1 水泥建材行业 CCUS 专利技术的发展趋势

截至 2023 年 3 月 31 日，水泥建材行业 CCUS 相关专利数量为 1 262 件，呈现快速增长的趋势，如图 3.15 所示。水泥建材行业 CCUS 专利技术的发展具体可以分为三个阶段：第一阶段为 20 世纪 60 年代中期至 70 年代末期，这一时期为技术萌芽期，年专利申请数量低于 10 件，且不连续。1964 年，D. Kunii 提出在流化床中进行水泥预煅烧。第二阶段是 1979 年至 2002 年，这一时期为缓慢发展期，专利数量在 10 件左右。第三阶段是 2003 年至今，这一时期为成长期，整体呈现上涨趋势，从 2003 年的 17 件增长到 2021 年的 139 件。2018 年，安徽海螺集团有限责任公司建成并投产我国首条水泥窑烟气 CO_2 捕集纯化示范生产线，包括 CO_2 捕集阶段和 CO_2 精制阶段。拉法基豪瑞水泥公司也计划在美国、西班牙等国的水泥厂建设大型碳捕集及利用项目。随着未来水泥建材行业 CCUS 商业化项目的增多和技术的推广，预计相关专利将保持快速增长态势。

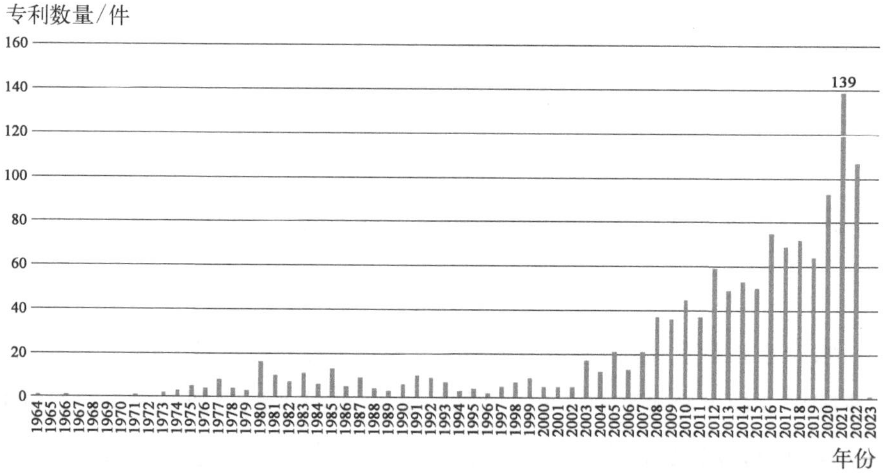

图 3.15 全球水泥建材行业 CCUS 技术专利数量的发展趋势

3.4.2 专利技术领域分布及重点方向

全球水泥建材行业 CCUS 专利技术主要集中在 CO_2 的捕集、水泥焙烧方面，如表3.7所示。从数量上来看，废气中碳氧化物的分离(B01D-053/62)的专利数量达到209件，远高于其他技术领域，表明该技术被水泥建材行业广泛关注和研究。通过吸收作用分离混合气体(B01D-053/14)、利用余热的装置(F27D-017/00)、水硬性水泥的焙烧(C04B-007/44)等也受到了高度关注，专利数量超过了100件。此外，通过吸附作用分离混合气体(B01D-053/02)等 CO_2 吸附技术也有40件专利，说明该领域受到一定关注。

表3.7　全球水泥建材行业CCUS专利技术领域分布分析

序号	IPC号	技术领域	专利数量/件	申请时间	2020年以来专利数量占比
1	B01D-053/62	废气中碳氧化物的分离	209	1985—2022	33.01%
2	B01D-053/14	通过吸收作用分离混合气体	127	1985—2022	25.98%
3	F27D-017/00	利用余热的装置	108	1976—2022	56.48%
4	C04B-007/44	水硬性水泥的焙烧	107	1974—2022	34.58%
5	C04B-002/10	石灰预热、焙烧、煅烧或冷却	87	1981—2022	32.18%
6	C01B-032/50	涉及 CO_2 的工艺过程	82	2008—2022	59.76%
7	C01B-031/20	涉及 CO_2 的工艺过程(2016年之后使用C01B-032/50，见序号6)	69	1980—2016	0.00%
8	B01D-053/78	利用气-液接触分离混合气体	68	2006—2022	39.71%
9	C04B-007/43	普通水硬性水泥的热处理	62	1984—2022	29.03%
10	C04B-007/36	普通水硬性水泥的制造	59	1974—2022	32.20%
11	C04B-038/00	多孔的砂浆、混凝土、人造石或陶瓷制品及制造方法	53	1983—2022	15.09%

续 表

序号	IPC号	技术领域	专利数量/件	申请时间	2020年以来专利数量占比
12	C04B-002/12	在竖窑或立式窑中预热、焙烧、煅烧或冷却	47	1984—2022	40.43%
13	B01D-053/34	废气的化学或生物分离净化	45	1975—2022	6.67%
14	B09B-003/00	固体废物的破坏或将固体废物转变为有用或无害的东西	45	1988—2021	4.44%
15	B01D-053/18	用于分离混合气体的吸收装置	41	2006—2022	58.54%
16	C01F-011/18	碳酸盐	41	1992—2022	29.27%
17	B01D-053/02	通过吸附作用分离混合气体	40	1985—2022	25.00%
18	C04B-007/24	用油页岩、残渣或炉渣之外的废物制造的水泥	38	1975—2022	31.58%
19	C04B-007/38	单独或作为批料制备或处理原料	38	1975—2022	31.58%
20	C04B-028/04	硅酸盐水泥	38	2009—2022	44.74%

从时间跨度来看，水硬性水泥的焙烧，普通水硬性水泥的制造，废气的化学或生物分离净化，用油页岩、残渣或炉渣之外的废物制造的水泥，单独或作为批料制备或处理原料等技术较早开展研究，20世纪70年代已开展相关专利申请；废气中碳氧化物的分离，通过吸收作用分离混合气体，通过吸附作用分离混合气体等捕集技术，普通水硬性水泥的热处理，多孔的砂浆、混凝土、人造石或陶瓷制品及制造方法，在竖窑或立式窑中预热、焙烧、煅烧或冷却等水泥生产中的低碳燃烧技术，在20世纪80年代集中出现；利用气-液接触分离混合气体、硅酸盐水泥等CCUS相关技术应用得较晚，在2000年之后才出现。

从2020年以来的技术热点来看，用于分离混合气体的吸收装置发展较快，2020年以来专利数量占比达到58.54%。利用余热的装置，硅酸盐水泥，在竖窑或立式窑中预热、焙烧、煅烧或冷却，水硬性水泥的焙烧，石灰预热、焙烧、煅烧或冷却等水泥生产低碳技术，以及利用气-液接触分离混合气体、废气中碳氧化物的分离等吸收法相关技术发展较快，2020年以来专利数量占比达到30%以上。废气的化学或生物分离净化、固体废物的破坏或将固体废物转变为有用或无害的东西等技术近年来专利申请数量较少。

2020年以来新出现炉窑控制装置的配置（F27D－019/00），合成天然气的生产（C10L－003/08），耐火砂浆、混凝土或人造石（C04B－111/28），固体废物的切碎、压碎或切割（B09B－003/35）等相关技术，专利申请数量分别在3件以上。炉窑控制装置的配置的新技术涉及基于热分析数据驱动模型的煅烧炉温度控制方法、具有闭环控制系统的水泥窑分解炉、提高水泥窑烟气中CO_2含量的收集系统、菱镁矿尾矿煅烧自动控制装置、梯度燃烧离线分解炉富集二氧化碳系统等。合成天然气的生产的新技术主要来自三菱综合材料公司，涉及水泥生产废气中的CO_2的分离和回收、CO_2添加氢气产生甲烷作为水泥生产设施的替代燃料等。耐火砂浆、混凝土或人造石的新技术涉及将CO_2以碳酸的形式固定在磷石膏的自由水中用于制备磷石膏产品、有利于捕集CO_2的功能性面材等。固体废物的切碎、压碎或切割的新技术包括在水泥厂通过湿磨窑灰进行碳封存和减排的方法、含凝固混凝土颗粒的有助于CO_2封存的土壤添加剂等。

3.4.3　主要国家CCUS专利的技术分布与重点领域

中国、日本、美国是水泥建材行业CCUS技术专利的主要申请国家和优先权专利国家，如图3.16所示。在专利申请数量方面，排名前10位的国家或组织依次为中国、日本、美国、世界知识产权组织、韩国、欧洲专利局、德国、加拿大、澳大利亚、法国。这些国家或组织是水泥建材行业CCUS技术应用的主要市场。

从优先权专利数量来看，中国专利数量达到672件，远高于其他国家，在CCUS技术研发方面已经取得一些进展。我国在这一领域的发展较晚，但自2008年以来，相关专利数量持续快速增长。综合来看，我国作为全球最大的水泥生产国和消费国，正积极探索和推进 CCUS 技术在水泥建材行业中的应用，减少碳排放并推进环保产业的发展。

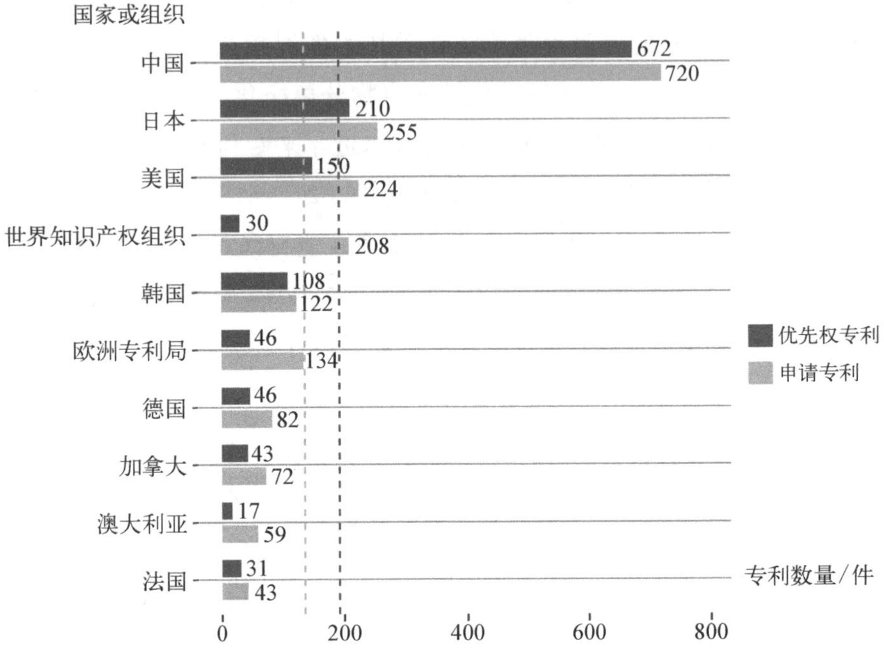

图 3.16 全球水泥建材行业 CCUS 技术专利数量的国家或组织排名情况

全球其他国家或组织也在探索 CCUS 技术在水泥建材行业中的应用，但专利申请并不活跃。日本优先权专利数量达到 210 件，2008 年以来专利技术年申请数量在 10 件左右。美国优先权专利数量达到 150 件，但 2007 年达到 12 件之后，专利申请呈现下降趋势。此外，韩国、德国等国家也在开展相关技术研发，申请的优先权专利数量也达到 40 件以上。综上所述，全球主要国家的水泥建材行业都在开展 CCUS 专利技术的研究和探索，但相关专利仍然较少，中国是 2008 年以来推动相关技术专利增长的主要力量。

在水泥建材行业，主要国家的 CCUS 专利技术（基于优先权专利）集中在 CO_2 捕集技术，特别是吸收法捕集 CO_2，并在技术布局上有所侧重，如图 3.17 所示。具体来看，中国在主要技术领域都有较多专利布局，重点关注利用余热的装置，石灰预热、焙烧、煅烧或冷却，水硬性水泥的焙烧，普通水硬性水泥的热处理等水泥生产中的低碳燃烧技术，以及废气中碳氧化物的分离、通过吸收作用分离混合气体、利用气-液接触分离混合气体等吸收法捕集 CO_2 技术。美国关注废气中碳氧化物的分离、通过吸收作用分离混合气体、水硬性水泥的焙烧等技术，并在废气的化学或生物分离净化上申请较多专利，具有优势。日本关注废气中碳氧化物的分离、通过吸收作用分离混合气体、水硬性水泥的焙烧、碳酸盐、通过吸附作用分离混合气体等技术。韩国重点关注的技术是水硬性水泥的焙烧。

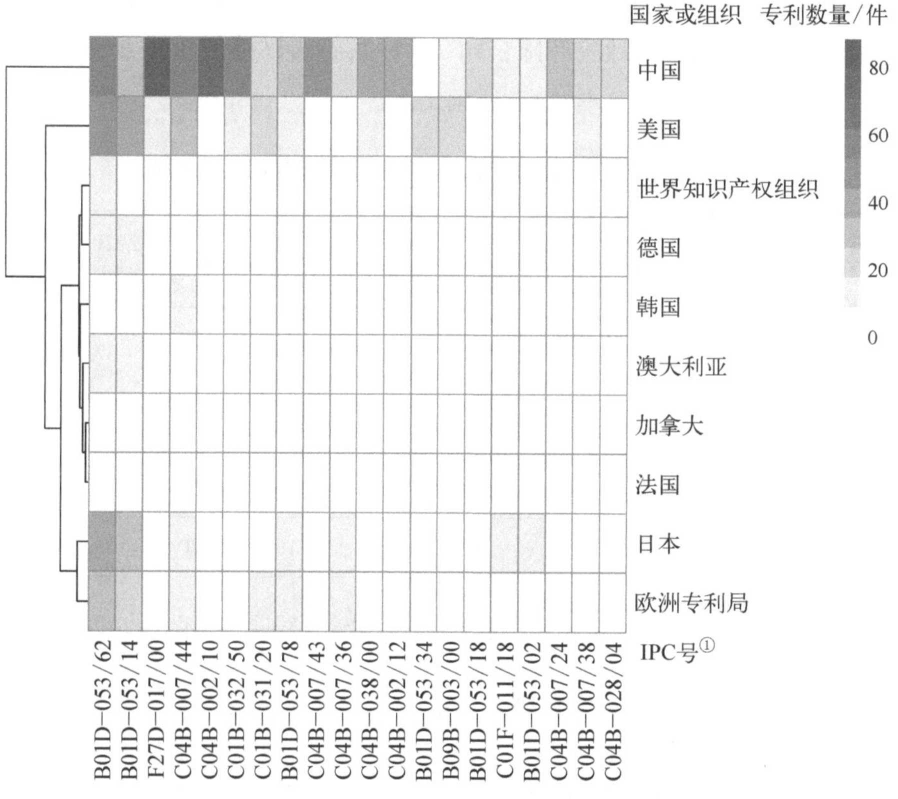

图3.17 全球主要国家或组织CCUS专利的技术分布

3.4.4 主要专利权人重点技术方向及布局

水泥建材行业CCUS技术专利权人以中国、日本的水泥企业和材料企

---

① IPC号对应的技术领域见表3.7。

业为主。全球水泥建材行业 CCUS 技术排名前 20 位的专利权人的专利数量、申请时间、2020 年以来专利数量占比如表 3.8 所示。整体来看，主要专利权人在该领域的专利布局仍然较少。专利数量排名前 10 位的专利权人分别是天津水泥工业设计研究院有限公司(49 件)、太平洋水泥公司(19 件)、卓达新材料科技集团有限公司(19 件)、三菱综合材料公司(18 件)、石家庄新华能源环保科技股份有限公司(14 件)、安徽海螺建材设计研究院有限责任公司(12 件)、长沙紫宸科技开发有限公司(11 件)、法国石油研究院(10 件)、江苏省冶金设计院有限公司(10 件)、石川岛播磨重工业株式会社(9 件)，其中中国 6 家、日本 3 家、法国 1 家。

表 3.8 全球水泥建材行业 CCUS 技术主要专利权人分析

序号	专利权人	国家	专利数量/件	申请时间	2020 年以来专利数量占比
1	天津水泥工业设计研究院有限公司	中国	49	2007—2022	57.14%
2	太平洋水泥公司	日本	19	1995—2021	31.58%
3	卓达新材料科技集团有限公司	中国	19	2016—2016	0.00%
4	三菱综合材料公司	日本	18	1992—2020	33.33%
5	石家庄新华能源环保科技股份有限公司	中国	14	2011—2016	0.00%
6	安徽海螺建材设计研究院有限责任公司	中国	12	2017—2022	33.33%
7	长沙紫宸科技开发有限公司	中国	11	2017—2019	0.00%
8	法国石油研究院	法国	10	2006—2014	0.00%
9	江苏省冶金设计院有限公司	中国	10	2016—2017	0.00%
10	石川岛播磨重工业株式会社	日本	9	1977—1999	0.00%
11	安徽海螺集团有限责任公司	中国	8	2012—2018	0.00%
12	德国洪堡公司	德国	8	1977—2020	12.50%

续 表

序号	专利权人	国家	专利数量/件	申请时间	2020年以来专利数量占比
13	新日本制铁公司	日本	8	1980—2020	12.50%
14	阿尔斯通公司	法国	7	1999—2014	0.00%
15	北京建筑材料科学研究总院有限公司	中国	7	2016—2022	28.57%
16	Calera公司	美国	7	2007—2009	0.00%
17	Gyco公司	美国	7	2007—2007	0.00%
18	住友大阪水泥株式会社	日本	7	1979—2017	0.00%
19	武汉科技大学	中国	7	2008—2022	57.14%
20	日本地球环境产业技术研究所	日本	7	1993—2016	0.00%

从时间来看，三菱综合材料公司、太平洋水泥公司、住友大阪水泥株式会社、石川岛播磨重工业株式会社等日本企业较早开展研究，但2010年后较少申请相关专利。从2007年开始，天津水泥工业设计研究院有限公司、安徽海螺建材设计研究院有限责任公司等中国企业相继开展水泥相关技术申请，近年来研发活跃，2020年以来专利数量占比超过30%。

全球水泥建材行业CCUS技术主要专利权人的技术布局和优势技术如图3.18所示。天津水泥工业设计研究院有限公司的专利数量为49件，远高于其他主要专利权人，其研发重点是利用余热的装置、水硬性水泥的焙烧、普通水硬性水泥的热处理、普通水硬性水泥的制造等技术，主要关注水泥窑炉生料煅烧阶段的减排降碳技术。2020年以来，天津水泥工业设计研究院有限公司关注全氧燃烧技术在水泥行业的应用，包括梯度燃烧离线分解炉富集CO_2系统、水泥窑全氧燃烧低耦合消耗碳净化系统、分解炉二次全氧燃烧富集二氧化碳的系统、通过全氧燃烧生产水泥熟料和液态CO_2的系统等，此外还开展了低碳低氮节煤的水泥熟料烧结系统、水泥厂窑壳受热面余热回收装置、可灵活调整的煤矸石悬浮煅烧生产系统、氢能耦合替代燃料等技术的研发。

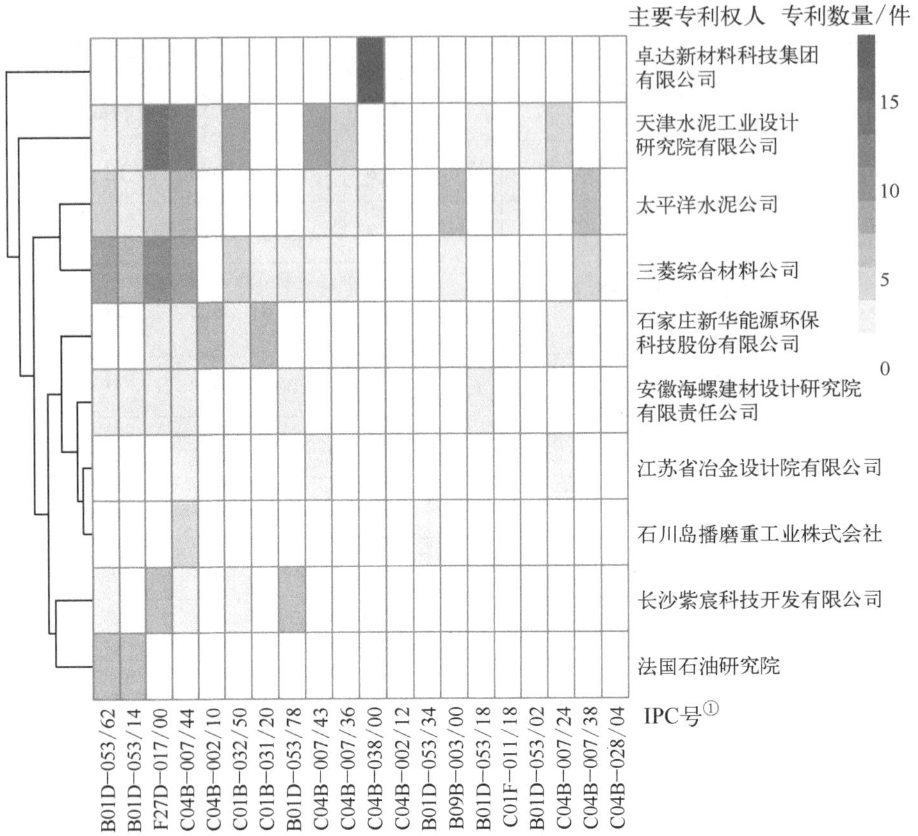

图 3.18　全球水泥建材行业 CCUS 技术主要专利权人的技术布局和优势技术

太平洋水泥公司开展相关研究时间较长，涉及技术领域较多，重点关注固体废物的破坏或将固体废物转变为有用或无害的东西，单独或作为批料制备或处理原料，涉及替代燃料技术，同时也关注水硬性水泥的焙烧、废气中碳氧化物的分离、通过吸收作用分离混合气体。2020 年以来，太平洋水泥公司的新技术包括废弃混凝土与含 CO_2 的气体接触以固定 CO_2 的方法、容纳混凝土废料和海藻培养水的储存装置、回收用于制造水泥助磨剂的 CO_2 吸收液、回收水泥生产废气中含有的 CO_2 等。

卓达新材料科技集团有限公司技术较为集中，关注多孔的砂浆、混凝土、人造石或陶瓷制品及制造方法。2016 年以来，该机构未申请相关专利。

① IPC 号对应的技术领域见表 3.7。

三菱综合材料公司与太平洋水泥公司的技术布局相似，研发重心集中在利用余热的装置、废气中碳氧化物的分离、通过吸收作用分离混合气体、单独或作为批料制备或处理原料等技术。2020 年以来，三菱综合材料公司的新技术关注捕集水泥生产废气中的 CO_2、加入氢生产甲烷用于水泥生产燃料，涉及水泥生产废气中的 CO_2 的分离和回收、CO_2 添加氢气产生甲烷作为水泥生产设施的替代燃料、水泥生产设施废气中的 CO_2 或从废气中分离和回收的 CO_2 转化为尿素和水杨酸等技术。

石家庄新华能源环保科技股份有限公司的研发集中在石灰预热、焙烧、煅烧或冷却，利用余热的装置，水硬性水泥的焙烧等技术，但 2016 年以后未开展相关专利申请。

如图 3.19 所示，从市场布局来看，太平洋水泥公司、三菱综合材料公司、法国石油研究院等国外专利权人在专利市场的布局以本国市场为主，兼

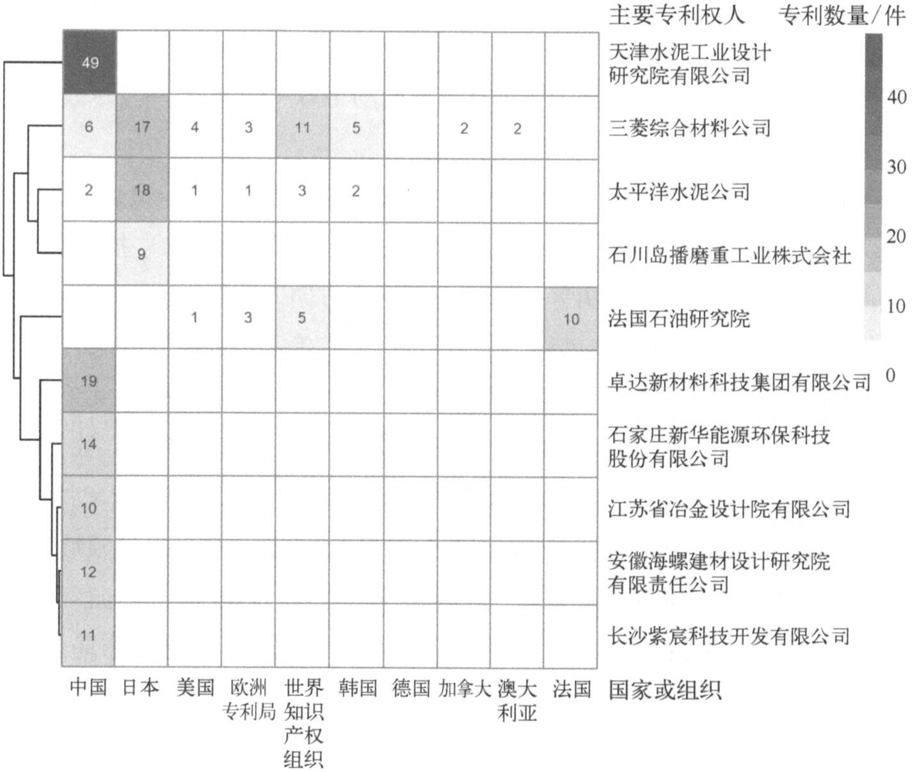

图 3.19　全球水泥建材行业 CCUS 技术主要专利权人的市场布局

顾国际市场,重视世界知识产权专利申请,但在中国的专利仍较少。天津水泥工业设计研究院有限公司、卓达新材料科技集团有限公司、石家庄新华能源环保科技股份有限公司、安徽海螺建材设计研究院有限责任公司、长沙紫宸科技开发有限公司等中国企业主要关注中国市场,尚未开展全球专利布局。

3.5 小结

本章围绕 CO_2 捕集、运输、封存、利用的全流程全链条及 CCUS 技术在电力、钢铁、水泥等行业的应用,展开全球相关技术专利的发展态势、技术分布、国别比较、专利权人技术布局等分析,得出以下结论。

全球 CCUS 专利总量呈现上涨趋势,2016 年以来呈现新一轮的快速增长。中国、美国、日本等国家高度重视相关专利布局,特别是 2016 年以来,中国专利数量出现爆发性的增长,中国是推动全球 CCUS 专利技术发展的重要力量。

全球 CCUS 专利涉及捕集、利用、封存中的多个技术方向,覆盖电力、钢铁、水泥、石油、天然气等多个行业。专利技术主要集中在 CO_2 捕集环节,溶液吸收、化学吸附、膜分离等技术是主要研究方向。CO_2 化工利用也有较多专利,制气体燃料和液体燃料、制甲醇等化工品等是主要研究方向。

在欧洲、美国、日本等发达国家或地区,CCUS 专利权人以大型跨国企业为主,主要来自化工、能源、工业气体等领域。三菱重工业株式会社、壳牌研究有限公司、法国液化空气集团等国外专利权人重视 CCUS 技术创新,在废气中碳氧化物的分离、通过吸收作用分离混合气体等多个技术领域积极布局,抢占中国、美国等主要市场。中国专利权人以石化、能源企业和高校为主,2012 年以来技术研发活跃,在 CCUS 全链条技术上都有所布局,但仍存在专利市场布局国际化程度不够的问题,高校 CCUS 技术成果转移转化仍需加强。

发电行业 CCUS 技术主要集中在吸收法捕集 CO_2,以及发电装置中的燃气轮机技术。最新技术关注碳捕集和制氢的耦合、CO_2 储能系统、CO_2 联合循环发电系统。三菱重工业株式会社、东芝集团、通用电气公司等国外机构申请较多专利，但近年来研发活跃度下降。以西安热工研究院有限公司为代表的中国机构，2020 年以来研发活跃，积极在中国市场申请专利，并在有机框架多孔液体、直接空气碳捕集、CO_2 储能系统、超临界二氧化碳耦合蒸汽朗肯循环发电系统等新兴技术上积极布局。

钢铁冶金行业关注高炉、炼钢炼铁的低碳燃烧，在 CO_2 吸收和吸附技术上申请专利较少，仍处于商业化起步阶段。最新技术关注借助计算机技术实现高炉的低耗高效冶炼，以及富氧燃烧在钢铁冶炼中的应用。主要专利权人以中、日、韩的钢铁企业为主，技术关注铁钢冶炼中的低碳燃烧，行业内的 CO_2 捕集技术发展缓慢，并且市场布局以本国市场为主。以中国冶金科工集团有限公司为代表的中国机构，2020 年以来重点关注 CO_2 捕集、富氧燃烧、煤粉预热系统等技术在高炉、转炉、焦炉中的应用。

水泥建材行业 CCUS 相关专利呈现快速增长的趋势，技术集中在 CO_2 的捕集和水泥窑炉生料煅烧阶段的减排降碳技术。最新技术关注炉窑温度控制、CO_2 制甲烷用作替代燃料、水泥窑全氧燃烧技术。专利权人以中、日水泥企业为主，以天津水泥工业设计研究院有限公司为代表的中国企业积极在全氧燃烧技术、低碳节煤的水泥熟料烧结等技术布局，以太平洋水泥公司、三菱综合材料公司为代表的日本企业则关注混凝土与 CO_2 的固定、CO_2 制甲烷用作替代燃料等技术。

第 4 章

CO_2 捕集关键技术知识产权发展

CO_2 捕集技术是 CCUS 全链条技术的基础，也是其关键技术之一，废气或空气中的 CO_2 只有经过捕集后才能被利用和封存。CO_2 捕集技术的核心是分离提纯，通过化学品或工艺设备分离出废气或空气中的 CO_2，并大规模富集储存。对 CO_2 捕集技术的知识产权进行分析有助于了解 CCUS 的发展脉络、主要专利权人和竞争机构，为 CO_2 捕集技术的发展方向提供一定指导。本节将基于德温特创新索引数据库的专利数据，从专利申请时间、专利申请区域、技术分布、专利权人及布局领域等多个方面展开分析。

4.1　全球 CO_2 捕集技术知识产权总体发展态势

在调研 CCUS 技术的基础上，从对象（CO_2）、方法（吸收、吸附、膜分离、提纯等）、应用场景（火电厂、建材、钢铁冶金等）、新型技术（离子液体、空气直接捕获等）等多个方向、多个层次构建专利检索式。

对检索结果[①]进行申请年份分析，申请趋势显示 CO_2 捕集技术的发展可以分为 4 个阶段：第一阶段为 1990 年前，CO_2 捕集技术发展较为缓慢，专利申请增速缓慢，整体趋势平缓；第二阶段为 1990—2003 年，技术发展

① 截至 2023 年 3 月 10 日，共检索到专利 14 743 件。

进入平台期，年均专利申请数量为 130 件；第三阶段为 2003—2012 年，技术进入快速发展阶段，在该阶段，专利申请速度不断加快，到 2012 年，专利数量达到 980 件，10 年间增长了 4 倍；第四阶段为 2012 年至今，技术发展进入稳定期，在该阶段，专利数量有一定波动（2014 年为低谷，但仍有 809 件专利），但从整体趋势来看仍处于增长状态①，具体如图 4.1 所示。

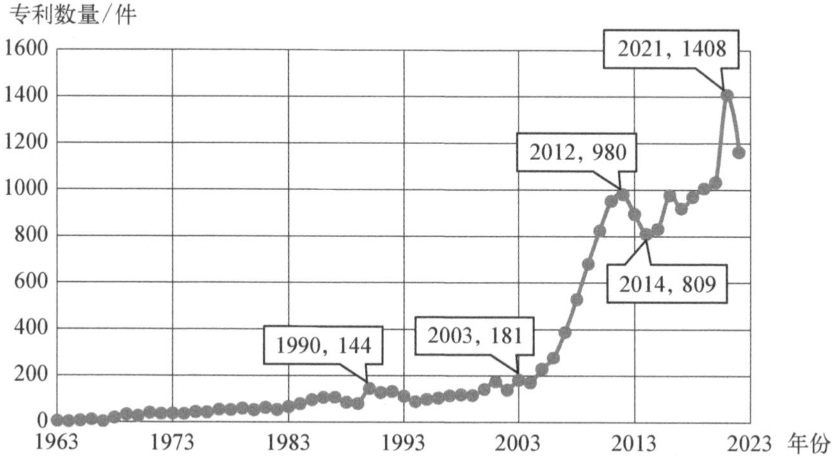

图 4.1　碳捕集技术专利申请趋势图

如表 4.1 所示，基于专利的国际专利分类（IPC）号统计，碳捕集技术主要集中在废气中碳氧化物的分离（B01D - 53/62）这一领域中，其中吸收（B01D - 053/14）、吸附（B01D - 053/02）和扩散（B01D - 053/22）三类方法是碳捕集技术采用最多的方法原理，它们分别代表了吸收法、吸附法和膜分离法。在吸附分离技术中，吸附剂的研究较多，研究范围包括吸附剂类型（B01D - 053/04、B01J - 020/22）、吸附剂的制备和再活化（B01J - 020/30）、吸附剂特征（B01J - 020/28）等；而吸收法分离技术更多集中在吸收装置（B01D - 053/18）和反应剂（B01D - 053/96）上。

---

①　波动的阶段点较为符合国际社会几项重要政策的发布时间：《联合国气候变化框架公约》1992 年通过，1994 年生效；《京都议定书》1997 年签订，2005 年生效；《巴黎协定》2016 年签订并生效。

表 4.1 基于国际专利分类号的碳捕集领域分析表

序号	IPC号	技术领域	专利总量/件	2020年以来专利数量/件	2020年以来专利数量占比
1	B01D-053/62	废气中碳氧化物的分离	3 891	917	23.57%
2	B01D-053/14	通过吸收作用分离混合气体	3 562	669	18.78%
3	C01B-032/50	涉及 CO_2 的工艺过程	2 973	563	18.94%
4	B01D-053/02	通过吸附作用分离混合气体	1 718	433	25.20%
5	B01D-053/04	用固定的吸附剂分离混合气体	1 380	420	30.43%
6	B01D-053/78	利用气-液接触分离混合气体	1 293	487	37.66%
7	B01D-053/22	通过扩散法分离混合气体	1 248	326	26.12%
8	B01D-053/18	用于分离混合气体的吸收装置	1 106	379	34.27%
9	B01J-020/30	吸附剂的制备、再生或再活化的方法	1 011	322	31.85%
10	B01D-053/34	废气的化学或生物分离净化	850	93	10.94%
11	B01D-053/96	反应剂的再生、再活化或循环	777	255	32.82%
12	B01D-053/00	气体或蒸气的分离、废气的净化	706	207	29.32%
13	C10L-003/10	天然气或合成天然气的加工	688	142	20.64%
14	B01J-020/28	具有形态或物理性能特征的吸附剂或其组合	605	217	35.87%
15	B01J-020/22	包含有机材料的吸附剂或其组合	594	147	24.75%

2020 年以来的专利数量及占比如图 4.2 所示，废气中碳氧化物的分离(B01D-053/62)(917 件)、通过吸收作用分离混合气体(B01D-053/14)(669 件)和涉及 CO_2 的工艺过程(C01B-032/50)(563 件)仍是碳捕集技术专利申请的重点领域，而利用气-液接触分离混合气体(B01D-053/78)(37.66%)、用于分离混合气体的吸收装置(B01D-053/18)(34.27%)、具有形态或物理性能特征的吸附剂或其组合(B01J-020/28)(35.87%)等是较为活跃的领域①，即吸收、吸附技术仍是近些年的研究重点和前沿领域。

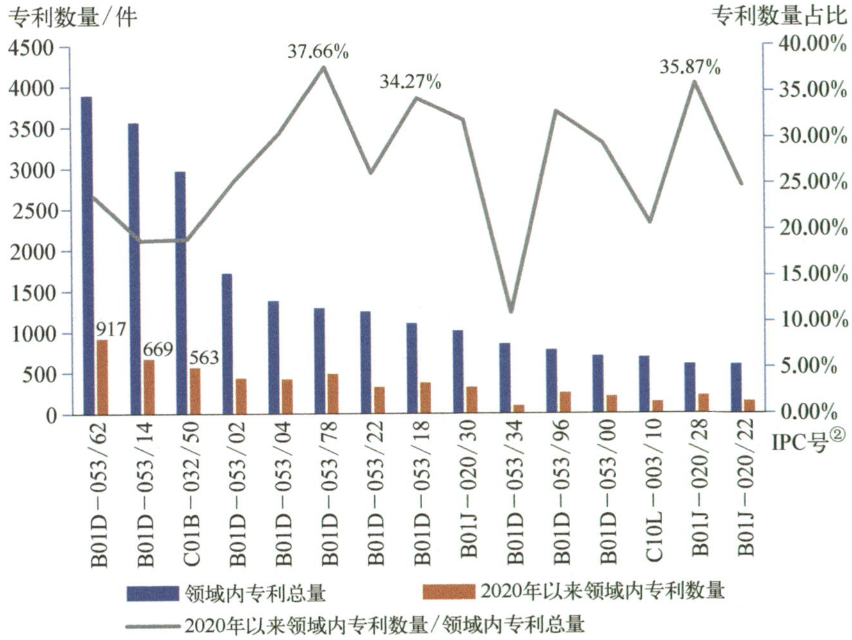

图 4.2　2020 年以来碳捕集技术排名前 15 位的专利重点领域

根据表 4.2 和图 4.3 对专利申请地域进行分析，并结合排名前 5 位的国家专利申请时间分布可以看出，我国碳捕集技术专利申请数量位居全球第一，但我国技术起步晚于美国、日本等发达国家。美国和日本相对发展较早，且自 2010 年后每年专利申请数量较为稳定(美国年申请量>日本年申

① 以 33.33%为标准基线。
② IPC 号对应的技术领域见表 4.1。

请量）。尽管我国起步较晚，但专利数量庞大，说明近些年我国注重该领域的研发，投入了大量资源。而美国、日本、韩国的专利数量则表明，他们在该领域上的研发周期长，累计投入高。

表 4.2　碳捕集技术专利申请国别分析

序号	国家或地区	专利总量/件	申请时间	2020 年以来专利数量/件	2020 年以来专利数量占比
1	中国	6 284	1984—2023	2543	40%
2	日本	2 724	1966—2022	250	9%
3	美国	2 542	1961—2023	499	20%
4	韩国	1 364	1986—2023	291	21%
5	加拿大	835	1972—2023	190	23%
6	欧盟	532	1977—2023	107	20%
7	德国	529	1966—2022	27	5%
8	法国	307	1968—2022	33	11%
9	英国	195	1961—2022	25	13%
10	苏联	194	1966—1992	0	0%

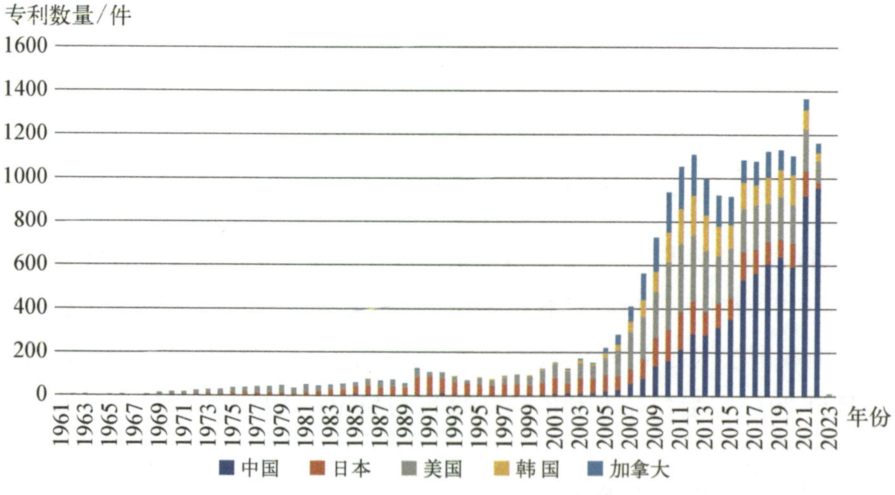

图 4.3　碳捕集技术专利数量排名前 5 位的国家专利申请趋势图

图 4.4 表示在专利权人方面，专利数量排名前 20 位的专利权人机构来自日本(6 家)、中国(4 家)、美国(3 家)、法国(2 家)、韩国(2 家)、德国(2 家)、英国(1 家)①等主要经济体国家。日本机构实力强劲，从机构主要业务范围来看，日本碳捕集技术主要应用在重工业领域，包括机械、钢铁、电力和能源等；我国 4 家机构中 2 家是科研机构(高等院校)，另外 2 家则是主营石油化工和能源的企业；美国 3 家均是跨国企业，业务范围包括机械、石油化工和气体化工等；韩国则主要是电力和能源方面的机构。据上述分析可知：石油化工、能源、机械重工等是碳捕集技术的重点应用领域；相比其他排名靠前的国家，我国碳捕集技术在研究阶段的较多，规模化应用程度相对不高。

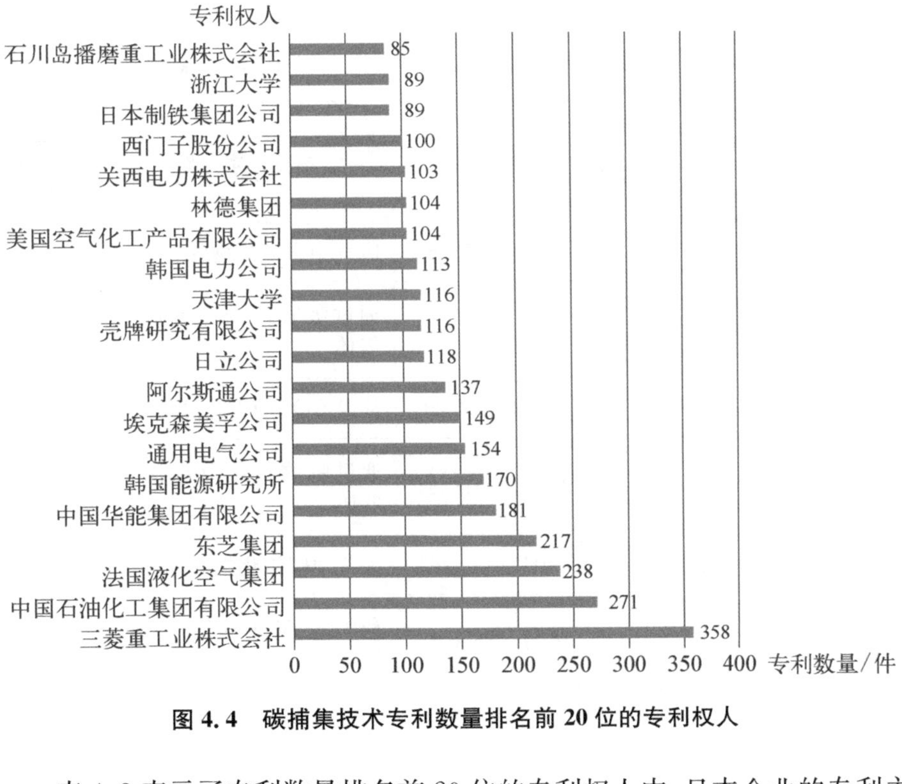

图 4.4 碳捕集技术专利数量排名前 20 位的专利权人

表 4.3 表示了专利数量排名前 20 位的专利权人中，日本企业的专利主

① 壳牌研究有限公司总部分别位于荷兰和英国，在此处将其归入英国。

题基本都是以吸收法实现废气中 CO_2 的捕集；我国的中国石油化工集团有限公司除了吸收法，还有利用两相接触面（气-液）进行废气的净化/分离，天津大学在膜分离技术上具有一定特色，浙江大学的专利重点包含了吸收分离技术和吸附分离技术；美国几家企业除了空气化工产品有限公司倾向吸附分离技术，其余均偏向在吸收技术领域进行专利申请；韩国能源研究所和韩国电力公司的碳捕集专利领域主要在吸收技术和反应效率提升上，如反应剂的研制；其他机构的研究重点也各有不同，法国液化空气集团的专利主题重点在于通过固化或液化进行气体反应物的分离，法国阿尔斯通公司、德国林德集团、德国西门子股份公司等重点均在吸收技术上。自 2020 年起，我国在碳捕集领域发展较为突出，特别是中国华能集团有限公司，其 2020 年以来的专利数量占比超过了 50%，其次是天津大学和浙江大学。

表 4.3 专利数量排名前 20 位的专利权人专利申请重点领域

专利权人	专利总量/件	2020 年以来专利数量占比	IPC 号	主要技术主题	主题专利数量/件
三菱重工业株式会社	358	5%	B01D-053/62	废气中碳氧化物的分离	227
			B01D-053/14	通过吸收作用分离混合气体	195
			C01B-032/50	涉及 CO_2 的工艺过程	127
中国石油化工集团有限公司	271	8%	B01D-053/14	通过吸收作用分离混合气体	83
			B01D-053/62	废气中碳氧化物的分离	49
			B01D-053/78	利用气-液接触分离混合气体	42
法国液化空气集团	238	8%	F25J-003/02	通过精馏方法对混合气体成分进行分离	55
			B01D-053/62	废气中碳氧化物的分离	52
			B01D-053/22	通过扩散法分离混合气体	52

续 表

专利权人	专利总量/件	2020 年以来专利数量占比	IPC 号	主要技术主题	主题专利数量/件
东芝集团	217	2%	B01D-053/62	废气中碳氧化物的分离	170
			B01D-053/14	通过吸收作用分离混合气体	140
			C01B-032/50	涉及 CO_2 的工艺过程	104
中国华能集团有限公司	181	51%	B01D-053/18	用于分离混合气体的吸收装置	65
			B01D-053/14	通过吸收作用分离混合气体	41
			B01D-053/62	废气中碳氧化物的分离	35
韩国能源研究所	170	2%	B01D-053/14	通过吸收作用分离混合气体	77
			B01D-053/62	废气中碳氧化物的分离	72
			B01D-053/96	反应剂的再生、再活化或循环	27
通用电气公司	154	1%	B01D-053/62	废气中碳氧化物的分离	88
			B01D-053/14	通过吸收作用分离混合气体	70
			C01B-032/50	涉及 CO_2 的工艺过程	42
埃克森美孚公司	149	5%	B01D-053/14	通过吸收作用分离混合气体	57
			B01D-053/62	废气中碳氧化物的分离	50
			B01D-053/04	用固定的吸附剂分离混合气体	41

续 表

专利权人	专利总量/件	2020年以来专利数量占比	IPC号	主要技术主题	主题专利数量/件
阿尔斯通公司	137	0%	B01D-053/62	废气中碳氧化物的分离	97
			B01D-053/14	通过吸收作用分离混合气体	84
			B01D-053/78	利用气-液接触分离混合气体	30
日立公司	118	0%	C01B-032/50	涉及 CO_2 的工艺过程	51
			B01D-053/62	废气中碳氧化物的分离	37
			B01D-053/14	通过吸收作用分离混合气体	27
壳际研究有限公司	116	4%	B01D-053/14	通过吸收作用分离混合气体	49
			B01D-053/62	废气中碳氧化物的分离	24
			C01B-032/50	涉及 CO_2 的工艺过程	20
天津大学	116	14%	B01D-053/22	通过扩散法分离混合气体	38
			B01D-067/00	专门适用于分离工艺或设备的半透膜的制备方法	30
			B01D-053/62	废气中碳氧化物的分离	17
韩国电力公司	113	3%	B01D-053/14	通过吸收作用分离混合气体	75
			B01D-053/62	废气中碳氧化物的分离	45
			B01D-053/96	反应剂的再生、再活化或循环	21
空气化工产品有限公司	104	2%	B01D-053/04	用固定的吸附剂分离混合气体	44

续　表

专利权人	专利总量/件	2020 年以来专利数量占比	IPC 号	主要技术主题	主题专利数量/件
空气化工产品有限公司	104	2%	B01D-053/047	用固定吸附剂变压吸附	30
			C01B-032/50	涉及 CO_2 的工艺过程	29
林德集团	104	4%	B01D-053/14	通过吸收作用分离混合气体	40
			C01B-032/50	涉及 CO_2 的工艺过程	20
			B01D-053/00	气体或蒸气的分离、废气的净化	17
关西电力株式会社	103	3%	B01D-053/62	废气中碳氧化物的分离	83
			B01D-053/14	通过吸收作用分离混合气体	79
			B01D-053/34	废气的化学或生物分离净化	51
西门子股份公司	100	2%	B01D-053/14	通过吸收作用分离混合气体	57
			B01D-053/62	废气中碳氧化物的分离	40
			B01D-053/96	反应剂的再生、再活化或循环	15
日本制铁集团公司	89	0%	C01B-032/50	涉及 CO_2 的工艺过程	46
			B01D-053/14	通过吸收作用分离混合气体	40
			B01D-053/62	废气中碳氧化物的分离	35
浙江大学	89	20%	B01D-053/14	通过吸收作用分离混合气体	28
			B01D-053/62	废气中碳氧化物的分离	23
			B01J-020/30	吸附剂的制备、再生或再活化的方法	23

续　表

专利权人	专利总量/件	2020年以来专利数量占比	IPC号	主要技术主题	主题专利数量/件
石川岛播磨重工业株式会社	85	1%	B01D-053/62	废气中碳氧化物的分离	49
			C01B-032/50	涉及CO_2的工艺过程	47
			B01D-053/14	通过吸收作用分离混合气体	34

4.2 绿色低碳高效燃烧方式专利分析

2000年以来，环境问题、能源问题逐渐凸显，引起全球关注，煤炭作为传统燃料，大规模地应用在重工业领域，如钢铁冶金、发电、化工等，一方面，煤炭支撑了各国的工业发展；另一方面，煤炭的大规模应用造成了严重的环境问题。协调煤炭的应用价值和环境影响成为煤炭燃烧技术的主要发展方向。气化技术、流化床技术、预热技术和富氧燃烧技术等是煤炭燃烧中提高燃烧效率、降低环境影响的先进技术，针对这些技术做知识产权分析能够促进我国煤炭低碳燃烧技术的改进和发展，并为煤炭工业实现节能降碳提供决策支撑。

4.2.1 气化技术

图4.5为国内外气化技术专利申请趋势图，1980年前气化技术专利持续增长，但由于以德士古炉为代表的水煤浆气化技术和以壳牌炉为代表的粉煤加压气化技术于1978年完成了工业示范，1980年后，气化技术的专利申请开始呈波动式下降，直至2004年才开始再次上涨。进入21世纪后，环境、能源等一系列问题亟待解决，因此煤炭的气化技术得到了极大程度的发展，2004—2013年，煤炭气化技术专利申请数量急剧增长，从17件增长到298件。2013年后，专利申请量保持高位稳定，但从近五年申请量来看，气化技术的专利申请呈现下降趋势。

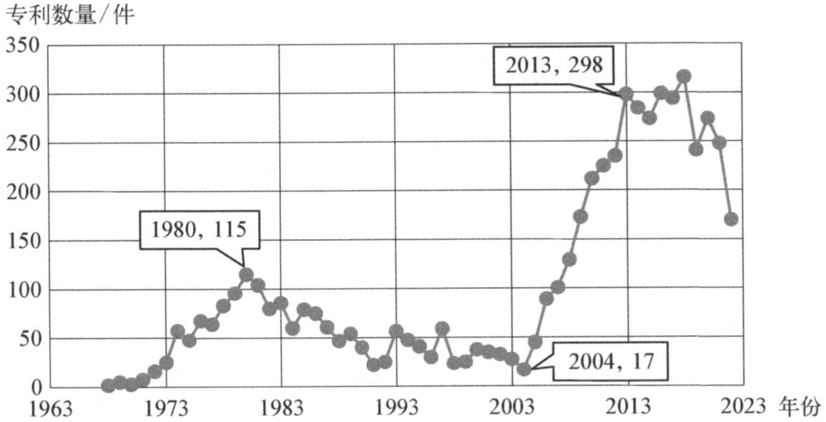

图 4.5　气化技术专利申请趋势图

如表 4.4 所示，气化技术的专利领域主要是固态含碳燃料经（氧气或水蒸气）氧化生成其他气态燃料工艺的其他设备特征（C10J－003/72）（1 410 件）、在悬浮状态下粒状或粉状燃料的气化装置或设备（C10J－003/48）（1 275 件）和在悬浮状态下粒状或粉状燃料的气化（C10J－003/46）（1 247 件）3 项。悬浮态燃料气化，即燃料流态化是现代主要发展的气化技术，而气化技术的设备装置成为创新的关键所在，排名前 15 位的 IPC 号中有 9 项与设备装置有关，包括固态含碳燃料经（氧气或水蒸气）氧化生成其他气态燃料工艺的其他设备特征（C10J－003/72）、在悬浮状态下粒状或粉状燃料的气化装置或设备（C10J－003/48）、由固态含碳燃料通过包含氧气或水蒸气的部分氧化工艺制造含一氧化碳和氢气的气体-具有从煤气中除尘或焦油的装置（C10J－003/84）、在悬浮状态下粒状或粉状燃料气化装置或设备的燃料加料装置（C10J－003/50）、块状燃料的固定床气化设备或装置（C10J－003/20）、用温克勒（Winkler）技术即用流化作用气化粒状或粉状燃料的设备或装置（C10J－003/56）、在悬浮状态下粒状或粉状燃料的气化装置或设备中的除灰装置（C10J－003/52）、固态含碳燃料经（氧气或水蒸气）氧化生成其他气态燃料工艺中含有燃料气引出装置（C10J－003/82）、固态含碳燃料经（氧气或水蒸气）氧化生成其他气态燃料工艺中含有水夹套或蒸气锅炉夹套（C10J－003/76）。

表 4.4　气化技术排名前 15 位的专利申请领域

序号	IPC号	技术领域	专利总量/件	2020年以来专利数量/件	2020年以来专利数量占比
1	C10J-003/72	固态含碳燃料经(氧气或水蒸气)氧化生成其他气态燃料工艺的其他设备特征	1 410	342	24.26%
2	C10J-003/48	在悬浮状态下粒状或粉状燃料的气化装置或设备	1 275	202	15.84%
3	C10J-003/46	在悬浮状态下粒状或粉状燃料的气化	1 247	58	4.65%
4	C10J-003/84	由固态含碳燃料通过包含氧气或水蒸气的部分氧化工艺制造含一氧化碳和氢气的气体-具有从煤气中除尘或焦油的装置	919	149	16.21%
5	C10J-003/00	由固态含碳燃料通过包含氧气或水蒸气的部分氧化工艺制造含一氧化碳和氢气的气体,例如合成气或煤气	805	91	11.30%
6	C10J-003/50	在悬浮状态下粒状或粉状燃料气化装置或设备的燃料加料装置	727	140	19.26%
7	C10J-003/20	块状燃料的固定床气化设备或装置	520	54	10.38%
8	C10J-003/56	用温克勒(Winkler)技术即用流化作用气化粒状或粉状燃料的设备或装置	498	64	12.85%
9	C10J-003/54	用温克勒(Winkler)技术即用流化作用气化粒状或粉状燃料	454	10	2.20%
10	C10J-003/02	块状燃料的固定床气化	320	11	3.44%

续　表

序号	IPC 号	技 术 领 域	专利总量/件	2020 年以来专利数量/件	2020 年以来专利数量占比
11	C10J－003/86	固态含碳燃料经(氧气或水蒸气)氧化生成其他气态燃料工艺中含有与废热锅炉相结合的特征	300	52	17.33%
12	C10J－003/52	在悬浮状态下粒状或粉状燃料的气化装置或设备中的除灰装置	246	40	16.26%
13	C10J－003/66	燃料预干馏工艺过程中将干馏产物引入气化区的方法	212	26	12.26%
14	C10J－003/82	固态含碳燃料经(氧气或水蒸气)氧化生成其他气态燃料工艺中含有燃料气引出装置	203	40	19.70%
15	C10J－003/76	固态含碳燃料经(氧气或水蒸气)氧化生成其他气态燃料工艺中含有水夹套或蒸气锅炉夹套	201	30	14.93%

如图 4.6 所示，通过对 2020 年以来的专利数据进行分析，发现气化技术的研究重点有固态含碳燃料经(氧气或水蒸气)氧化生成其他气态燃料工艺的其他设备特征(C10J－003/72)、在悬浮状态下粒状或粉状燃料的气化装置或设备(C10J－003/48)和由固态含碳燃料通过包含氧气或水蒸气的部分氧化工艺制造含一氧化碳和氢气的气体-具有从煤气中除尘或焦油的装置(C10J－003/84)。而固态含碳燃料经(氧气或水蒸气)氧化生成其他气态燃料工艺的其他设备特征(C10J－003/72)(24.26%)、固态含碳燃料经(氧气或水蒸气)氧化生成其他气态燃料工艺中含有燃料气引出装置(C10J－003/82)(19.70%)和在悬浮状态下粒状或粉状燃料气化装置或设备的燃料

加料装置(C10J－003/50)(19.26%)3个领域则是2020年以来的热点研究领域。

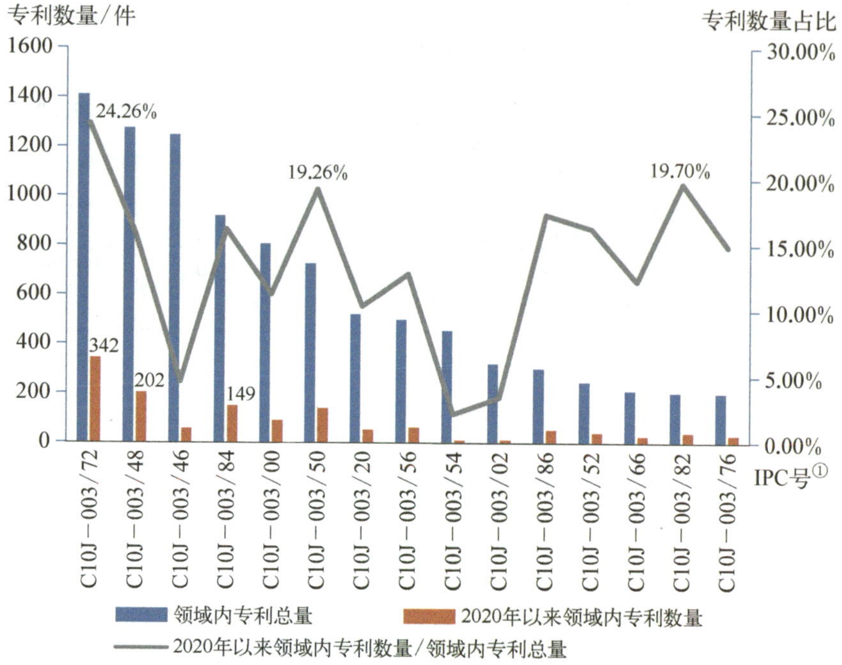

图4.6　2020年以来气化技术专利数据分析图

无论是专利总量、2020年以来专利数量还是2020年以来专利数量占比，固态含碳燃料经(氧气或水蒸气)氧化生成其他气态燃料工艺的其他设备特征(C10J－003/72)领域均在第一位，由此可以看出气化技术的核心在于设备装置的创新，特别是具有鲜明技术创新特征的设备装置。

由表4.5可知，在气化技术上，排名前10位的国家或地区中，美国和德国是最早提出专利申请的，尽管我国专利申请较晚，但截至2023年4月我国专利申请量占有绝对优势，日本和美国的专利申请量分别位于第二和第三位。2020年以来的专利申请中，我国仍是排名前10位的国家或地区中最高的一个，韩国其次但仅有6件。

① IPC号对应的技术领域见表4.4。

表4.5 气化技术排名前10位的国家或地区的专利申请情况

序号	国家或地区	专利总量/件	申请时间	2020年以来专利数量/件	2020年以来专利数量占比
1	中国	3 155	1984—2023	673	21.33%
2	日本	944	1973—2022	5	0.53%
3	美国	458	1968—2022	3	0.66%
4	德国①	281	1968—2023	2	0.71%
5	东德	166	1974—1990	0	0.00%
6	韩国	166	1985—2022	6	3.61%
7	加拿大	61	1973—2017	0	0.00%
8	欧洲	55	1976—2020	1	1.82%
9	英国	41	1972—2011	0	0.00%
10	澳大利亚	34	1971—2021	1	2.94%

① 德国在1968—2023年的专利数量不包括东德的专利。

基于专利权人的分析，从表4.6可以看出排名前10位的专利权人均是中国和日本的企业机构。我国企业机构专利申请势头强劲，2020年以来有专利申请的排名前10位的专利权人中，除了三菱日立动力系统公司以外，均是我国企业机构。我国新奥科技发展有限公司主要发展气化技术装置和设备，包括具有一定特性的氧化气化设备（C10J－003/72）、悬浮态或粉状燃料的气化装置（C10J－003/48）以及流化床气化的设备装置（C10J－003/56）；日本三菱重工业株式会社主要是流化床气化技术工艺方面的专利，包括在悬浮状态下粒状或粉状燃料的气化（C10J－003/46）和用流化作用气化粒状或粉状燃料（C10J－003/54）。通过中日机构主题技术的对比可以明显看出，我国现阶段仍注重技术装备的研发和改进，日本则注重对工艺技术的发展和创新。就气化技术应用领域而言，我国参与煤炭气化技术创新的机构更多的是化工、清洁能源等企业；而日本主要是传统重工业领域，包括机械、能源动力、钢铁制造等。

表4.6 气化技术专利申请排名前10位的专利权人

专利权人	专利总量/件	2020年以来专利数量占比	IPC号	主要技术主题	主题专利数量/件
新奥科技发展有限公司	255	17%	C10J-003/72	固态含碳燃料经(氧气或水蒸气)氧化生成其他气态燃料工艺的其他设备特征	115
			C10J-003/48	在悬浮状态下粒状或粉状燃料的气化装置或设备	68
			C10J-003/84	由固态含碳燃料通过包含氧气或水蒸气的部分氧化工艺制造含一氧化碳和氢气的气体-具有从煤气中除尘或焦油的装置	51
			C10J-003/56	用温克勒(Winkler)技术即用流化作用气化粒状或粉状燃料的设备或装置	51
三菱重工业株式会社	246	0%	C10J-003/46	在悬浮状态下粒状或粉状燃料的气化	189
			C10J-003/48	在悬浮状态下粒状或粉状燃料的气化装置或设备	55
			C10J-003/54	用温克勒(Winkler)技术即用流化作用气化粒状或粉状燃料	44
巴布科克日立公司	176	0%	C10J-003/46	在悬浮状态下粒状或粉状燃料的气化	141
			C10J-003/48	在悬浮状态下粒状或粉状燃料的气化装置或设备	37
			C10J-003/72	固态含碳燃料经(氧气或水蒸气)氧化生成其他气态燃料工艺的其他设备特征	25
日立公司	116	0%	C10J-003/46	在悬浮状态下粒状或粉状燃料的气化	75

续　表

专利权人	专利总量/件	2020 年以来专利数量占比	IPC 号	主要技术主题	主题专利数量/件
日立公司	116	0%	C10J－003/48	在悬浮状态下粒状或粉状燃料的气化装置或设备	23
			F02C－003/28	在燃烧前，带有使燃料气化的单独气体发生器的燃气轮机装置	22
中国石油化工集团有限公司	114	10%	C10J－003/72	固态含碳燃料经(氧气或水蒸气)氧化生成其他气态燃料工艺的其他设备特征	57
			C10J－003/84	由固态含碳燃料通过包含氧气或水蒸气的部分氧化工艺制造含一氧化碳和氢气的气体-具有从煤气中除尘或焦油的装置	34
			C10J－003/48	在悬浮状态下粒状或粉状燃料的气化装置或设备	33
神华集团有限责任公司	95	6%	C10J－003/48	在悬浮状态下粒状或粉状燃料的气化装置或设备	52
			C10J－003/50	在悬浮状态下粒状或粉状燃料气化装置或设备的燃料加料装置	38
			C10J－003/84	由固态含碳燃料通过包含氧气或水蒸气的部分氧化工艺制造含一氧化碳和氢气的气体-具有从煤气中除尘或焦油的装置	36
石川岛播磨重工业株式会社	87	0%	C10J－003/46	在悬浮状态下粒状或粉状燃料的气化	56
			C10J－003/48	在悬浮状态下粒状或粉状燃料的气化装置或设备	24
			C10J－003/54	用温克勒(Winkler)技术即用流化作用气化粒状或粉状燃料	23

续 表

专利权人	专利总量/件	2020年以来专利数量占比	IPC号	主要技术主题	主题专利数量/件
中国华能集团有限公司	79	33%	C10J-003/48	在悬浮状态下粒状或粉状燃料的气化装置或设备	28
			C10J-003/72	固态含碳燃料经(氧气或水蒸气)氧化生成其他气态燃料工艺的其他设备特征	27
			C10J-003/50	在悬浮状态下粒状或粉状燃料气化装置或设备的燃料加料装置	26
日本制铁集团公司	69	0%	C10J-003/46	在悬浮状态下粒状或粉状燃料的气化	59
			C10J-003/48	在悬浮状态下粒状或粉状燃料的气化装置或设备	18
			C10G-001/00	由油页岩、油砂或非熔的固态含碳物料或类似物,如木材、煤,制备液态烃混合物	9
三菱日立动力系统公司	56	4%	C10J-003/46	在悬浮状态下粒状或粉状燃料的气化	51
			C10J-003/48	在悬浮状态下粒状或粉状燃料的气化装置或设备	19
			C10J-003/50	在悬浮状态下粒状或粉状燃料气化装置或设备的燃料加料装置	13

4.2.2 流化床技术

流化床技术是流态化床技术的简称,而流态化是现代煤气化技术的主要发展方向,因此两者的发展趋势有一定相关性,从图4.7的专利申请趋势图可以看出,流化床技术的发展趋势与气化技术相似。2002年后,流化床技术发展逐渐加快，到 2013 年达到快速增长阶段的顶峰；2013 年后，技术发展进入稳定期，近些年专利申请已呈下滑趋势。

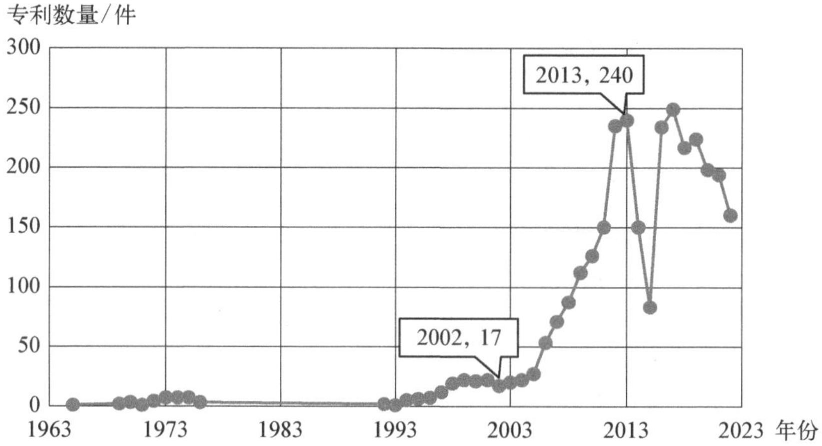

图 4.7　流化床技术专利申请趋势图

如表 4.7 所示，流化床技术排名前 15 位的专利申请领域包括了流化床送料装置(F23C－010/22、F23C－010/26)、空气入口(F23C－010/20)、分离装置(F23C－010/10)、控制装置(F23C－010/28)、除尘装置(C10J－003/84)以及辅助设备(F23C－010/18)等。流化床技术专利申请重点在于燃烧用流化床设备辅助装置或零部件(F23C－010/18)(440 件)、专门适用于流化床燃烧设备的燃料送入装置(F23C－010/22)(391 件)和用温克勒(Winkler)技术即用流化作用气化粒状或粉状燃料的设备或装置(C10J－003/56)(293 件)。

表 4.7　流化床技术排名前 15 位的专利申请领域

序号	IPC 号	技术领域	专利总量/件	2020 年以来专利数量/件	2020 年以来专利数量占比
1	F23C－010/18	燃烧用流化床设备辅助装置或零部件	440	117	26.59%
2	F23C－010/22	专门适用于流化床燃烧设备的燃料送入装置	391	126	32.23%

续 表

序号	IPC号	技术领域	专利总量/件	2020年以来专利数量/件	2020年以来专利数量占比
3	C10J-003/56	用温克勒(Winkler)技术即用流化作用气化粒状或粉状燃料的设备或装置	293	59	20.14%
4	F23C-010/10	将分离设备放置在燃烧室外的燃烧流化床设备	220	41	18.64%
5	F23C-010/20	流化床燃烧设备的流化空气的入口	202	67	33.17%
6	F23C-010/00	燃烧发生在燃料或其他颗粒的流化床内的设备	191	16	8.38%
7	F23C-010/28	专门适用于流化床燃烧设备的控制装置	180	70	38.89%
8	C10J-003/72	固态含碳燃料经(氧气或水蒸气)氧化生成其他气态燃料工艺的其他设备特征	153	35	22.88%
9	C10J-003/54	用温克勒(Winkler)技术即用流化作用气化粒状或粉状燃料	147	7	4.76%
10	C10J-003/84	由固态含碳燃料通过包含氧气或水蒸气的部分氧化工艺制造含一氧化碳和氢气的气体-具有从煤气中除尘或焦油的装置	145	24	16.55%
11	F23C-010/26	一种燃烧流化床中的除料粒设备,该设备部分连接了可以将料粒重新引入流化床的装置	132	48	36.36%

续 表

序号	IPC 号	技 术 领 域	专利总量/件	2020 年以来专利数量/件	2020 年以来专利数量占比
12	F23G-005/30	专门适用于焚烧废物或低品位燃料的方法或设备——在流化床内燃烧的	127	26	20.47%
13	C10B-053/04	专用于特定的固态原物料或特殊形式的固态原物料的干馏——粉煤的	91	8	8.79%
14	F26B-003/08	需要用加热方法来干燥固体材料或制品——为使其松散	91	2	2.20%
15	C10J-003/46	在悬浮状态下粒状或粉状燃料的气化	85	0	0.00%

如图 4.8 所示，2020 年以来的研究重点领域有专门适用于流化床燃烧设备的燃料送入装置（F23C-010/22）（126 件）、燃烧用流化床设备辅助装置或零部件（F23C-010/18）（117 件）和专门适用于流化床燃烧设备的控制装置（F23C-010/28）（70 件）。活跃领域则有专门适用于流化床燃烧设备的控制装置（F23C-010/28）（38.89%）、一种燃烧流化床中的除料粒设备，该设备部分连接了可以将料粒重新引入流化床的装置（F23C-010/26）（36.36%）、流化床燃烧设备的流化空气的入口（F23C-010/20）（33.17%）和专门适用于流化床燃烧设备的燃料送入装置（F23C-010/22）（32.23%）。

从 2020 年以来流化床技术的专利数据来看，燃料送入装置、空气入口装置以及流化床辅助装置等领域是流化床技术领域的研究重点和创新点。直接涉及流化床的专利较少，辅助设备相关专利较多，说明流化床技术发展相对较为成熟；而控制装置领域的活跃则代表着流化床技术正向自动化、智能化方向发展。

如表 4.8 所示，我国和日本的专利数量均超过 200 件，我国以 2 333 件专利位于第一，2020 年以来我国的专利申请也有 528 件，占比达到 22.63%；日本有 275 件专利，但 2020 年以来申请的专利仅有 4 件；韩国 2020 年以来申请了 15 件专利，相对韩国累计专利申请量占比达 17.44%。

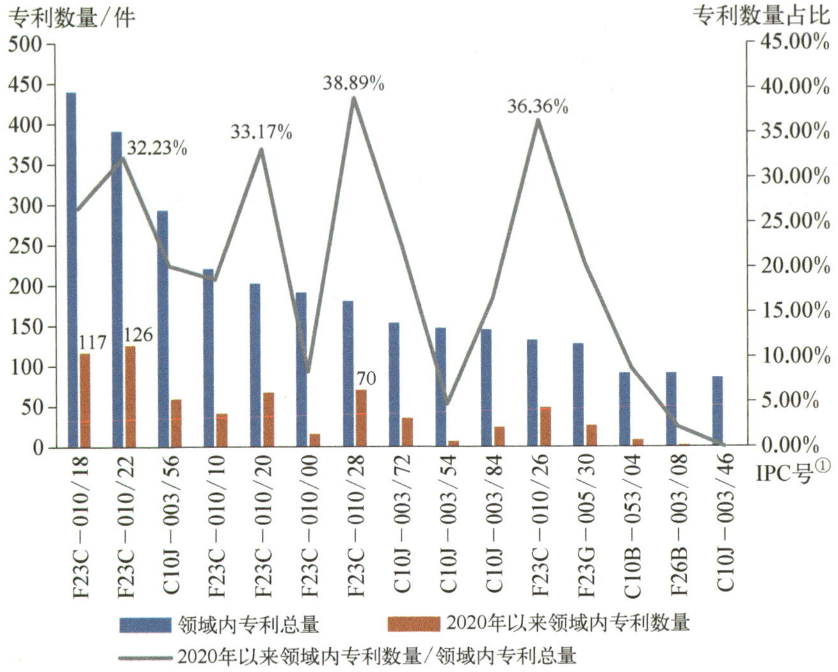

图 4.8　2020 年以来流化床技术专利数据分析图

表 4.8　流化床技术排名前 10 位的国家或地区的专利申请情况

序号	国家或地区	专利总量/件	申请时间	2020 年以来专利数量/件	2020 年以来专利数量占比
1	中国	2 333	1996—2023	528	22.63%
2	日本	275	1973—2020	4	1.45%
3	美国	87	1965—2022	7	8.05%
4	韩国	86	1997—2021	15	17.44%

① IPC 号对应的技术领域见表 4.7。

续　表

序号	国家或地区	专利总量/件	申请时间	2020 年以来专利数量/件	2020 年以来专利数量占比
5	德国	43	1972—2016	0	0%
6	加拿大	24	1974—2018	0	0%
7	欧洲	23	1996—2021	3	13.04%
8	印度	15	2005—2016	0	0%
9	俄罗斯	15	1999—2022	2	13.33%
10	澳大利亚	14	2001—2021	2	14.29%

如表 4.9 所示，流化床技术排名前 10 位的专利权人主要还是中国和日本的机构，日本有 2 家，占据了第一和第三位，均为机械重工类企业。中国有 8 家，其中 2 家研究型机构（清华大学、华北电力大学），6 家企业，企业主营领域包括电力生产相关的机械设备、能源工程、石油化工等。

表 4.9　流化床技术专利申请排名前 10 位的专利权人

专利权人	专利总量/件	2020 年以来专利数量占比	IPC 号	主要技术主题	主题专利数量/件
三菱重工业株式会社	87	0%	F26B-003/084	利用流化床内的热交换进行干燥	42
			C10J-003/46	在悬浮状态下粒状或粉状燃料的气化	32
			F26B-003/08	需要用加热方法来干燥固体材料或制品——为使其松散	25
新奥科技发展有限公司	59	14%	C10J-003/56	用温克勒（Winkler）技术即用流化作用气化粒状或粉状燃料的设备或装置	37

续 表

专利权人	专利总量/件	2020 年以来专利数量占比	IPC 号	主要技术主题	主题专利数量/件
新奥科技发展有限公司	59	14%	C10J－003/72	固态含碳燃料经（氧气或水蒸气）氧化生成其他气态燃料工艺的其他设备特征	23
			C10J－003/54	用温克勒（Winkler）技术即用流化作用气化粒状或粉状燃料	15
石川岛播磨重工业株式会社	59	0%	C10J－003/54	用温克勒（Winkler）技术即用流化作用气化粒状或粉状燃料	24
			C10J－003/00	由固态含碳燃料通过包含氧气或水蒸气的部分氧化工艺制造含一氧化碳和氢气的气体，例如合成气或煤气	19
			C10J－003/56	用温克勒（Winkler）技术即用流化作用气化粒状或粉状燃料的设备或装置	11
			F23G－005/30	专门适用于焚烧废物或低品位燃料的方法或设备——在流化床内燃烧的	11
中国华能集团有限公司	53	38%	F23C－010/18	燃烧用流化床设备辅助装置或零部件	10
			F23C－010/28	专门适用于流化床燃烧设备的控制装置	9
			F23C－010/10	将分离设备放置在燃烧室外的燃烧流化床设备	8
			F23C－010/22	专门适用于流化床燃烧设备的燃料送入装置	8

续　表

专利权人	专利总量/件	2020 年以来专利数量占比	IPC 号	主要技术主题	主题专利数量/件
东方电气集团东方锅炉股份有限公司	50	20%	F23C-010/18	燃烧用流化床设备辅助装置或零部件	27
			F23C-010/10	将分离设备放置在燃烧室外的燃烧流化床设备	13
			F23C-010/00	燃烧发生在燃料或其他颗粒的流化床内的设备	10
中国石油化工集团有限公司	44	9%	C10J-003/84	由固态含碳燃料通过包含氧气或水蒸气的部分氧化工艺制造含一氧化碳和氢气的气体-具有从煤气中除尘或焦油的装置	16
			C10J-003/72	固态含碳燃料经(氧气或水蒸气)氧化生成其他气态燃料工艺的其他设备特征	13
			C10J-003/56	用温克勒(Winkler)技术即用流化作用气化粒状或粉状燃料的设备或装置	12
清华大学	44	36%	F23C-010/18	燃烧用流化床设备辅助装置或零部件	9
			F23C-010/22	专门适用于流化床燃烧设备的燃料送入装置	8
			F23C-010/10	将分离设备放置在燃烧室外的燃烧流化床设备	7
太原锅炉集团有限公司	38	16%	F23C-010/18	燃烧用流化床设备辅助装置或零部件	12
			F23C-010/22	专门适用于流化床燃烧设备的燃料送入装置	10
			F23C-010/10	将分离设备放置在燃烧室外的燃烧流化床设备	10

续　表

专利权人	专利总量/件	2020年以来专利数量占比	IPC号	主要技术主题	主题专利数量/件
神华神东电力有限责任公司	33	18%	F23C-010/22	专门适用于流化床燃烧设备的燃料送入装置	13
			F23C-010/28	专门适用于流化床燃烧设备的控制装置	10
			F23C-010/18	燃烧用流化床设备辅助装置或零部件	4
华北电力大学	33	24%	F23C-010/10	将分离设备放置在燃烧室外的燃烧流化床设备	7
			F23C-010/28	专门适用于流化床燃烧设备的控制装置	6
			C10J-003/84	由固态含碳燃料通过包含氧气或水蒸气的部分氧化工艺制造含一氧化碳和氢气的气体-具有从煤气中除尘或焦油的装置	5
			C10J-003/56	用温克勒(Winkler)技术即用流化作用气化粒状或粉状燃料的设备或装置	5

日本三菱重工业株式会社申请专利的主要技术主题有利用流化床内的热交换进行干燥(F26B-003/084)、在悬浮状态下粒状或粉状燃料的气化(C10J-003/46)和需要用加热方法来干燥固体材料或制品——为使其松散(F26B-003/08),石川岛播磨重工业株式会社申请的主题则是流化床气化技术;我国新奥科技发展有限公司的专利主题也是流化床气化技术,而其他企业则多是各种辅助设备或零件,如分离装置、送料装置、控制装置等。相比日本两家企业2020年以来0%的专利申请,我国机构的专利申请非常活跃,特别是中国华能集团有限公司和清华大学,两家2020年以来专利数量占比分别达到38%和36%。

4.2.3 预热技术

预热技术是指在送料前对物料进行加热，使其干燥或燃烧充分的技术。由图4.9可知预热技术的专利申请爆发期在2002—2013年，在2002年前，预热技术经历了长时间的发展革新，在2013年后，预热技术的发展呈现波动式的稳定，但总体趋势仍有略微下降。

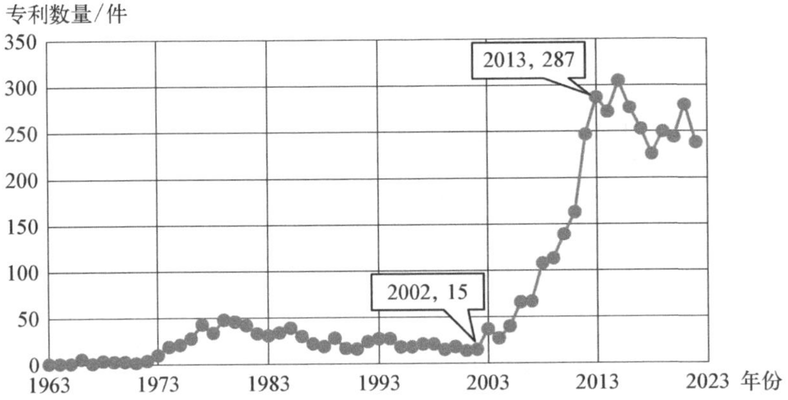

图4.9 预热技术专利申请趋势图

如表4.10所示，从排名前15位的专利领域来看，预热技术与废气处理装置相关性较强，主要采用空气作为预热介质，由工程反应过程的余热提供能源，起到干燥含碳物料、预处理燃料等作用。预热技术的重要领域有供燃烧用空气的加热(F23L-015/00)(453件)、处理烟或废气装置的纯化配置，如除去有毒物质(F23J-015/02)(258件)和处理烟或废气装置的冷却器配置(F23J-015/06)(221件)。

表4.10 预热技术排名前15位的专利申请领域

序号	IPC号	技术领域	专利总量/件	2020年以来专利数量/件	2020年以来专利数量占比
1	F23L-015/00	供燃烧用空气的加热	453	130	28.70%
2	F23J-015/02	处理烟或废气装置的纯化配置，如除去有毒物质	258	93	36.05%

续　表

序号	IPC号	技术领域	专利总量/件	2020年以来专利数量/件	2020年以来专利数量占比
3	F23J-015/06	处理烟或废气装置的冷却器配置	221	98	44.34%
4	F27D-017/00	利用余热的装置	187	59	31.55%
5	F22B-031/08	热交换装置的安装，或在锅炉内安装加热供燃烧用空气的装置	175	39	22.29%
6	F23K-001/00	供燃烧设备用的块状或粉末燃料的制备	173	48	27.75%
7	F23J-015/00	处理烟或废气装置的配置	157	23	14.65%
8	F23K-003/02	燃烧设备的气动进料装置，即用鼓风法	143	41	28.67%
9	F23D-001/00	燃烧粉末燃料的燃烧器	123	27	21.95%
10	F23K-001/04	在送到燃烧设备前加热燃料	119	37	31.09%
11	B01D-053/56	废气中氮氧化物的化学或生物净化	109	33	30.28%
12	F22B-031/00	取决于燃烧设备安装的锅炉结构或管系改进；燃烧设备的排列或配置	107	13	12.15%
13	F23L-007/00	向炉火输送不可燃液体或除空气外的气体，例如氧气、蒸汽	98	21	21.43%
14	F23L-009/00	为使燃料完全燃烧而供给二次风的通道或孔口	98	33	33.67%
15	C10B-057/10	含碳物料的干燥处理（制煤气、焦炭、焦油或类似物的非机械预处理步骤）	91	3	3.30%

由图 4.10 可知，2020 年以来专利申请的重点领域与该技术的重点领域相一致，其中处理烟或废气装置的冷却器配置（F23J－015/06）成为 2020 年以来最为活跃的领域，2020 年以来专利数量占比达到 44.34%，而处理烟或废气装置的纯化配置，如除去有毒物质（F23J－015/02）也达到 36.05%的高占比，进一步说明预热技术与烟气处理装置具有强关联性，也是近些年来专利申请的重点和要点。除了上述两个领域，超过 1/3 占比的领域还有“为使燃料完全燃烧而供给二次风的通道或孔口（F23L－009/00）”，该领域说明了预热技术的目的是促进燃料的完全燃烧，技术类别之一为供给二次风。

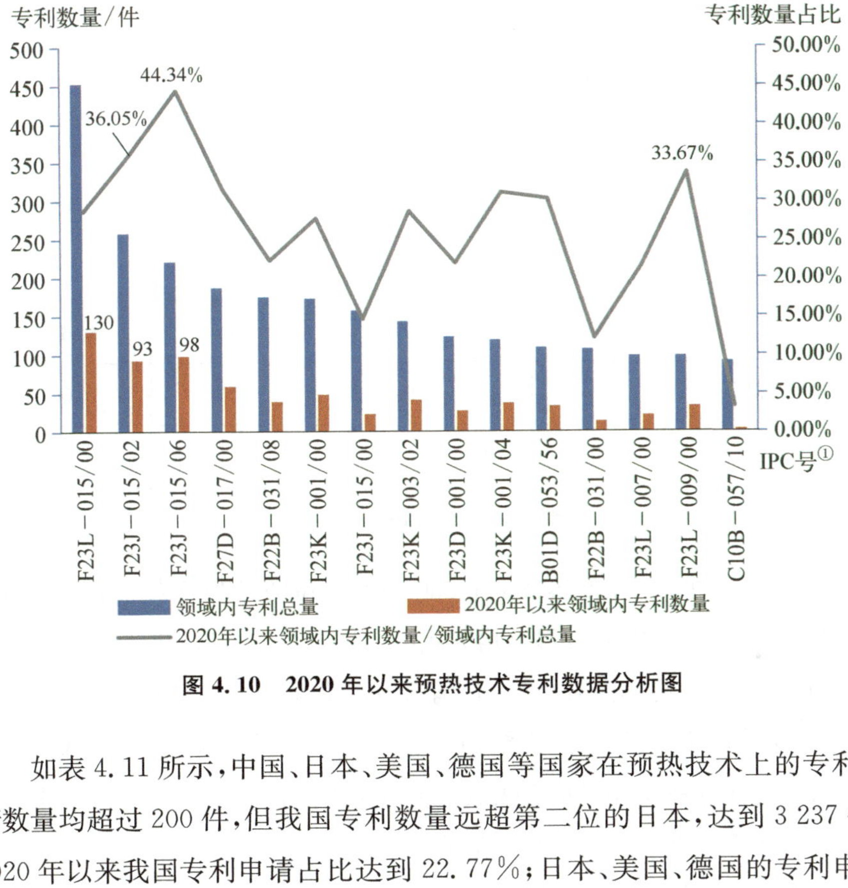

图 4.10　2020 年以来预热技术专利数据分析图

如表 4.11 所示，中国、日本、美国、德国等国家在预热技术上的专利申请数量均超过 200 件，但我国专利数量远超第二位的日本，达到 3 237 件，2020 年以来我国专利申请占比达到 22.77%；日本、美国、德国的专利申请起始时间较早，都在 20 世纪 60 年代，2020 年以来除了日本有超过 10 件的

① IPC 号对应的技术领域见表 4.10。

专利申请，美国、德国的专利申请量均不多。韩国起步晚，专利申请量也不多，2020年以来申请了20件专利，但占比约有29%。

表4.11　预热技术排名前10位的国家或地区的专利申请情况

序号	国家或地区	专利数量/件	申请时间	2020年以来专利数量/件	2020年以来专利数量占比
1	中国	3 237	1984—2022	737	22.77%
2	日本	252	1964—2022	12	4.76%
3	美国	244	1963—2022	8	3.28%
4	德国①	201	1969—2022	2	1.00%
5	韩国	69	1989—2022	20	28.99%
6	东德	49	1972—1990	0	0.00%
7	加拿大	37	1966—2019	0	0.00%
8	欧洲	31	1978—2022	3	9.68%
9	苏联	23	1970—1991	0	0.00%
10	澳大利亚	18	1983—2021	1	5.56%

① 德国在1969—2022年的专利数量不包括东德的专利。

如表4.12所示，在预热技术上，排名前10位的专利权人除了日本的石川岛播磨重工业株式会社以外，均为我国的机构，其中涉及电力领域的机构较多，包括中国华能集团有限公司、国家电网有限公司、东北电力设计院有限公司、华北电力大学、哈尔滨锅炉厂有限责任公司。除了电力领域，研发预热技术的企业机构还有冶金领域的中冶南方工程技术有限公司和建材领域的天津水泥工业设计研究院有限公司。

中国华能集团有限公司专利数量较多，也是排名前10位的专利权人中2020年以来最为活跃的企业机构，其申请的领域主要是供燃烧用空气的加热(F23L－015/00)以及处理烟或废气装置的冷却器配置(F23J－015/06)。

其余机构在预热技术上的专利申请领域也多为空气预热和(烟或废气的)余热回收两类,包括安装预热装备的送料装置、热交换装置、余热回收装置等。

表 4.12　预热技术专利申请排名前 10 位的专利权人

专利权人	专利总量/件	2020 年以来专利数量占比	IPC 号	主要技术主题	主题专利数量/件
中国华能集团有限公司	119	60%	F23L-015/00	供燃烧用空气的加热	44
			F23K-001/00	供燃烧设备用的块状或粉末燃料的制备	25
			F23J-015/06	处理烟或废气装置的冷却器配置	19
中冶南方工程技术有限公司	62	18%	F23D-014/66	预热燃烧空气或气体燃料的燃烧器的零部件	14
			F23L-015/00	供燃烧用空气的加热	8
			F27D-017/00	利用余热的装置	8
西安交通大学	58	41%	F23L-015/00	供燃烧用空气的加热	13
			F23J-015/06	处理烟或废气装置的冷却器配置	12
			F23L-007/00	向炉火输送不可燃液体或除空气外的气体,例如氧气、蒸汽	11
哈尔滨锅炉厂有限责任公司	53	21%	F22B-031/08	热交换装置的安装,或在锅炉内安装加热供燃烧用空气的装置	21
			F23L-015/00	供燃烧用空气的加热	9
			F22D-001/02	在锅炉炉膛、火管或烟道内配置用于给水加热的水管	8

续 表

专利权人	专利总量/件	2020年以来专利数量占比	IPC号	主要技术主题	主题专利数量/件
国家电网有限公司	47	17%	F23K-001/00	供燃烧设备用的块状或粉末燃料的制备	9
			F23L-015/00	供燃烧用空气的加热	7
			F23J-015/06	处理烟或废气装置的冷却器配置	6
东北电力设计院有限公司	46	26%	F23K-001/00	供燃烧设备用的块状或粉末燃料的制备	20
			F23L-015/00	供燃烧用空气的加热	19
			F23K-003/02	燃烧设备的气动进料装置,即用鼓风法	15
华北电力大学	45	4%	F23L-015/00	供燃烧用空气的加热	11
			F01D-015/10	适用于驱动发电机或与发电机组合的装置	9
			F01K-011/02	蒸汽机发动机是涡轮机	9
石川岛播磨重工业株式会社	40	2%	F23K-003/02	燃烧设备的气动进料装置,即用鼓风法	7
			F23L-015/00	供燃烧用空气的加热	6
			F23L-015/02	燃烧用空气加热的再生式换热器的配置	6
			F23C-011/00	使用流体燃料的燃烧方法或设备	6
天津水泥工业设计研究院有限公司	38	53%	C04B-007/44	水硬性水泥的焙烧	9
			F27D-017/00	利用余热的装置	9
			F27D-013/00	预热炉料的设备	7

续　表

专利权人	专利总量/件	2020 年以来专利数量占比	IPC 号	主要技术主题	主题专利数量/件
上海理工大学	34	0%	F23L-015/00	供燃烧用空气的加热	30
			F23K-003/02	燃烧设备的气动进料装置,即用鼓风法	26
			F23K-001/00	供燃烧设备用的块状或粉末燃料的制备	25

4.2.4　富氧燃烧技术

由图 4.11 可知,富氧燃烧技术的专利在 2003—2013 年大幅增长,专利数量从 4 件增长到 114 件。

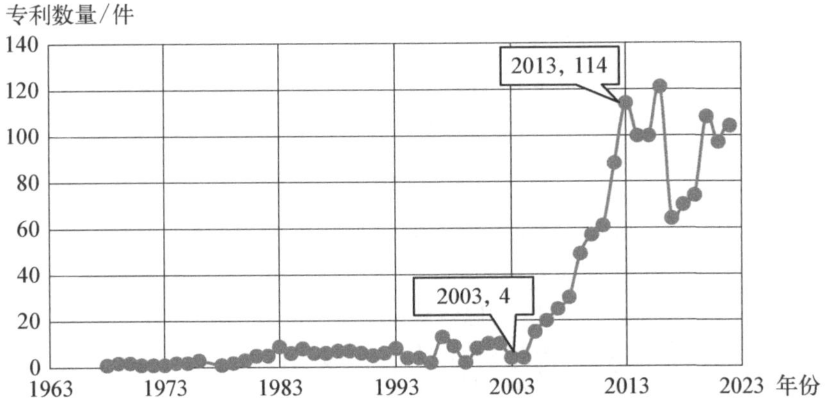

图 4.11　富氧燃烧技术专利申请趋势图

由表 4.13 可知,富氧燃烧技术中钢铁冶金相关的专利领域最多,包括高炉炼生铁(C21B-005/00)、用干法提炼铅(C22B-013/02)、铜的提炼(C22B-015/00)、高炉(C21B-007/00)、直接还原法炼海绵铁或液体钢(C21B-013/00)等。另外一个比较多的类别是机械设备领域,包括燃烧器(燃烧设备)、烟气处理的纯化装置、气化装备、除尘装置以及高炉等领域。

表 4.13 富氧燃烧技术排名前15位的专利申请领域

序号	IPC号	技术领域	专利总量/件	2020年以来专利数量/件	2020年以来专利数量占比
1	F23L-007/00	向炉火输送不可燃液体或除空气外的气体,例如氧气、蒸汽	225	46	20.44%
2	C21B-005/00	高炉炼生铁	94	36	38.30%
3	F23D-001/00	燃烧粉末燃料的燃烧器	78	11	14.10%
4	F23C-007/00	以空气供应装置为特征的燃烧设备	63	12	19.05%
5	C22B-013/02	用干法提炼铅	54	9	16.67%
6	C22B-015/00	铜的提炼	49	15	30.61%
7	F23D-001/02	能用于旋流型燃烧设备等装置上的涡流燃烧器	46	10	21.74%
8	C22B-007/00	处理非矿石原材料(如废料)以生产有色金属或其化合物	44	12	27.27%
9	F23J-015/02	处理烟或废气装置的纯化配置,如除去有毒物质	41	15	36.59%
10	C10J-003/72	固态含碳燃料经(氧气或水蒸气)氧化生成其他气态燃料工艺的其他设备特征	38	11	28.95%
11	C10J-003/48	在悬浮状态下粒状或粉状燃料的气化装置或设备	37	5	13.51%
12	C10J-003/84	由固态含碳燃料通过包含氧气或水蒸气的部分氧化工艺制造含一氧化碳和氢气的气体-具有从煤气中除尘或焦油的装置	35	5	14.29%

续　表

序号	IPC 号	技 术 领 域	专利总量/件	2020 年以来专利数量/件	2020 年以来专利数量占比
13	C21B－007/00	高炉	35	7	20.00%
14	F23C－009/00	以具有回送燃烧产物或烟气至燃烧室布置为特征的燃烧设备	35	6	17.14%
15	C21B－013/00	直接还原法炼海绵铁或液体钢	32	16	50.00%

由图 4.12 可知，2020 年以来富氧燃烧技术的专利申请重点领域在向炉火输送不可燃液体或除空气外的气体，例如氧气、蒸汽（F23L－007/00）、高炉炼生铁（C21B－005/00）以及直接还原法炼海绵铁或液体钢（C21B－013/00）。活跃领域则在直接还原法炼海绵铁或液体钢（C21B－013/00）、高

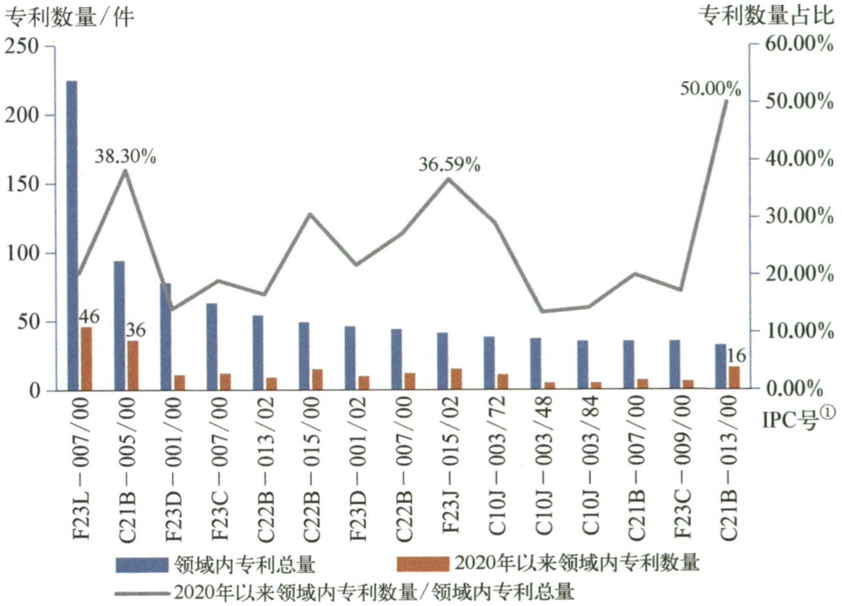

图 4.12　2020 年以来富氧燃烧技术专利数据分析图

① IPC 号对应的技术领域见表 4.13。

炉炼生铁(C21B-005/00)和处理烟或废气装置的纯化配置,如除去有毒物质(F23J-015/02)。

从2020年以来的专利数据可以推断出富氧燃烧技术主要应用的行业是钢铁冶金,与此同时,在该行业中,富氧燃烧技术的发展仍不成熟,还存在可改进、可创新的空间,如融合其他气体处理功能等领域。

由表4.14可知,富氧燃烧技术专利总量不大,但我国仍有1 096件。美国排名第2,但专利数量仅有102件,其余国家专利数量均未超过100件。从2020年以来的专利申请数量和占比来看,中国、美国、韩国3个国家在富氧燃烧技术上仍会持续投入研究和创新。

表4.14 富氧燃烧技术排名前10位的国家、地区或组织的专利申请情况

序号	国家、地区或组织	专利总量/件	申请时间	2020年以来专利数量/件	2020年以来专利数量占比
1	中国	1 096	1993—2023	294	26.82%
2	美国	102	1968—2022	7	6.86%
3	日本	77	1970—2022	3	3.90%
4	加拿大	24	1985—2021	2	8.33%
5	澳大利亚	18	1985—2021	1	5.56%
6	韩国	18	1998—2022	6	33.33%
7	德国	15	1968—2012	0	0.00%
8	欧洲	11	1983—2015	0	0.00%
9	世界知识产权局	10	2001—2014	0	0.00%
10	英国	8	1971—2005	0	0.00%

由表4.15可知,富氧燃烧技术专利申请排名前10位的专利权人仅有一家日本企业,其余均为中国的机构。基于企业机构的业务类型,富氧燃烧技术主要应用于电力生产领域和钢铁领域。中国恩菲工程技术有限公司的专利领域主要是钢铁冶金(C21B-005/00、C21B-005/06)

和金属精炼(C22B－023/02);鞍钢集团有限公司除了发展钢铁冶炼方面的专利(C21B－005/00,C21B－005/04),还布局自动化控制技术领域的专利(G06F－030/20);华中科技大学的专利领域主要在提高空气氧浓度和循环利用(F23C－009/00)两个方面;西安交通大学的主要领域是空气预热(F23L－007/00,F23L－015/00)和气动进料装置(F23K－003/02),这两者均是为了提高完全燃烧效率。

表 4.15　富氧燃烧技术专利申请排名前 10 位的专利权人

专利权人	专利总量/件	2020 年以来专利数量占比	IPC 号	主要技术主题	主题专利数量/件
中国恩菲工程技术有限公司	35	20.00%	C21B－005/00	高炉炼生铁	5
			F23L－007/00	向炉火输送不可燃液体或除空气外的气体,例如氧气、蒸汽	4
			C22B－023/02	用干法提炼镍或钴	4
			C21B－005/06	高炉生产中炉顶煤气的使用	4
鞍钢集团有限公司	26	27.00%	C21B－005/00	高炉炼生铁	16
			G06F－030/20	设计优化、验证或模拟	4
			C21B－005/04	高炉用特殊成分渣炼制生铁	3
华中科技大学	25	4.00%	F23L－007/00	向炉火输送不可燃液体或除空气外的气体,例如氧气、蒸汽	13
			F23C－007/00	以空气供应装置为特征的燃烧设备	8
			F23C－009/00	以具有回送燃烧产物或烟气至燃烧室布置为特征的燃烧设备	6

续 表

专利权人	专利总量/件	2020年以来专利数量占比	IPC号	主要技术主题	主题专利数量/件
北京神雾环境能源科技集团股份有限公司	18	0.00%	C01B-032/942	碳化钙	7
			C10J-003/48	在悬浮状态下粒状或粉状燃料的气化装置或设备	5
			C22B-034/22	钒的提取	4
东方电气集团东方锅炉股份有限公司	17	0.00%	F23L-007/00	向炉火输送不可燃液体或除空气外的气体,例如氧气、蒸汽	10
			F23C-010/10	将分离设备放置在燃烧室外的燃烧流化床设备	5
			F23C-009/00	以具有回送燃烧产物或烟气至燃烧室布置为特征的燃烧设备	4
			F23J-015/06	处理烟或废气装置的冷却器配置	4
上海锅炉厂有限公司	17	0.00%	F23L-007/00	向炉火输送不可燃液体或除空气外的气体,例如氧气、蒸汽	9
			F23D-001/00	燃烧粉末燃料的燃烧器	4
			F23D-001/02	能用于旋流型燃烧设备等装置上的涡流燃烧器	4
华北电力大学	17	0.00%	F01K-011/02	蒸汽机发动机是涡轮机	4
			F23L-007/00	向炉火输送不可燃液体或除空气外的气体,例如氧气、蒸汽	2
			F23D-001/00	燃烧粉末燃料的燃烧器	2
			B01D-053/50	废气中硫氧化物的净化	2

续　表

专利权人	专利总量/件	2020 年以来专利数量占比	IPC 号	主要技术主题	主题专利数量/件
华北电力大学	17	0.00%	F23C－010/20	流化床燃烧设备的流化空气的入口	2
			F23C－010/00	燃烧发生在燃料或其他颗粒的流化床内的设备	2
			F23G－007/07	有催化剂存在下的燃烧(处理废气或秽气)	2
			F23C－010/18	燃烧用流化床设备辅助装置或零部件	2
西安交通大学	16	38.00%	F23L－007/00	向炉火输送不可燃液体或除空气外的气体，例如氧气、蒸汽	6
			F23L－015/00	供燃烧用空气的加热	4
			F23C－009/06	用于完全燃烧的设备或装置	4
			F23K－003/02	燃烧设备的气动进料装置，即用鼓风法	4
日本钢铁工程控股公司	15	7.00%	C21B－005/00	高炉炼生铁	9
			C21B－007/00	高炉	4
			F23G－005/50	专门适用于焚烧废物或低品位燃料的方法或设备的控制或安全装置	3
			F23G－005/24	在一个垂直的、基本上是圆筒形的燃烧室内燃烧废物或低品位燃料	3
神华国华电力公司	15	0.00%	F23L－007/00	向炉火输送不可燃液体或除空气外的气体，例如氧气、蒸汽	8
			F23L－015/00	供燃烧用空气的加热	4

续 表

专利权人	专利总量/件	2020年以来专利数量占比	IPC号	主要技术主题	主题专利数量/件
神华国华电力公司	15	0.00%	F23C-009/00	以具有回送燃烧产物或烟气至燃烧室布置为特征的燃烧设备	4
			F23C-007/00	以空气供应装置为特征的燃烧设备	4

4.3 燃烧后主要碳捕集关键技术专利分析

CO_2 捕集技术是指利用吸收、吸附、膜分离、低温分馏等方式将不同排放源的 CO_2 进行分离和富集的过程。在众多方式中，吸附分离技术、吸收分离技术以及膜分离技术等燃烧后捕集技术是发展较快的技术，因此下面选取这三项技术进行知识产权分析，以进一步了解 CO_2 捕集技术的发展情况和趋势。

4.3.1 吸附分离技术

由图4.13可知，吸附分离技术经历了相当长一段时间的低速发展期，1982年以前，每年专利申请数量均不超过10件，1982—2005年的专利数量也保持在每年30件左右，保持平稳的波动状态；2005年以后，吸附分离技术的专利申请急剧增长，且持续到2021年，未来该技术的专利数量仍有可能继续增长。

如表4.16所示，在吸附分离技术中，吸附剂的应用方式（固定式）、制备方法、再活化方法、组合方式、材料选择、性能特征等是主要研究方向。在吸附剂制备材料选择方面，材料呈现类别和性状上的多样性，有包含游离碳或用碳化取得的碳的吸附剂组合（B01J-020/20）、包含有机合成大分子化合物的吸附剂组合（B01J-020/26）、包含无机合成沸石分子筛的吸附剂组合

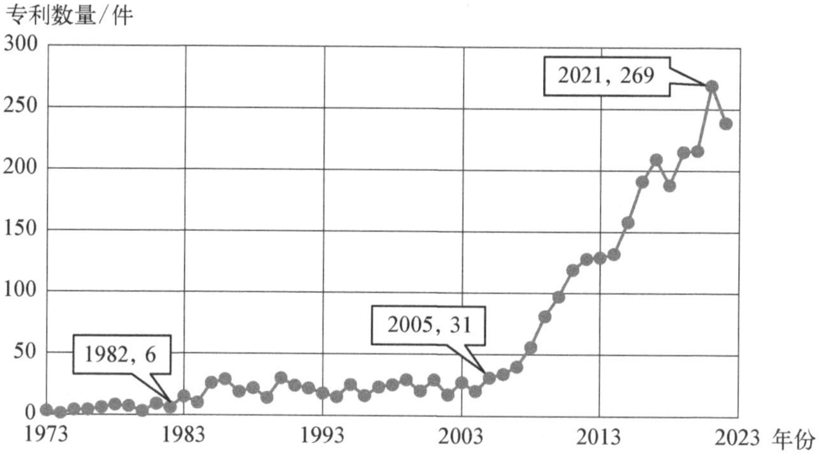

图 4.13　吸附分离技术专利申请趋势图

(B01J-020/18)，以及包含碱金属、碱土金属或镁的化合物的吸附剂组合(B01J-020/04)等。在吸附分离技术排名前 15 位的专利申请领域中，通过吸收作用分离混合气体领域占据第 13 位，专利数量也有近 200 个，说明在分离技术中，吸附法和吸收法可以耦合使用。

表 4.16　吸附分离技术排名前 15 位的专利申请领域

序号	IPC 号	技术领域	专利总量/件	2020 年以来专利数量/件	2020 年以来专利数量占比
1	B01D-053/02	通过吸附作用分离混合气体	1 011	278	27.50%
2	B01D-053/04	用固定的吸附剂分离混合气体	738	206	27.91%
3	B01J-020/30	吸附剂的制备、再生或再活化的方法	675	231	34.22%
4	C01B-032/50	涉及 CO_2 的工艺过程	443	114	25.73%
5	B01D-053/62	废气中碳氧化物的分离	435	118	27.13%
6	B01J-020/28	具有形态或物理性能特征的吸附剂或其组合	375	139	37.07%

续　表

序号	IPC号	技术领域	专利总量/件	2020年以来专利数量/件	2020年以来专利数量占比
7	B01J-020/22	包含有机材料的吸附剂或其组合	336	105	31.25%
8	B01D-053/047	用固定吸附剂变压吸附	308	71	23.05%
9	B01J-020/20	包含游离碳或用碳化取得的碳的吸附剂组合	230	64	27.83%
10	B01J-020/26	包含有机合成大分子化合物的吸附剂组合	218	77	35.32%
11	B01J-020/34	吸附剂或其组合的再生或再活化	192	53	27.60%
12	B01J-020/18	包含无机合成沸石分子筛的吸附剂组合	181	25	13.81%
13	B01D-053/14	通过吸收作用分离混合气体	175	46	26.29%
14	B01D-053/26	用于分离回收气体的工艺步骤——干燥	142	46	32.39%
15	B01J-020/04	包含碱金属、碱土金属或镁的化合物的吸附剂组合	132	28	21.21%

如图4.14所示，2020年以来专利数量较多的领域有通过吸附作用分离混合气体(B01D-053/02)(278件)，吸附剂的制备、再生或再活化的方法(B01J-020/30)(231件)和用固定的吸附剂分离混合气体(B01D-053/04)(206件)。采用固定形态的吸附剂分离气体是吸附分离技术非常重要的创新方向，也是2020年以来非常活跃的领域，其2020年以来专利数量占比达到了27.91%。另外，具有形态或物理性能特征的吸附剂或其组合(B01J-020/28，37.07%)和有机合成大分子吸附剂组合(B01J-020/26，35.32%)2020年以来专利数量占比也较高，可能是未来发展的重点方向。

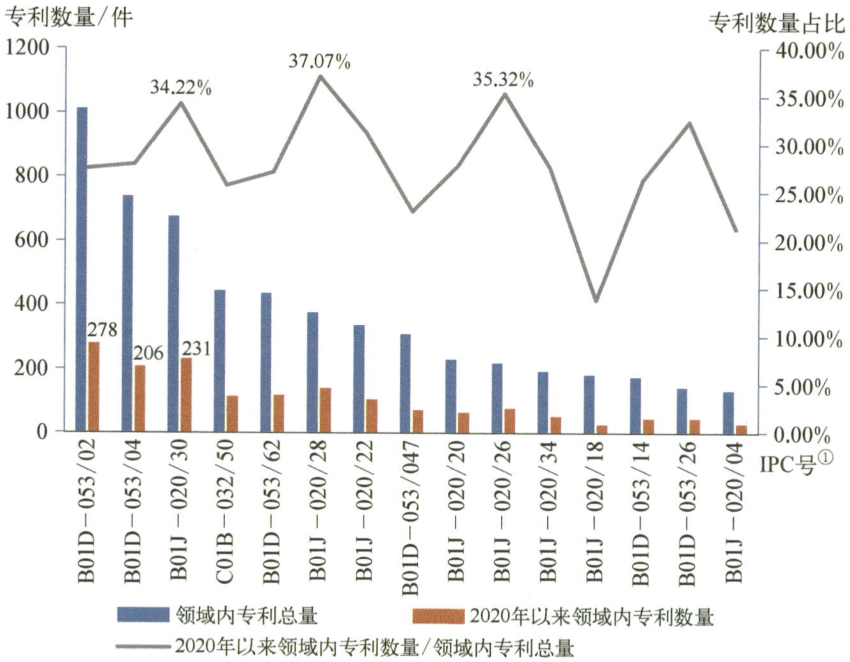

图 4.14　2020 年以来吸附分离技术专利数据分析图

表 4.17 表示在吸附分离技术的专利申请中，我国专利申请数量处于优势地位，日本、美国和韩国的专利数量均超过 200 件。在这四个国家中，我国吸附分离技术的专利申请是最晚的，但专利数量最多，2020 年以来专利数量有 533 件，占比达到 41.61%。日本、美国、韩国三国 2020 年以来专利数量分别为 58 件、77 件、70 件，这表明吸附分离技术仍是各国研发的重要技术之一。

表 4.17　吸附分离技术排名前 10 位的国家或地区的专利申请情况

序号	国家或地区	专利总量/件	申请时间	2020 年以来专利数量/件	2020 年以来专利数量占比
1	中国	1 281	1988—2023	533	41.61%
2	日本	477	1966—2022	58	12.16%

① IPC 号对应的技术领域见表 4.16。

续 表

序号	国家或地区	专利总量/件	申请时间	2020年以来专利数量/件	2020年以来专利数量占比
3	美国	364	1969—2023	77	21.15%
4	韩国	265	1986—2023	70	26.42%
5	加拿大	95	1988—2023	45	47.37%
6	欧洲	76	1988—2023	27	35.53%
7	法国	52	1971—2019	0	0.00%
8	德国	49	1971—2021	4	8.16%
9	俄罗斯	27	1992—2021	4	14.81%
10	巴西	25	2009—2023	16	64.00%

如表4.18所示，在排名前10位的专利权人中，美国的空气化工产品有限公司、埃克森美孚公司和法国液化空气集团是该领域的主要专利权人。我国专利申请的机构有4个，分别是中国科学院大连化学物理研究所、中国石油化工集团有限公司、华中科技大学和浙江大学；美国的企业机构包括空气化工产品有限公司、埃克森美孚公司；欧洲的企业机构包括法国液化空气集团和英国氧气公司（于2006年被林德集团兼并）；韩国的机构包括韩国能源技术研究院和韩国高丽大学。

表4.18　吸附分离技术专利申请排名前10位的专利权人

专利权人	专利总量/件	2020年以来专利数量占比	IPC号	主要技术主题	主题专利数量/件
空气化工产品有限公司	53	2%	B01D-053/04	用固定的吸附剂分离混合气体	37
			B01D-053/047	用固定吸附剂变压吸附	21
			B01D-053/02	通过吸附作用分离混合气体	17

续　表

专利权人	专利总量/件	2020 年以来专利数量占比	IPC 号	主要技术主题	主题专利数量/件
埃克森美孚公司	46	11%	B01D－053/04	用固定的吸附剂分离混合气体	30
			B01D－053/02	通过吸附作用分离混合气体	29
			B01D－053/047	用固定吸附剂变压吸附	24
法国液化空气集团	41	0%	B01D－053/047	用固定吸附剂变压吸附	22
			B01D－053/04	用固定的吸附剂分离混合气体	20
			B01D－053/02	通过吸附作用分离混合气体	13
中国科学院大连化学物理研究所	27	7%	B01D－053/02	通过吸附作用分离混合气体	15
			B01J－020/30	吸附剂的制备、再生或再活化的方法	15
			B01J－020/22	包含有机材料的吸附剂或其组合	9
中国石油化工集团有限公司	27	11%	B01D－053/02	通过吸附作用分离混合气体	9
			B01J－020/30	吸附剂的制备、再生或再活化的方法	8
			B01J－020/28	具有形态或物理性能特征的吸附剂或其组合	7
			B01J－020/22	包含有机材料的吸附剂或其组合	7
韩国能源技术研究院	27	11%	B01J－020/30	吸附剂的制备、再生或再活化的方法	8

续　表

专利权人	专利总量/件	2020 年以来专利数量占比	IPC 号	主要技术主题	主题专利数量/件
韩国能源技术研究院	27	11%	B01D－053/02	通过吸附作用分离混合气体	7
			B01J－020/28	具有形态或物理性能特征的吸附剂或其组合	7
华中科技大学	27	15%	B01J－020/30	吸附剂的制备、再生或再活化的方法	24
			B01D－053/02	通过吸附作用分离混合气体	21
			B01J－020/28	具有形态或物理性能特征的吸附剂或其组合	11
英国氧气公司	26	0%	B01D－053/04	用固定的吸附剂分离混合气体	20
			B01D－053/02	通过吸附作用分离混合气体	13
			B01D－053/26	用于分离回收气体的工艺步骤——干燥	10
浙江大学	26	23%	B01J－020/30	吸附剂的制备、再生或再活化的方法	20
			B01D－053/02	通过吸附作用分离混合气体	17
			B01J－020/22	包含有机材料的吸附剂或其组合	10
韩国高丽大学	25	12%	B01J－020/22	包含有机材料的吸附剂或其组合	11
			B01J－020/30	吸附剂的制备、再生或再活化的方法	10
			B01D－053/02	通过吸附作用分离混合气体	9
			B01J－020/32	固体吸附剂用浸渍或涂层等再活化的方法	9

美国的空气化工产品有限公司、埃克森美孚公司以及法国液化空气集团的专利领域均为对固定吸附剂的应用，特别是用固定吸附剂变压吸附（B01D－053/047）。我国的 4 家机构则主要布局在吸附剂的制备、再活化（B01J－020/30）和有机材料吸附剂（B01J－020/22）等领域。

4.3.2　吸收分离技术

如图 4.15 所示，吸收分离技术的专利申请经历了相当长一段时间的低速发展，1999 年以前，每年专利申请数量基本在 20 件左右；进入 21 世纪后，吸收分离技术才开始逐渐得到发展，在 1999—2006 年，专利数量开始增长，该阶段可视为后一阶段的过渡阶段；2006 年后，专利数量开始迅速增加，仅 6 年时间就从 2006 年的 66 件增长到 2012 年的 343 件；2012 年后，专利数量有所下降，但从后续趋势来看，2012 年后续阶段呈现波动式的稳定（2013—2022 年的专利数量均值为 260 件）。

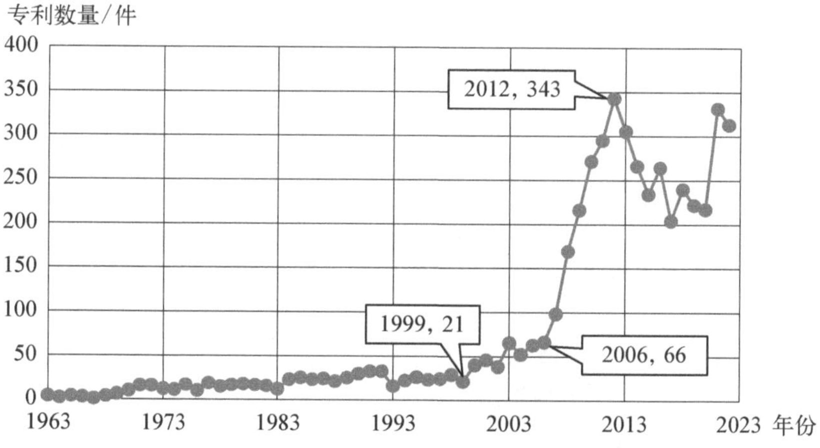

图 4.15　吸收分离技术专利申请趋势图

由表 4.19 可知，吸收法与吸附法在气体分离工艺中是可以耦合使用的。吸收法除了用于 CO_2 分离，另外一个重要用途是对废气其他组分进行净化，如硫化氢（B01D－053/52）、硫氧化物（B01D－053/50）等。在吸收分离技术中，涉及气-液界面的专利较多，同时 2020 年以来专利数量也占到该

IPC领域总量的30.95%，说明吸收分离技术中气-液界面的研究和创新是现在和未来的重点领域。

表4.19 吸收分离技术排名前15位的专利申请领域

序号	IPC号	技术领域	专利总量/件	2020年以来专利数量/件	2020年以来专利数量占比
1	B01D-053/14	通过吸收作用分离混合气体	2 043	323	15.81%
2	B01D-053/62	废气中碳氧化物的分离	1 669	306	18.33%
3	C01B-032/50	涉及CO_2的工艺过程	938	108	11.51%
4	B01D-053/78	利用气-液接触分离混合气体	685	212	30.95%
5	B01D-053/18	用于分离混合气体的吸收装置	645	192	29.77%
6	B01D-053/96	反应剂的再生、再活化或循环	379	97	25.59%
7	B01D-053/34	废气的化学或生物分离净化	316	25	7.91%
8	B01D-053/02	通过吸附作用分离混合气体	307	56	18.24%
9	B01D-053/04	用固定的吸附剂分离混合气体	257	82	31.91%
10	B01J-020/30	吸附剂的制备、再生或再活化的方法	225	52	23.11%
11	C10L-003/10	天然气或合成天然气的加工	183	26	14.21%
12	B01J-020/22	包含有机材料的吸附剂或其组合	150	19	12.67%
13	B01J-020/04	包含碱金属、碱土金属或镁的化合物的吸附剂组合	145	13	8.97%

续　表

序号	IPC号	技术领域	专利总量/件	2020年以来专利数量/件	2020年以来专利数量占比
14	B01D-053/52	废气中硫化氢的净化	136	16	11.76%
15	B01D-053/50	废气中硫氧化物的净化	131	25	19.08%

如图4.16所示，吸收分离技术2020年以来专利申请较多的领域有通过吸收作用分离混合气体(B01D-053/14)(323件)、废气中碳氧化物的分离(B01D-053/62)(306件)和利用气-液接触分离混合气体(B01D-053/78)(212件)。占比超过30%的领域有两个，分别为用固定的吸附剂分离混合气体(B01D-053/04)(31.91%)和利用气-液接触分离混合气体(B01D-053/78)(30.95%)。吸收法主要是针对混合废气进行 CO_2 的分离，耦合吸附分离技术和气-液接触分离是吸收法的一类发展趋向。

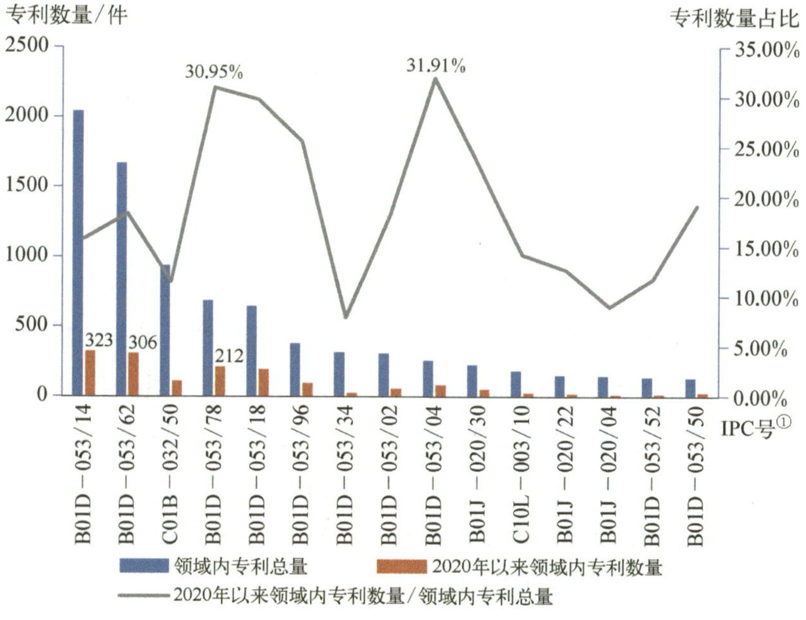

图4.16　2020年以来吸收分离技术专利数据分析图

① IPC号对应的技术领域见表4.19。

如表 4.20 所示，在吸收分离技术上，中国、日本、韩国、美国是专利数量排名前 4 位的国家。我国和韩国专利申请时间均较晚，但我国在专利数量上具有显著优势，专利数量达 1 872 件，2020 年以来专利数量有 651 件。

表 4.20 吸收分离技术排名前 10 位的国家或地区的专利申请情况

序号	国家或地区	专利总量/件	申请时间	2020 年以来专利数量/件	2020 年以来专利数量占比
1	中国	1 872	1985—2022	651	34.78%
2	日本	924	1970—2022	73	7.90%
3	韩国	473	1997—2022	51	10.78%
4	美国	448	1962—2022	50	11.16%
5	加拿大	242	1981—2022	36	14.88%
6	德国	158	1966—2022	8	5.06%
7	欧洲	136	1977—2022	15	11.03%
8	苏联	86	1966—1992	0	0.00%
9	俄罗斯	72	1992—2022	11	15.28%
10	法国	46	1968—2021	2	4.35%

如表 4.21 所示，在排名前 10 位的专利权人中，日本三菱重工业株式会社位列专利数量第一，除了三菱重工业株式会社，日本还有东芝集团、关西电力株式会社和日本制铁株式会社，从机构主营业务来看，日本的电力领域、钢铁冶炼和机械重工是吸收分离技术的重要应用场景；我国在吸收分离技术上主要的专利申请机构有中国石油化工集团有限公司和中国华能集团有限公司；韩国则是韩国能源技术研究院和韩国电力公司。综上分析，吸收分离技术重点应用于能源电力、机械重工类领域。

三菱重工业株式会社和东芝集团的专利领域均为废气中碳氧化物的分离(B01D－053/62)、通过吸收作用分离混合气体(B01D－053/14)和涉及 CO_2 的工艺过程(C01B－032/50)；中国石油化工集团有限公司的专利领域

除了对含有 CO_2 的气体进行吸收分离外，还有利用气-液接触分离混合气体(B01D－053/78)。中国华能集团有限公司在吸收分离技术上发展较快，2020 年以来申请了 39 项专利，占到其专利总量的一半以上。

表 4.21　吸收分离技术专利申请排名前 10 位的专利权人

专利权人	专利总量/件	2020 年以来专利数量占比	IPC 号	主要技术主题	主题专利数量/件
三菱重工业株式会社	175	7%	B01D－053/62	废气中碳氧化物的分离	141
			B01D－053/14	通过吸收作用分离混合气体	136
			C01B－032/50	涉及 CO_2 的工艺过程	86
东芝集团	141	3%	B01D－053/62	废气中碳氧化物的分离	118
			B01D－053/14	通过吸收作用分离混合气体	101
			C01B－032/50	涉及 CO_2 的工艺过程	94
中国石油化工集团有限公司	116	8%	B01D－053/14	通过吸收作用分离混合气体	61
			C01B－032/50	涉及 CO_2 的工艺过程	26
			B01D－053/78	利用气-液接触分离混合气体	25
韩国能源技术研究院	84	1%	B01D－053/14	通过吸收作用分离混合气体	56
			B01D－053/62	废气中碳氧化物的分离	43
			B01D－053/96	反应剂的再生、再活化或循环	17
中国华能集团有限公司	75	52%	B01D－053/18	用于分离混合气体的吸收装置	35
			C01B－032/50	涉及 CO_2 的工艺过程	24
			B01D－053/14	通过吸收作用分离混合气体	20

续 表

专利权人	专利总量/件	2020 年以来专利数量占比	IPC 号	主要技术主题	主题专利数量/件
韩国电力公司	74	4%	B01D-053/14	通过吸收作用分离混合气体	62
			B01D-053/62	废气中碳氧化物的分离	35
			B01D-053/96	反应剂的再生、再活化或循环	16
关西电力株式会社	72	6%	B01D-053/62	废气中碳氧化物的分离	66
			B01D-053/14	通过吸收作用分离混合气体	61
			C01B-032/50	涉及 CO_2 的工艺过程	34
阿尔斯通公司	50	0%	B01D-053/62	废气中碳氧化物的分离	40
			B01D-053/14	通过吸收作用分离混合气体	40
			B01D-053/78	利用气-液接触分离混合气体	16
西门子股份公司	46	0%	B01D-053/14	通过吸收作用分离混合气体	40
			B01D-053/62	废气中碳氧化物的分离	29
			B01D-053/78	利用气-液接触分离混合气体	10
日本制铁株式会社	44	0%	B01D-053/14	通过吸收作用分离混合气体	37
			C01B-032/50	涉及 CO_2 的工艺过程	32
			B01D-053/62	废气中碳氧化物的分离	29

4.3.3　膜分离技术

由图 4.17 可知，通过膜进行混合气体中 CO_2 分离的技术是从 2003 年后才开始大力发展的。从 1983 年到 2003 年，膜分离技术发展缓慢，专利数量有波动，但趋势总体平稳。2003 年后，膜分离技术开始投入大量研究，到 2016 年技术发展进入稳定阶段，2016 年专利数量为 95 件。

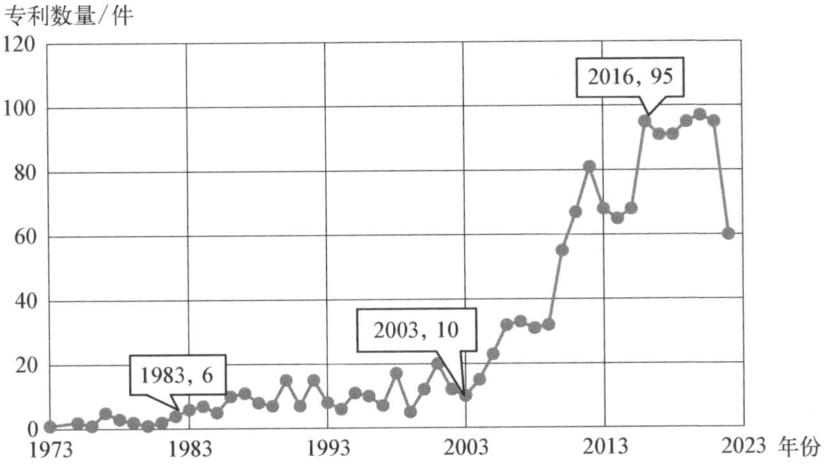

图 4.17　膜分离技术专利申请趋势图

如表 4.22 所示，膜分离技术主要依靠分子扩散原理进行 CO_2 分离（B01D－053/22），半透膜的制备是膜分离技术的关键之一，其相关专利数量有 260 件，2020 年以来申请的专利占到了该领域的 1/3。在膜分离技术的研究中，膜制造材料的选择是最为重要的一环，在排名前 15 位的领域中，无机材料（B01D－071/02）、聚酰亚胺/聚酰胺-酰亚胺/聚酯-酰亚胺/聚酰胺酸及类似的聚酰亚胺产物母体（B01D－071/64）、空心纤维膜（B01D－069/08）、有机材料（B01D－071/06）、聚砜/聚醚砜（B01D－071/68）等材料均有涉及；另外膜的分类也是比较重要的方向，主要分为以形状、结构或性能为特征（B01D－069/00）和以材料为特征（B01D－071/02）两种，2020 年以来体现分离膜性能特征的专利占到该方向的 37%以上，说明膜性能的优化正成为膜分离技术的重要方向。

表 4.22 膜分离技术排名前 15 位的专利申请领域

序号	IPC 号	技术领域	专利总量/件	2020 年以来专利数量/件	2020 年以来专利数量占比
1	B01D-053/22	通过扩散法分离混合气体	766	179	23.37%
2	B01D-067/00	专门适用于分离工艺或设备的半透膜的制备方法	260	87	33.46%
3	C01B-032/50	涉及 CO_2 的工艺过程	200	34	17.00%
4	B01D-069/12	用于分离工艺或设备的复合膜/超薄膜	195	50	25.64%
5	B01D-071/02	以材料为特征的用于分离工艺或设备的无机材料半透膜	169	33	19.53%
6	B01D-069/10	支撑的分离膜；分离膜的支撑物	145	33	22.76%
7	B01D-053/62	废气中碳氧化物的分离	132	37	28.03%
8	B01D-071/64	具有聚酰亚胺，或聚酰胺-酰亚胺，或聚酯-酰亚胺，或聚酰胺酸及类似的聚酰亚胺产物母体的有机分离膜	110	13	11.82%
9	B01D-053/14	通过吸收作用分离混合气体	103	27	26.21%
10	B01D-069/02	以性能为特征的分离膜	103	39	37.86%
11	C10L-003/10	天然气或合成天然气的加工	80	20	25.00%
12	B01D-069/00	以形状、结构或性能为特征的用于分离工艺或设备的半透膜；其专用制备方法	78	13	16.67%

续　表

序号	IPC 号	技 术 领 域	专利总量/件	2020 年以来专利数量/件	2020 年以来专利数量占比
13	B01D-069/08	空心纤维膜	71	13	18.31%
14	B01D-071/06	有机材料分离膜	62	12	19.35%
15	B01D-071/68	具有聚砜或聚醚砜的分离膜	61	10	16.39%

由图 4.18 可知，自 2020 年以来，膜分离技术专利申请较多的领域有通过扩散法分离混合气体(B01D-053/22)(179 件)、专门适用于分离工艺或设备的半透膜的制备方法(B01D-067/00)(87 件)和用于分离工艺或设备的复合膜/超薄膜(B01D-069/12)(50 件)。专利数量超过 30%的专利领域有以性能为特征的分离膜(B01D-069/02)(37.86%)和专门适用于分离工

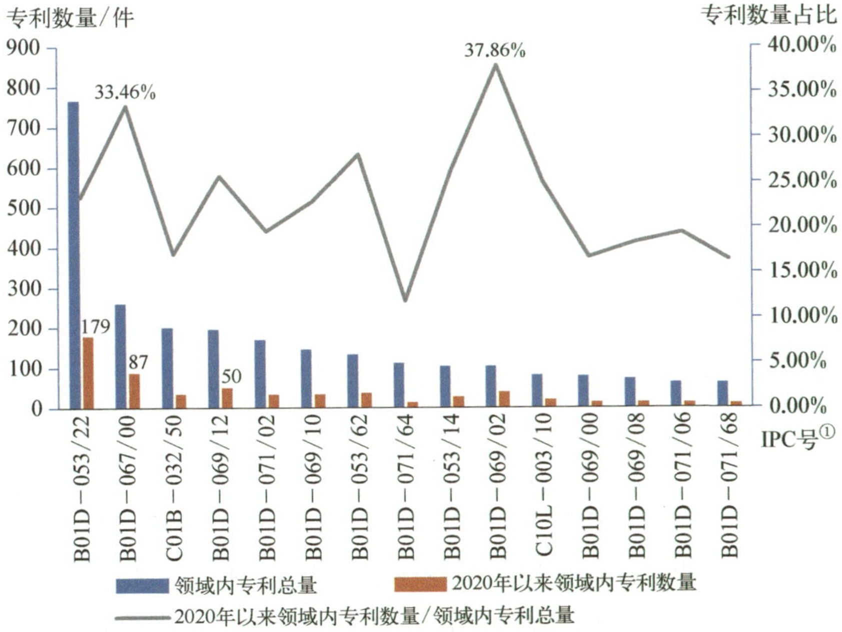

图 4.18　2020 年以来膜分离技术专利数据分析图

① IPC 号对应的技术领域见表 4.22。

艺或设备的半透膜的制备方法(B01D－067/00)(33.46%)。膜分离技术的关键在于膜的研发,膜的制备工艺、新型膜(复合膜、超薄膜)、膜的特性研究等领域已成为膜分离技术的主要发展方向。

如表4.23所示,在膜分离技术的专利申请上,中国、美国、日本是排名前3位的国家,我国专利申请从2000年开始,共申请364件专利,2020年以来专利数量有146件;美国和日本的专利数量相差不大,专利申请时间也差不多,但美国2020年以来专利申请量要多于日本29件。目前膜分离技术还未发展起来,各国正极力开发该项技术,我国在该领域也从开始的落后状态逐渐赶超,美国、日本等国则持续投入对膜的研发,以求保持技术先进性和领导地位。

表4.23 膜分离技术排名前10位的国家或组织的专利申请情况

序号	国家或组织	专利总量/件	申请时间	2020年以来专利数量/件	2020年以来专利数量占比
1	中国	364	2000—2022	146	40.11%
2	美国	281	1975—2023	51	18.15%
3	日本	270	1979—2021	22	8.15%
4	韩国	151	1996—2023	41	27.15%
5	加拿大	44	2000—2023	19	43.18%
6	欧洲专利局	39	1978—2023	16	41.03%
7	德国	23	1977—2021	2	8.70%
8	法国	21	1972—2022	8	38.10%
9	世界知识产权组织	17	1986—2019	0	0.00%
10	英国	14	1976—2021	1	7.14%

表4.24给出了排名前10位的专利权人及其技术主题,国内专利权人主要是高等院校,包括天津大学和南京大学。国外则主要为企业机构和科研机构:法国1家,为专门进行气体化工的液化空气公司;日本2家,分别是富士胶片株式会社和宇部兴产株式会社,其中宇部兴产株式会社是一家综合性的化学品制造商;韩国2家,分别是韩国能源研究所和韩国化学技术研

究所；美国最多，有 3 家企业，包括通用电气公司、霍尼韦尔国际公司和膜技术研究公司，其中膜技术研究公司是专门从事石油化工领域分离膜研究的企业。从排名前 10 位的专利权人所属国家和主要从事行业可以判断出，美国非常重视膜技术的研发，且该技术重点应用于电力、自动化和石油化工等领域；韩国和日本均在化工领域有该项技术的布局。

表 4.24　膜分离技术专利申请排名前 10 位的专利权人

专利权人	专利总量/件	2020 年以来专利数量占比	IPC 号	主要技术主题	主题专利数量/件
法国液化空气集团	39	10%	B01D-053/22	通过扩散法分离混合气体	35
			C10L-003/10	天然气或合成天然气的加工	15
			B01D-053/00	气体或蒸气的分离、废气的净化	11
天津大学	29	7%	B01D-053/22	通过扩散法分离混合气体	26
			B01D-067/00	专门适用于分离工艺或设备的半透膜的制备方法	19
			B01D-069/12	用于分离工艺或设备的复合膜/超薄膜	10
富士胶片株式会社	26	0%	B01D-069/10	支撑的分离膜；分离膜的支撑物	24
			B01D-069/12	用于分离工艺或设备的复合膜/超薄膜	23
			B01D-053/22	通过扩散法分离混合气体	22
美国通用电气公司	25	0%	B01D-053/22	通过扩散法分离混合气体	22
			B01D-053/62	废气中碳氧化物的分离	10
			C01B-031/20	涉及 CO_2 的工艺过程	7
霍尼韦尔国际公司	21	0%	B01D-053/22	通过扩散法分离混合气体	17
			C07C-007/14	结晶；晶体的纯化或分离	4

续 表

专利权人	专利总量/件	2020年以来专利数量占比	IPC号	主要技术主题	主题专利数量/件
霍尼韦尔国际公司	21	0%	B01D-067/00	专门适用于分离工艺或设备的半透膜的制备方法	4
			B01D-071/64	具有聚酰亚胺,或聚酰胺-酰亚胺,或聚酯-酰亚胺,或聚酰胺酸及类似的聚酰亚胺产物母体的有机分离膜	4
			B01D-069/12	用于分离工艺或设备的复合膜/超薄膜	4
美国膜技术研究公司	20	15%	B01D-053/22	通过扩散法分离混合气体	19
			B01D-053/62	废气中碳氧化物的分离	6
			F23J-015/00	处理烟或废气装置的配置	6
韩国能源研究所	19	0%	B01D-053/22	通过扩散法分离混合气体	10
			B01D-053/62	废气中碳氧化物的分离	7
			B01D-071/02	以材料为特征的用于分离工艺或设备的无机材料半透膜	4
宇部兴产株式会社	19	0%	B01D-053/22	通过扩散法分离混合气体	18
			B01D-071/64	具有聚酰亚胺,或聚酰胺-酰亚胺,或聚酯-酰亚胺,或聚酰胺酸及类似的聚酰亚胺产物母体的有机分离膜	13
			C01B-031/20	涉及 CO_2 的工艺过程	9
韩国化学技术研究所	17	6%	B01D-053/22	通过扩散法分离混合气体	11
			B01D-053/14	通过吸收作用分离混合气体	5

续 表

专利权人	专利总量/件	2020 年以来专利数量占比	IPC 号	主要技术主题	主题专利数量/件
韩国化学技术研究所	17	6%	B01D-067/00	专门适用于分离工艺或设备的半透膜的制备方法	4
			B01D-071/06	有机材料分离膜	4
南京大学	17	47%	B01D-053/22	通过扩散法分离混合气体	13
			B01D-067/00	专门适用于分离工艺或设备的半透膜的制备方法	8
			B01D-053/14	通过吸收作用分离混合气体	5
			B01D-071/02	以材料为特征的用于分离工艺或设备的无机材料半透膜	5

法国液化空气集团的膜技术主要应用于气体燃料的精炼与加工(C10L-003/10),以及废气的分离与净化(B01D-053/00);天津大学则主要开展膜技术的研发工作,包括分离半透膜的制备(B01D-067/00)和复合膜/超薄膜的制备(B01D-069/12);富士胶片株式会社的专利除了膜制备领域,还具有“支撑的分离膜;分离膜的支撑物(B01D-069/10)”这一相对独特的技术领域。主要专利权人的专利领域表明,用于废气净化与分离的膜技术仍处于发展初期,膜的制备工艺、膜制造的选材、膜特性评估等都有优化和创新的空间。

4.4 CO_2 捕集关键核心技术专利分析

在 CCUS 技术链条中,CO_2 压缩机具有重要作用,是 CO_2 储存和运输的关键装置之一,甚至在 CO_2 应用中也有需求,如油气开发中的 CO_2 压裂。鉴于 CO_2 压缩机的重要地位,本节将以 CO_2 压缩机为案例剖析 CO_2 捕集关键核心技术的专利竞争趋势。

图 4.19 为依据 CO_2 压缩机技术专利申请时间绘制的专利申请趋势图。在 2005 年以前，CO_2 压缩机技术发展处于萌芽阶段；2005 年到 2015 年，CO_2 压缩机的专利申请处于爆发期，特别是 2015 年，申请数量相对 2014 年几乎增长了一倍；2015 年后，专利申请进入稳定期，每年专利申请数量在 100 左右。

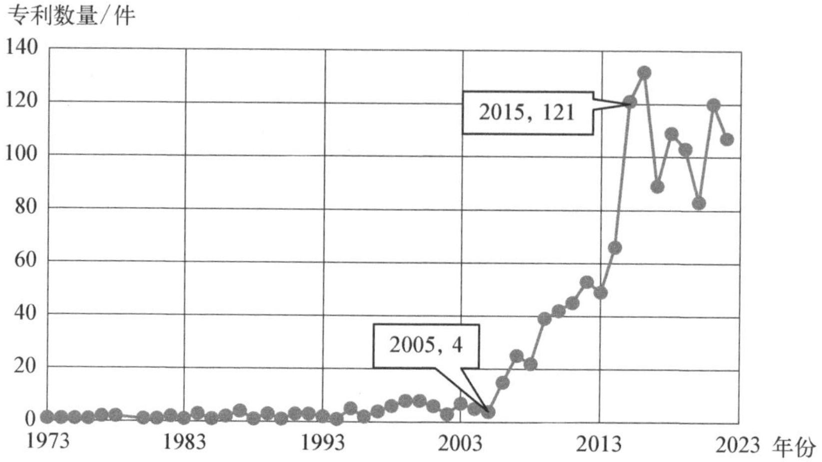

图 4.19　CO_2 压缩机技术专利申请趋势图

由表 4.25 可知 CO_2 压缩机技术通常与 CO_2 分离技术耦合使用。通过领域分类可以看出，CO_2 压缩机的核心技术脱胎于制冷压缩机技术（在检索过程中已经去掉用于空调、制冷器等的压缩机设备专利），相关领域包括以冷凝蒸气（如氨、二氧化碳、乙醚）为特点的装置或蒸汽机（F01K－025/10）、采用空气或其他低沸点气体为制冷剂的压缩机器、装置或系统（F25B－009/00）、用于压缩式制冷机器、装置或系统的配置（F25B－049/02）。

表 4.25　CO_2 压缩机技术排名前 15 位的专利申请领域

序号	IPC 号	技术领域	专利总量/件	2020 年以来专利数量/件	2020 年以来专利数量占比
1	C01B－032/50	涉及 CO_2 的工艺过程	175	38	21.71%
2	B01D－053/62	废气中碳氧化物的分离	98	26	26.53%

续　表

序号	IPC 号	技术领域	专利总量/件	2020 年以来专利数量/件	2020 年以来专利数量占比
3	F01K－025/10	以冷凝蒸气(如氨、二氧化碳、乙醚)为特点的装置或蒸汽机	95	43	45.26%
4	F25B－009/00	采用空气或其他低沸点气体为制冷剂的压缩机器、装置或系统	88	33	37.50%
5	B01D－053/14	通过吸收作用分离混合气体	87	24	27.59%
6	C10L－003/10	天然气或合成天然气的加工	63	16	25.40%
7	B01D－053/22	通过扩散法分离混合气体	56	16	28.57%
8	B01D－053/18	用于分离混合气体的吸收装置	52	17	32.69%
9	F25B－049/02	用于压缩式制冷机器、装置或系统的配置	47	18	38.30%
10	B01D－053/00	气体或蒸气的分离、废气的净化	46	18	39.13%
11	F01D－015/10	适用于驱动发电机或与发电机组合的装置	45	17	37.78%
12	F25B－030/02	压缩式热泵	44	4	9.09%
13	B01D－053/26	用于分离回收气体的工艺步骤——干燥	43	17	39.53%
14	F25B－041/06	流体循环装置的流量限制器，例如毛细管，及其配置	42	9	21.43%
15	B01D－053/78	利用气-液接触分离混合气体	41	15	36.59%

如图4.20所示，自2020年以来，CO_2压缩机技术发展最快的是以冷凝蒸气（如氨、二氧化碳、乙醚）为特点的装置或蒸汽机（F01K－025/10）（43件，45.26%）、用于分离回收气体的工艺步骤——干燥（B01D－053/26）（17件，39.53%）、气体或蒸气的分离、废气的净化（B01D－053/00）（18件，39.13%）、用于压缩式制冷机器、装置或系统的配置（F25B－049/02）（18件，38.30%）、适用于驱动发电机或与发电机组合的装置（F01D－015/10）（17件，37.78%）、采用空气或其他低沸点气体为制冷剂的压缩机器、装置或系统（F25B－009/00）（33件，37.50%）。CO_2压缩机主要是以CO_2为冷凝蒸气的装置，该装置应用于废气净化流程中。压缩机设备的改进和制造是该项技术的发展方向。

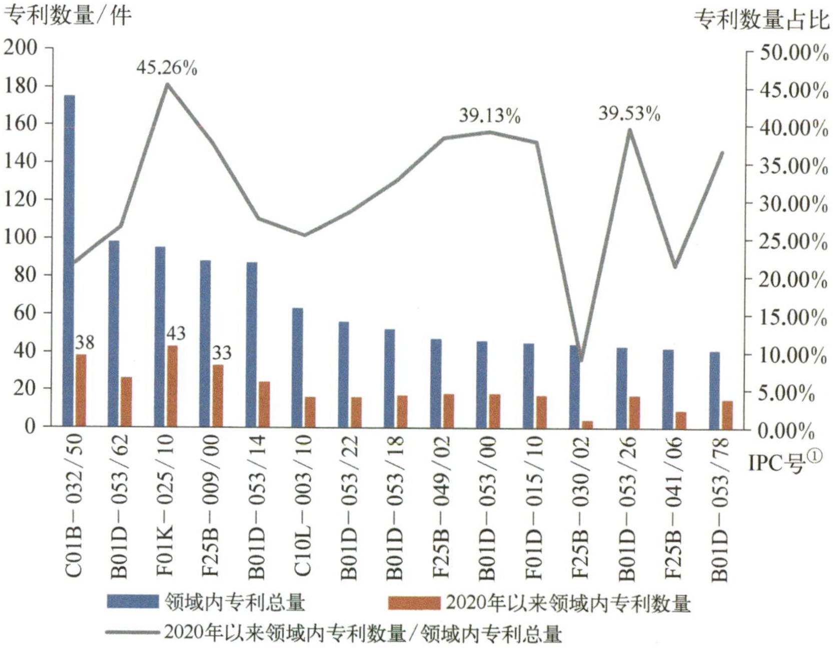

图4.20 2020年以来CO_2压缩机技术专利数据分析图

由表4.26可知，我国是CO_2压缩机技术主要的专利申请国，专利数量达863件，2020年以来专利数量有261件。美国、日本和韩国的专利数量在50～100件，2020年以来韩国和美国的专利申请数量相同，有22件，日本则

① IPC号对应的技术领域见表4.25。

相对较少。CO_2 压缩机是 CCUS 技术应用的重要组成部分之一，该装置可用于富集储存 CO_2，从而有利于 CO_2 的运输。经过 20 多年的发展，我国在该领域的专利申请已经形成一定规模，因此应持续投入，研发专用于 CCUS 的 CO_2 压缩机，促进 CCUS 技术大规模商业化，形成产业链。

表 4.26　CO_2 压缩机技术排名前 10 位的国家或地区的专利申请情况

序号	国家或地区	专利总量/件	申请时间	2020 年以来专利数量/件	2020 年以来专利数量占比
1	中国	863	2000—2023	261	30.24%
2	美国	91	1971—2022	22	24.18%
3	日本	73	1978—2021	4	5.48%
4	韩国	51	1984—2023	22	43.14%
5	法国	35	1980—2021	9	25.71%
6	加拿大	33	2003—2023	11	33.33%
7	德国	30	1982—2021	4	13.33%
8	英国	21	2004—2023	5	23.81%
9	欧洲	18	1998—2023	7	38.89%
10	俄罗斯	9	2006—2019	0	0.00%

如表 4.27 所示，在 CO_2 压缩机技术专利申请排名前 10 位的专利权人中，我国有 7 家机构，包括中国华能集团有限公司、西安交通大学、中国石油化工集团有限公司、天津商业大学、华北电力大学、天津大学和中国石油天然气股份有限公司。其他国家的企业机构包括法国液化空气集团，日本的三菱重工业株式会社，以及美国通用电气公司。中国华能集团有限公司和法国液化空气集团的专利数量分别为 35 件和 32 件。

中国华能集团有限公司主要的专利技术主题有以冷凝蒸气（如氨、二氧化碳、乙醚）为特点的装置或蒸汽机（F01K－025/10）、应用临界或超临界压力蒸汽的发动机（F01K－007/32）和适用于驱动发电机或与发电机组合的装置(F01D－015/10)等;法国液化空气集团的专利技术主题在于 CO_2 气体的分离与加工。西安交通大学的专利领域则主要是制冷压缩机相关装置和设备(F25B－009/00、F25B－049/02、F01K－025/10),以及压缩式热泵(F25B－030/02);我国其他专利权人申请的技术主题多为 CO_2 压缩机的应用,如华北电力大学以燃气轮机和流体循环装置相关专利为主,中国石油天然气股份有限公司则主要是将压缩机用于压裂技术。

表 4.27 CO_2 压缩机技术排名前 10 位的专利权人

专利权人	专利总量/件	2020 年以来专利数量占比	IPC 号	主要技术主题	主题专利数量/件
中国华能集团有限公司	35	23%	F01K－025/10	以冷凝蒸气(如氨、二氧化碳、乙醚)为特点的装置或蒸汽机	17
			C01B－032/50	涉及 CO_2 的工艺过程	6
			F01K－007/32	应用临界或超临界压力蒸汽的发动机	6
			F01D－015/10	适用于驱动发电机或与发电机组合的装置	6
法国液化空气集团	32	25%	B01D－053/22	通过扩散法分离混合气体	14
			C10L－003/10	天然气或合成天然气的加工	13
			F25J－003/02	通过精馏方法对混合气体成分进行分离	13
西安交通大学	22	18%	F25B－009/00	采用空气或其他低沸点气体为制冷剂的压缩机器、装置或系统	7
			F25B－049/02	用于压缩式制冷机器、装置或系统的配置	6
			F25B－030/02	压缩式热泵	5
			F01K－025/10	以冷凝蒸气(如氨、二氧化碳、乙醚)为特点的装置或蒸汽机	5

续　表

专利权人	专利总量/件	2020 年以来专利数量占比	IPC 号	主要技术主题	主题专利数量/件
中国石油化工集团有限公司	19	0%	C01B－032/50	涉及 CO_2 的工艺过程	6
			B01D－053/18	用于分离混合气体的吸收装置	3
			B01D－053/62	废气中碳氧化物的分离	2
			B01D－053/14	通过吸收作用分离混合气体	2
			B01D－053/78	利用气-液接触分离混合气体	2
			B01D－053/22	通过扩散法分离混合气体	2
天津商业大学	18	0%	G09B－025/02	工业生产过程或机器的教学模型	7
			F25B－041/06	流体循环装置的流量限制器，例如毛细管，及其配置	6
			F25B－009/08	具有喷射器的压缩机器、装置或系统（采用低沸点气体为冷凝剂）	4
			F25B－043/00	分离或净化气体或液体的装置	4
			F25B－009/00	采用空气或其他低沸点气体为制冷剂的压缩机器、装置或系统	4
三菱重工业株式会社	16	0%	C01B－032/50	涉及 CO_2 的工艺过程	10
			B01D－053/62	废气中碳氧化物的分离	7
			B01D－053/14	通过吸收作用分离混合气体	7

续 表

专利权人	专利总量/件	2020年以来专利数量占比	IPC号	主要技术主题	主题专利数量/件
华北电力大学	16	0%	F02C-006/00	复式燃气轮机装置；燃气轮机装置与其他装置的组合	7
			F02C-003/22	燃料或氧化剂在标准温度和压力下为气态的燃气轮机装置	3
			F02C-006/18	在燃气轮机装置本身的外部，如燃气轮机热电厂利用该装置的余热	3
			F25B-041/04	流体循环装置中阀的配置	3
天津大学	12	17%	B01D-053/22	通过扩散法分离混合气体	3
			C07D-301/32	环氧乙烷制备过程中的分离与纯化	2
			C07D-303/04	除环氧原子外，仅含氢和碳原子的环氧乙烷化合物	2
			B01D-047/00	用液体作为分离剂从气体、空气或蒸气中分离弥散的粒子	2
			F25C-003/02	作为室内滑冰场用冰	2
			C01B-032/50	涉及 CO_2 的工艺过程	2
中国石油天然气股份有限公司	11	0%	E21B-043/24	使用热能，例如，注入蒸汽，提高碳氢化合物开采效率的方法	4
			E21B-043/18	恢复压力法或真空法提高碳氢化合物开采效率	3
			E21B-043/16	提高开采碳氢化合物的方法	3

续　表

专利权人	专利总量/件	2020 年以来专利数量占比	IPC 号	主要技术主题	主题专利数量/件
美国通用电气公司	9	0%	F02C-007/08	燃烧前加热供给空气的零部件，如用排出气体管道等	3
			F02C-007/12	燃气轮机其他装置的冷却方法	3
			F02C-006/18	在燃气轮机装置本身的外部，如燃气轮机热电厂利用该装置的余热	3

4.5　小结

自温室效应和温室气体排放问题受到关注以来，CO_2 减排技术得到了长足发展，而作为关键技术之一的 CCUS 技术由于技术效果预期好、减排效率高成为广泛的研究对象。CO_2 捕集技术是 CCUS 技术的起点，随着环境问题的凸显，该技术的专利申请量不断攀升。

相对美国、德国、日本等发达国家，我国碳捕集技术发展起步略晚，但专利数量远高于其他各国，我国许多专利的申请发生在 2010—2022 年之间，中国华能集团有限公司 2020 年以来的专利数量占比甚至达到 51%，说明我国正大力发展碳捕集技术，且取得了显著成果，但也侧面说明我国碳捕集技术发展时间尚短，还不完善，缺乏工业化、规模化的应用。

CO_2 的捕集工作并不依赖单一的分离技术，可以多技术耦合联动，达到最佳捕集效果。吸收分离技术、吸附分离技术、膜分离技术等都是经过了较长时间的低速发展，到 21 世纪后才快速发展起来。吸附分离技术和吸收分离技术相对应用较多，而膜分离技术还处在大力发展阶段，尽管我国专利申请量较多，但从申请机构来看距离大规模商业化仍有距离。

碳捕集技术的碳源主要还是重工业领域，特别是能源电力、钢铁冶金、机械重工等碳排量高的行业，这些行业中应用较多的碳捕集技术是吸收法和吸附法。吸收分离技术和吸附分离技术是 CO_2 捕集技术中两类发展时间长而且较为成熟的分离技术，这两种技术仍在不断优化和改进中。

中国、美国、日本和韩国是专利申请的主要国家。日本企业的主营范围在机械、钢铁、能源等工业领域，其碳捕集技术主要采用吸收法进行 CO_2 分离；美国技术相对丰富，美国的空气化工产品有限公司倾向吸附分离技术，埃克森美孚公司和壳牌研究有限公司重点是吸收分离技术，除此之外，还有专门的膜技术研究公司。我国企业主营化工、能源等领域，碳捕集技术较多采用吸收原理，而我国高等院校则在其他分离技术上具有特色创新研发，如天津大学在膜技术上具有一定优势。因此在现阶段，我国发展碳捕集技术应仍以吸收分离为主，辅以吸附分离、膜分离等技术的研发，促进碳捕集技术在能源化工、钢铁冶炼等领域的应用，加快实现"双碳"目标。

我国碳捕集技术发展起步晚，但发展较快，专利数量在各项技术中均排第一位。但从专利权人数量的角度来看，我国的机构并未占有优势，专利数量排名前10位的机构多数为美国、日本、韩国等国的企业。我国专利总量第一，甚至远超第二位，但机构数量却不占优势，这种现象说明：① 国外机构专利申请集中，期望达到或已达到形成技术壁垒的目标；② 我国专利申请的主体是高校和石化、能源等企业，缺乏类似美国的空气化工产品有限公司和法国液化空气集团等以气体工业为主营的头部企业机构。

煤炭是化工、电力、钢铁等领域的材料基础、能源基础，但同时也是 CO_2 排放的重要来源，提高煤炭燃烧的效率对实现高效碳捕集有着促进作用，因此煤炭的低碳燃烧技术在一些以煤炭为主要一次能源、化工基础原料的国家显得尤为重要。煤炭低碳燃烧技术在2000—2013年得到极大程度的发展，气化技术、流化床技术、预热技术、富氧燃烧技术等都有快速的发展和进步，2013年后低碳燃烧技术进入稳定发展阶段，但随着碳减排任务逐渐严峻、技术发展进入瓶颈、设备更新换代，低碳燃烧中的一些技术在近些年出现颓势，如气化技术。

气化技术与流化床技术联系较为紧密，现代气化技术主要依靠流化床技术。中国和日本是这两种技术的主要专利权国家，在气化技术上，我国侧重装备的研发和改进，日本则是重视工艺的发展创新；流化床的整体工艺设备相对较为成熟，其发展更多在零部件和辅助装置的改进和优化，我国在流化床领域发展较快，中国华能集团有限公司和清华大学 2020 年以来申请了大量关于流化床技术的专利。预热技术和富氧燃烧技术属于重点发展技术，两者发展仍不成熟，还存在可改进、可创新的空间，如融合其他气体处理功能。预热技术与废气处理装置具有较强相关性，原因为：① 预热技术的主要目的是干燥物料和预处理，该技术能提高物料的燃烧效率，进而提高废气中 CO_2 的浓度；② 预热技术多采用废气余热作为热源。富氧燃烧技术的重点则主要是装置方面。从技术应用领域来看，预热技术主要应用在电力行业，富氧燃烧技术在钢铁冶金和电力领域应用较多。

CO_2 压缩机是以制冷压缩机为原型进行的应用扩展。CO_2 压缩机在 2005 年至 2015 年的十年间快速发展，相关专利申请覆盖了具有冷凝特征的装置或发动机、干燥工艺、压缩式制冷器或系统、废气净化等多个领域。我国在该技术领域发展较好，特别是中国华能集团有限公司，在该领域申请了大量专利。

我国在碳捕集各项分支技术上的专利申请普遍起步较晚，但整体专利数量和近些年的专利占比都表明我国在积极部署碳捕集技术，着重完善碳捕集技术各项工艺，积极进行技术创新，力求补齐 CCUS 技术短板。

第 5 章

CO_2 利用阶段关键技术知识产权发展

CO_2 减排的技术手段，是我国实现碳达峰、碳中和目标的过程中不可或缺的重要构成部分。根据中华人民共和国科学技术部发布的《中国碳捕集利用与封存技术发展路线图(2019)》，CO_2 利用主要有化工利用、生物利用、地质利用和矿化利用等。本章将对 CO_2 在化工、生物、地质和矿化利用领域关键技术的知识产权展开分析，对技术专利发展趋势进行梳理，挖掘关键技术的分布、重点技术研发趋势、重点机构技术情况以及前沿技术的发展动向。

5.1 CO_2 化工利用关键技术知识产权分析

CO_2 化工利用是以化学转化为主要手段，将 CO_2 和共反应物转化成目标产物，实现 CO_2 资源化利用的过程，主要产品有能源化学品、塑料聚合物以及化工原料三大类。本节主要对制燃料、塑料聚合物和化工品三类中的关键技术进行分析，通过专利技术的分析了解目前技术的发展状况、竞争格局以及竞争对手的情况。

5.1.1 CO_2 制气体和液体燃料

通过 CO_2 制气体和液体燃料包括 CO_2 热化学转化为甲烷和合成气，以及合成低烯烃、柴油等燃料，本节专利检索的主要技术分类、中文关键词及专利数量如表 5.1 所示①。

表 5.1　CO_2 制气体和液体燃料的专利检索情况

主要技术分类	中文关键词	专利数量/件
CO_2 热化学转化为甲烷	CO_2、热解、热化学、加氢、一氧化碳、甲烷	766
CO_2 热化学转化为合成气	CO_2、热解、热化学、合成气、甲烷干法重整	351
CO_2 合成燃料	液体燃料、低烯烃、柴油、航空燃料	1 039

(1) 专利发展趋势

在确定关键词和构建检索式的基础上，经过专利清洗，确定 CO_2 制气体和液体燃料专利(专利族)2 148 件。CO_2 制气体和液体燃料专利申请数量变化趋势如图 5.1 所示。该领域的专利申请总体趋势向上，经历了较为明显的三个发展阶段，分别是：① 萌芽期(1964—1976 年)，该阶段每年的专利申请数量很少，年均 10 件以内；② 缓慢发展期(1977—1999 年)，该阶段专利申请活动呈现波浪式起伏，年均专利申请数量增至 30 件左右；③ 快

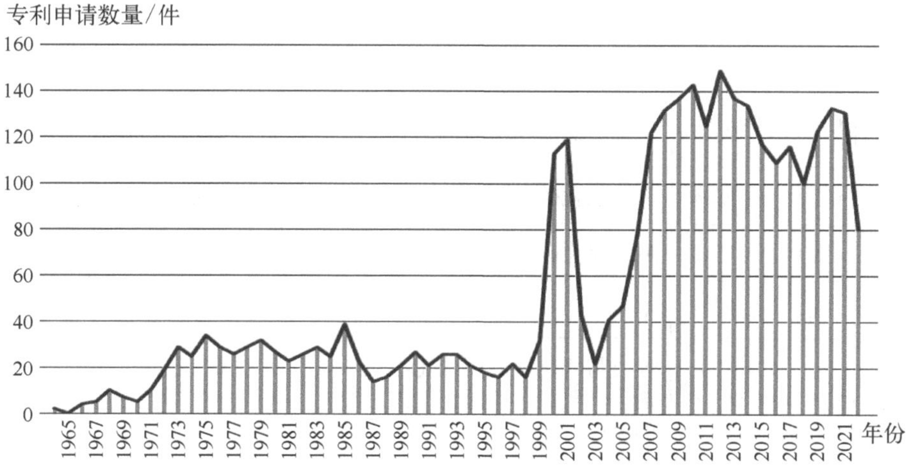

图 5.1　CO_2 制气体和液体燃料专利申请数量变化趋势

① 检索日期为 2023 年 4 月 15 日。

速发展期(2000 年至今),20 世纪 90 年代初,CCUS 技术在国际上逐渐获得重视,国际上对 CCUS 技术的逐步重视和成功实践,也促进了国内对 CCUS 技术的理解和认识,2000 年 CCUS 技术引入我国,专利申请活动明显向好,2012 年专利申请数量增至 149 件。

(2) 专利技术领域分布及重点方向

根据 IPC 号,对专利数量较多的前 15 个完整的 IPC 号进行分析,如表 5.2 所示。专利申请的主要领域有甲烷(C07C-009/04)、由碳的氧化物制备组成不确定的液体烃混合物(C10G-002/00)、从一氧化碳与氢制备烃(C07C-001/04)、从二氧化碳与氢制备烃(C07C-001/12)、甲醇(C07C-031/04)等。2020 年以来技术集中在甲烷(11%)、由碳的氧化物制备组成不确定的液体烃混合物(12%)、从二氧化碳与氢制备烃(19%)、烃类与气化剂使用催化剂生产氢或含氢混合气的反应(15%)、以催化剂为特征的气态或液态的有机化合物与气化剂的反应生产氢或含氢混合气(27%)等方向。

表 5.2 CO_2 制气体和液体燃料排名前 15 位的专利技术领域及申请情况

序号	IPC 号	技术领域	专利数量/件	申请时间	2020 年以来专利数量占比
1	C07C-009/04	甲烷	247	1966—2022	11%
2	C10G-002/00	由碳的氧化物制备组成不确定的液体烃混合物	212	1986—2022	12%
3	C07C-001/04	从一氧化碳与氢制备烃	180	1971—2022	6%
4	C07C-001/12	从二氧化碳与氢制备烃	179	1967—2022	19%
5	C07C-031/04	甲醇	174	1969—2022	5%
6	C01B-003/38	烃类与气化剂使用催化剂生产氢或含氢混合气的反应	146	1972—2023	15%
7	C10G-003/00	由含氧的有机物制备液态烃混合物,例如:由脂肪油、脂肪酸	136	1976—2022	5%

续 表

序号	IPC 号	技 术 领 域	专利数量/件	申请时间	2020 年以来专利数量占比
8	C10J - 003/00	由固态含碳燃料通过包含氧气或水蒸气的部分氧化工艺制造含一氧化碳和氢气的气体，例如合成气或煤气	136	1971—2022	7%
9	C07C - 029/151	用氢气或含氢气体的完全用碳的氧化物还原	124	1986—2022	10%
10	C10L - 001/02	以由碳、氢及氧组成的成分为主的液体含碳燃料	109	1979—2022	7%
11	C07C - 027/00	同时产生多于一类含氧化合物的方法	102	1986—2020	0%
12	B01D - 053/94	发动机废气通过催化方法的化学或生物净化	99	1988—2022	7%
13	C07C - 001/02	从碳的氧化物制备烃	96	1968—2022	4%
14	C07C - 027/06	用碳的氧化物的氢化还原产生多于一类含氧化合物的方法	91	1971—2019	0%
15	C01B - 003/40	以催化剂为特征的气态或液态的有机化合物与气化剂反应生产氢或含氢混合气	90	1972—2022	27%

(3) 主要机构分析

CO_2 制气体和液体燃料领域主要机构专利数量见图 5.2，壳牌研究有限公司专利数量排名第一，环球油品有限责任公司和中国石油化工集团有限公司并列第二，埃克森美孚公司位于第三。

CO_2 制气体和液体燃料领域全球专利数量排名前 12 位的机构相关关键技术如表 5.3 所示。从地区分布来看，专利数量排名前 12 位的机构主要分布在荷兰、美国、沙特、德国和中国。从时间上来看，壳牌研究有限公司、埃克森美孚公司、巴斯夫股份公司等开展相关专利申请较早，2020 年以来活跃度较高的有 SABIC 环球技术有限责任公司、巴斯夫股份公司、林德集团和沙特阿拉伯国家石油公司。从技术主题上看，主要集中在由碳的氧化物制备组成不确定的液体烃混合物；由含氧的有机物制备液态烃混合物等技术领域。

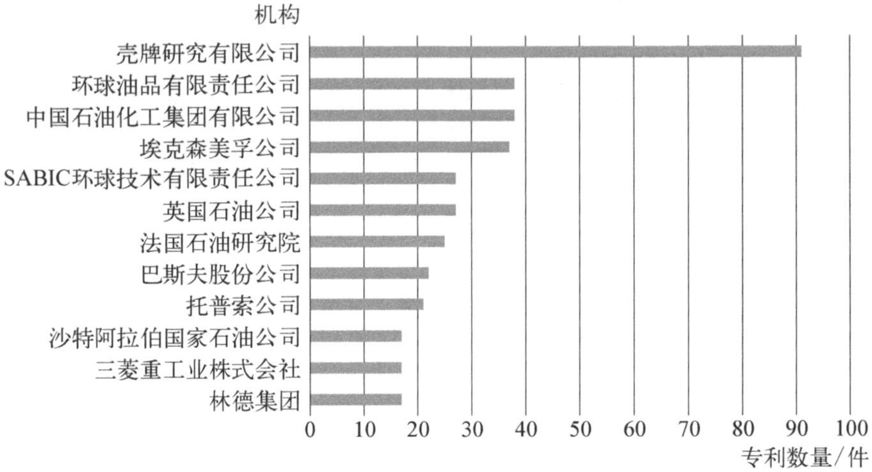

图 5.2　CO_2 制气体和液体燃料领域主要机构专利数量

表 5.3　CO_2 制气体和液体燃料领域全球专利数量排名前 12 位的机构相关关键技术

序号	专利数量/件①	机构	国家	申请时间	2020 年以来专利数量占比	排名靠前的技术领域	独有技术领域
1	91	壳牌研究有限公司	荷兰	1971—2019	0%	使用热能从井中开采油、气、水、可溶解或可熔化物质或矿物泥浆的方法或设备(59 件)； 井的特殊布置(44 件)； 现场燃烧(41 件)	含羟基或其盐的液体含碳燃料(2 件)； 用破坏性加氢(12 件)； 从橡胶或橡胶废料制备燃料(4 件)； 用移动催化剂破坏性加氢制备液态烃混合物(9 件)；

① 统计数据不排除合作申请情况。

续　表

序号	专利数量/件	机构	国家	申请时间	2020 年以来专利数量占比	排名靠前的技术领域	独有技术领域
							测量温度或压力(14 件)；矿物的气化，例如，用于生产可燃气体的混合物(4 件)；用含铂族的金属或其化合物的催化剂精制烃油(2 件)；用水解制备含羟基或氧-金属基连接碳原子(不属于六元芳环)的化合物(2 件)；用与产生的热量(例如，通过蒸气注射)结合使用的组合物提高油的迁移率(2 件)；含镍或钴的金属或其化合物(2 件)；含铂族的金属或其化合物的(2 件)；在存在氢的情况下非催化裂解(2 件)
2	38	中国石油化工集团有限公司	中国	2010—2020	0%	以催化剂为特征的气态或液态的有机化合物与气化剂反应生产氢或含氢混合气(15 件)；含镍的催化剂(7 件)；以其表面性质或多孔性为特征的催化剂(5 件)；与稀土或锕系元素结合的催化剂(5 件)；由碳的氧化物制备不确定的液体烃混合物的催化剂(5 件)	包含钨的催化剂(4 件)；包含砷、锑、铋、钒、铌、钽、钋、铬、钼、钨、锰、锝或铼的催化剂(2 件)
3	38	环球油品有限责任公司	美国	2007—2021	3%	由含氧的有机物制备液态烃混合物，例如：由脂肪油、脂肪酸(10 件)；用扩散法分离气体(9 件)；从含碳原子数较多的烃制备烃(8 件)	固体燃料(2 件)；利用声或超声振动(3 件)；聚砜，聚醚砜(4 件)；全蒸发，膜蒸馏，液体渗透(2 件)；由氨基羧酸衍生的高分子化合物(2 件)

续 表

序号	专利数量/件	机构	国家	申请时间	2020年以来专利数量占比	排名靠前的技术领域	独有技术领域
4	37	埃克森美孚公司	美国	1968—2022	5%	由含氧的有机物制备液态烃混合物，例如：由脂肪油、脂肪酸(7件)； 从一种或几种非烃化合物制备烃(6件)； 从一氧化碳与氢制备烃(6件)	从含相同碳原子数的烃制备烃(2件)
5	27	英国石油公司	英国	1981—2011	0%	无环或碳环化合物(11件)； 化学或物理方法，例如，催化作用或胶体化学，以及与其有关设备(7件)； 有机化学的其他一般方法(7件)	包含铂系金属、铁系金属或铜的催化剂(2件)； 只有1个羧基连接非环碳原子或氢原子的饱和化合物(2件)
6	27	SABIC环球技术有限责任公司	沙特	2009—2021	15%	烃类与气化剂使用催化剂生产氢或含氢混合气的反应(13件)； 甲醇(10件)； 乙烯(9件)	—
7	25	法国石油研究院	法国	1979—2017	0%	由碳的氧化物制备不确定的液体烃混合物(6件)； 完全用碳的氧化物的还原(5件)； 无环或碳环化合物(5件)	—
8	22	巴斯夫股份公司	德国	1964—2022	27%	发动机废气通过催化方法的化学或生物净化(8件)； 对排气的有害成分进行加热转化和催化转化(7件)； 小孔结构、筛、栅、蜂窝状物(7件)； 浸渍，涂层或沉淀(7件)	用于使过滤器再生的处理装置(3件)； 煅烧，熔化(2件)； 氰化氢的制备(2件)； 纤维、单丝、晶须、薄片或其他类似材料(3件)； 实质上由陶瓷和耐火制品组成的层状产品(2件)

续　表

序号	专利数量/件	机构	国家	申请时间	2020 年以来专利数量占比	排名靠前的技术领域	独有技术领域
9	21	托普索公司	丹麦	1974—2022	10%	从一氧化碳与氢制备烃(9 件)； 由含氧的有机物制备液态烃混合物，例如：由脂肪油、脂肪酸(8 件)； 无环或碳环化合物(7 件)	—
10	17	林德集团	德国	1974—2022	24%	通过吸收作用分离气体(6 件)； 用烃类与气化剂生产氢或含氢混合气(5 件)； 丙烯(4 件)； 使用氧或含氧混合物作气化剂(4 件)； 烃类与气化剂使用催化剂生产氢或含氢混合气的反应(4 件)	裂解发生在芳-脂键上生成氢(2 件)
11	17	三菱重工业株式会社	日本	1973—2014	0%	用氢气或含氢气体的完全用碳的氧化物还原(7 件)； 烃类与气化剂使用催化剂生产氢或含氢混合气的反应(6 件)； 甲醇(6 件)	—
12	17	沙特阿拉伯国家石油公司	沙特	2004—2021	35%	以催化剂为特征的气态或液态的有机化合物与气化剂反应生产氢或含氢混合气(11 件)； 热处理(5 件)	镁及其氧化物或氢氧化物(2 件)

(4) 2020 年以来新技术分析

对 2020 年以来 CO_2 制气体和液体燃料领域包含专利数量较多的新 IPC 技术领域进行分析。如表 5.4 所示，2020 年以来 CO_2 制气体和液体燃料领域出现的新专利技术主要集中于用含碳-碳三键的化合物的反应增加碳原子数制备含羟基或氧-金属基连接碳原子(不属于六元芳环)的化合物；

插入或嵌入除了锂以外的其他金属的蓄电池，例如镁或铝；丁炔二醇；亚硝酸酯的制备等技术领域。

表 5.4　2020 年以来 CO_2 制气体和液体燃料专利新涉及的技术领域

序号	IPC 号	技 术 领 域	专利数量/件
1	C07C－029/42	用含碳-碳三键的化合物的反应增加碳原子数制备含羟基或氧-金属基连接碳原子（不属于六元芳环）的化合物	2
2	H01M－010/54	插入或嵌入除了锂以外的其他金属的蓄电池，例如镁或铝	2
3	C07C－033/046	丁炔二醇	2
4	C05F－017/90	设备	2
5	C07C－201/04	亚硝酸酯的制备	2
6	C07C－203/00	硝酸酯或亚硝酸酯	2

5.1.2　CO_2 制塑料聚合物

利用 CO_2 可以合成塑料聚合物，包括聚碳酸酯、聚氨酯、丙烯酸酯等可降解材料（塑料）。检索关键词包括 CO_2、聚碳酸酯、聚氨酯、丙烯酸酯、环氧丙烷、可降解材料（塑料）等。

(1) 专利发展趋势

在确定关键词和构建检索式的基础上，经过专利清洗，确定 CO_2 制塑料聚合物专利（专利族）1 220 件①。CO_2 制塑料聚合物专利申请数量变化趋势如图 5.3 所示。该领域的专利申请总体趋势向上，经历了较为明显的三个发展阶段，分别是：① 萌芽期（1960—1980 年），该阶段每年的专利申请数量很少，年均 10 件以内；② 缓慢发展期（1981—2001 年），该阶段专利申请活动呈现波浪式起伏，但总体上有所发展，年均专利申请数量增至 20 件左右；③ 快速发展期（2002 年至今），IPCC 第三次评估报告第三工作组在 2002 年专门举行 CCS 技术研讨会，讨论其角色和定位，强调 CCS 是减缓气候变化的可行

① 检索日期为 2023 年 4 月 16 日。

方案。这一时期专利申请活动明显向好，2016 年专利申请数量增至 102 件。

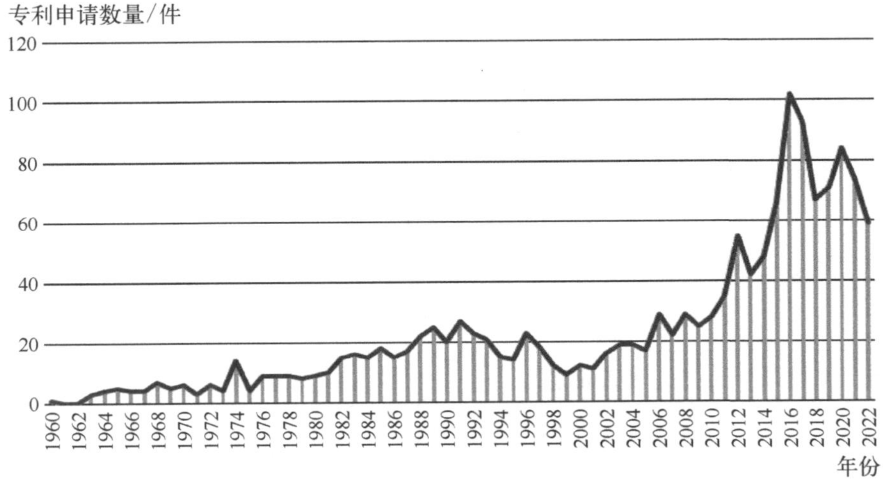

图 5.3　CO_2 制塑料聚合物专利申请数量变化趋势

(2) 专利技术领域分布及重点方向

根据 IPC 号，对专利数量较多的前 15 个完整的 IPC 号进行分析，如表 5.5 所示。主要领域有使用二氧化碳制备环醚的一般方法（C08G－064/34），多羟基化合物、多胺、羟基胺（C08G－018/32），碳酸亚烃酯、取代的碳酸亚烃酯（C07D－317/36），聚醚（C08G－018/48），属于在主链中具有羧基或碳酸酯基的缩聚物、聚醚或聚硫醚组的化合物（C08G－018/66），聚碳酸酯（C08G－018/44）等。2020 年以来技术集中在多羟基化合物、多胺、羟基胺（31%），属于在主链中具有羧基或碳酸酯基的缩聚物、聚醚或聚硫醚组的化合物（34%），聚碳酸酯（30%），在第一聚合阶段使用两个或更多个具有活性氢的化合物（32%）等方向。

表 5.5　CO_2 制塑料聚合物排名前 15 位的专利技术领域及申请情况

序号	IPC 号	技 术 领 域	专利数量/件	申请时间	2020 年以来专利数量占比
1	C08G－064/34	使用二氧化碳制备环醚的一般方法	122	1986—2022	27%
2	C08G－018/32	多羟基化合物、多胺、羟基胺	108	1976—2022	31%

续 表

序号	IPC号	技术领域	专利数量/件	申请时间	2020年以来专利数量占比
3	C07D-317/36	碳酸亚烃酯、取代的碳酸亚烃酯	100	1977—2022	27%
4	C08G-018/48	聚醚	100	1974—2022	26%
5	C08G-018/66	属于在主链中具有羧基或碳酸酯基的缩聚物、聚醚或聚硫醚组的化合物	99	1974—2022	34%
6	C08G-018/44	聚碳酸酯	90	1984—2022	30%
7	C08G-018/76	芳族的含环的多异氰酸酯或多异硫氰酸酯	81	1974—2022	20%
8	C08G-018/10	涉及第一反应步骤中异氰酸酯或异硫氰酸酯与含有活性氢的化合物反应的预聚物工艺过程	72	1974—2022	17%
9	C08J-009/12	使用物理发泡剂产生发泡气体加工高分子材料	54	1988—2022	17%
10	C08L-075/04	聚氨酯	52	1975—2022	19%
11	C08L-069/00	聚碳酸酯的组合物、聚碳酸酯衍生物的组合物	51	1974—2022	29%
12	C08G-018/42	在主链中具有羧基或碳酸酯基的缩聚物	45	1984—2022	29%
13	C07B-061/00	有机化学的其他一般方法	43	1984—2022	7%
14	C07D-303/04	除环氧原子外，仅含氢和碳原子的环氧乙烷化合物	42	1972—2020	10%
15	C08G-018/12	在第一聚合阶段使用两个或更多个具有活性氢的化合物	41	1984—2022	32%

(3) 主要机构分析

CO_2 制塑料聚合物领域主要机构专利数量如图 5.4 所示，中国科学院长春应用化学研究所专利数量排名第一，拜耳集团排名第二，卓达新材料科技集团有限公司排名第三。

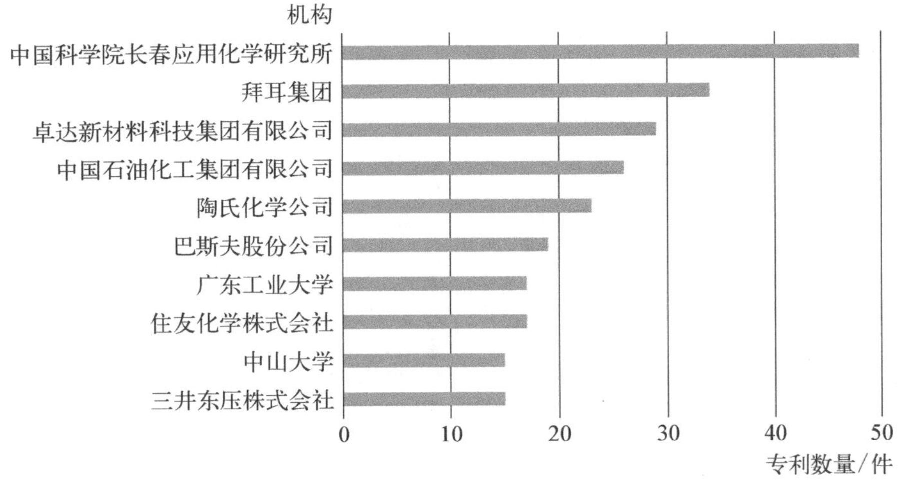

图 5.4　CO_2 制塑料聚合物领域主要机构专利数量

CO_2 制塑料聚合物领域全球专利数量排名前 10 位的机构相关关键技术如表 5.6 所示。从地区分布来看，专利数量排名前 10 位的机构主要分布在中国、德国、日本和美国。从时间上来看，拜耳集团、陶氏化学公司、巴斯夫股份公司、住友化学株式会社等开展相关专利申请较早，2020 年以来活跃度较高的有中国科学院长春应用化学研究所、广东工业大学和中山大学。从技术主题上看，主要集中在聚碳酸酯和它的组合物，多羟基化合物，属于在主链中具有羧基或碳酸酯基的缩聚物、聚醚或聚硫醚组的化合物等。

(4) 2020 年以来新技术分析

对 2020 年以来 CO_2 制塑料聚合物领域包含专利数量较多的新 IPC 技术领域进行分析。如表 5.7 所示，2020 年以来 CO_2 制塑料聚合物领域出现的新专利技术主要集中于从碳酸亚烃酯制备碳酸酯或卤代甲酸酯，以多层结构为特征的用于加工平面的研磨垫；以压制技术为特征用于层压的方法，例如，使用真空或流体压力的直接作用；磨蚀或摩擦的制品或材料的制造；以垫的材料成分或特性为特征用于加工平面的研磨垫；纳米结构的制造或处理等技术领域。

表 5.6 CO_2 制塑料聚合物领域全球专利数量排名前 10 位的机构相关关键技术

序号	专利数量/件①	机构	国家	申请时间	2020 年以来专利数量占比	排名靠前的技术领域	独有技术领域
1	48	中国科学院长春应用化学研究所	中国	2000—2020	23%	聚碳酸酯(19 件);使用二氧化碳制备环醚的一般方法(16 件);多羟基化合物、多胺、羟基胺(15 件);聚碳酸酯的组合物、聚碳酸酯衍生物的组合物(15 件)	有机和无机配料(2 件);无机的非高分子添加剂(3 件);其他改性助剂(2 件);以其他缩聚物为主要成分制造人造长丝及类似物(2 件);顺丁烯二酸酐(2 件)
2	34	拜耳集团	德国	1965—2015	0%	多羟基化合物、多胺、羟基胺(9 件);涉及第一反应步骤中异氰酸酯或异硫氰酸酯与含有活性氢的化合物反应的预聚物工艺过程(9 件);聚醚(8 件);异氰酸酯类或异硫氰酸酯类的聚合产物(8 件);芳族的含环的多异氰酸酯或多异硫氰酸酯(8 件)	具有氧以外的其他杂原子的异氰酸酯类或异硫氰酸酯类的聚合产物(2 件);只是异氰酸或异硫氰酸酯的聚合产物(4 件);塑料、橡胶或硫化纤维(2 件);聚脲或聚氨酯的组合物,此种聚合物的衍生物的组合物(2 件)
3	29	卓达新材料科技集团有限公司	中国	2016	0%	多孔的砂浆、混凝土、人造石或陶瓷制品(20 件);溶胶-凝胶法(10 件);含有纤维状材料的人造石组合物(8 件)	溶胶-凝胶法(10 件);含有纤维状材料的人造石组合物(8 件);纤维、单丝、晶须、薄片或其他类似材料(7 件);以氧化物为基料的陶瓷组合物(6 件);二氧化锗(4 件)

① 统计数据不排除合作申请情况。

续　表

序号	专利数量/件	机构	国家	申请时间	2020 年以来专利数量占比	排名靠前的技术领域	独有技术领域
4	26	中国石油化工集团有限公司	中国	2002—2021	4%	碳酸亚烃酯；取代的碳酸亚烃酯（12 件）； 以使用特殊表面活性剂为特征的组合物来提高碳氢化合物的回收效率（4 件）； 含有聚合物的催化剂（4 件）	含有聚合物的催化剂（4 件）； 丙烯酸酯、甲基丙烯酸酯（2 件）； 以使用特殊表面活性剂为特征的组合物来提高碳氢化合物的回收效率（4 件）； 包含钛、锆或铪的催化剂（3 件）； 羧酸酯的制备（2 件）； 以使用特殊的聚合物为特征的转孔组合物（3 件）； 与注射的气体结合使用的组合物（2 件）
5	23	陶氏化学公司	美国	1965—2017	0%	在液相中制备环氧乙烷（4 件）； 除环氧原子外，仅含氢和碳原子的环氧乙烷化合物（4 件）	在液相中制备环氧乙烷（4 件）； 包含贵金属，及其氧化物或氢氧化物的催化剂的再生或再活化（2 件）
6	19	巴斯夫股份公司	德国	1986—2022	5%	使用二氧化碳制备环醚的一般方法（4 件）； 脂肪族聚碳酸酯（3 件）； 工艺过程（3 件）； 在主链中具有羧基或碳酸酯基的缩聚物（3 件）	锌化合物（2 件）； 以使用黏合剂为特征的层状产物（2 件）
7	17	住友化学株式会社	日本	1965—2020	6%	除环氧原子外，仅含氢和碳原子的环氧乙烷化合物（11 件）； 有机化学的其他一般方法（7 件）； 在气相中制备环氧乙烷（4 件）； 分离、纯化（4 件）	—

续 表

序号	专利数量/件	机构	国家	申请时间	2020年以来专利数量占比	排名靠前的技术领域	独有技术领域
8	17	广东工业大学	中国	2015—2022	18%	属于在主链中具有羧基或碳酸酯基的缩聚物、聚醚或聚硫醚组的化合物(12件); 聚碳酸酯(12件); 多羟基化合物、多胺、羟基胺(11件)	丙烯酸、甲基丙烯酸、它的金属盐或铵盐(3件); 甲基丙烯酸甲酯的均聚物或共聚物(3件)
9	15	三井东压株式会社	日本	1984—1995	0%	有机化学的其他一般方法(4件); 使用物理发泡剂产生发泡气体加工高分子材料(2件); 碳酸亚烃酯、取代的碳酸亚烃酯(2件); 异氰酸酯类或异硫氰酸酯类的聚合产物(2件); 有至少两个与碳架连接的氨基的化合物(2件); 碳酸亚乙酯(2件)	—
10	15	中山大学	中国	2005—2022	47%	含有羧酸酯基与碳酸酯基的聚酯(7件); 聚碳酸酯的组合物、聚碳酸酯衍生物的组合物(5件); 非金属或其相互形成的化合物(4件); 使用二氧化碳制备环醚的一般方法(4件)	硼、铝、镓、铟、铊、稀土金属或其化合物(3件); 非金属或其相互形成的化合物(4件)

表 5.7 2020 年以来 CO_2 制塑料聚合物专利新涉及的技术领域

序号	IPC 号	技术领域	专利数量/件
1	C07C-068/065	从碳酸亚烃酯制备碳酸酯或卤代甲酸酯	4
2	B24B-037/22	以多层结构为特征的用于加工平面的研磨垫	2
3	B32B-037/10	以压制技术为特征用于层压的方法，例如，使用真空或流体压力的直接作用	2
4	C05G-003/60	杀生物剂或防腐剂，例如消毒剂、杀虫剂或除草剂；驱虫剂或引诱剂	2
5	C08J-005/14	磨蚀或摩擦的制品或材料的制造	2
6	B24B-037/24	以垫的材料成分或特性为特征用于加工平面的研磨垫	2
7	B82Y-040/00	纳米结构的制造或处理	2
8	H01L-021/304	机械处理，例如研磨、抛光、切割	2
9	C08K-009/10	包胶的配料	2
10	C25B-009/23	包括离子交换膜的电解槽，电极材料嵌入在离子交换膜中或离子交换膜上	2
11	C25B-011/06	以所用催化材料为特征的电极	2
12	B01D-046/00	专门用于把弥散粒子从气体或蒸气中分离出来的经过改进的过滤器和过滤方法	2
13	B01D-053/44	有机组分	2
14	B01J-035/08	以球形为特征的催化剂	2
15	B01J-037/02	浸渍、涂层或沉淀	2
16	C08F-008/24	卤烷化	2
17	B01J-037/34	利用辐射，或利用电能、磁能或波能制备催化剂	2

5.1.3 CO_2 制化工品

以 CO_2 为原料的规模化化工生产，对 CO_2 的消耗巨大，也是目前行业重点关注的方向。这种利用方式可以有效消耗一体化企业生产过程中副产的CO_2,依托其进行的生产,可以大大提升企业竞争力。本节以使用较多的CO_2制化工品为研究对象,进行知识产权分析。检索关键词包括CO_2、甲醇、甲酸、乙醇、乙酸、二甲醚、碳酸二甲酯、氨、尿素、水杨酸等。

(1) 专利发展趋势

在确定关键词和构建检索式的基础上,经过专利清洗,确定CO_2制化工品专利(专利族)4 695 件①。CO_2制化工品专利申请数量变化趋势如图5.5所示。该领域的专利申请总体趋势向上,经历了较为明显的三个发展阶段,分别是:① 萌芽期(1958—1966 年),该阶段每年的专利申请数量很少,年均10件以内;② 缓慢发展期(1967—2005 年),该阶段专利申请活动呈现波浪式起伏,但总体上有所发展,年均专利申请数量增至50件左右;③ 快速发展期(2006 年至今),在IPCC评估报告中,CCUS技术定位演变大致可以分为三个阶段,第一阶段为1992—2004年,CCUS作为应对气候变化可行方案,被纳入多个全球减排情景评估。我国自2006年开始出台CCUS相关政策,有效推动了CCUS技术和产业发展。这一时期专利申请活动明显向好,2021年专利申请数量增至381件。

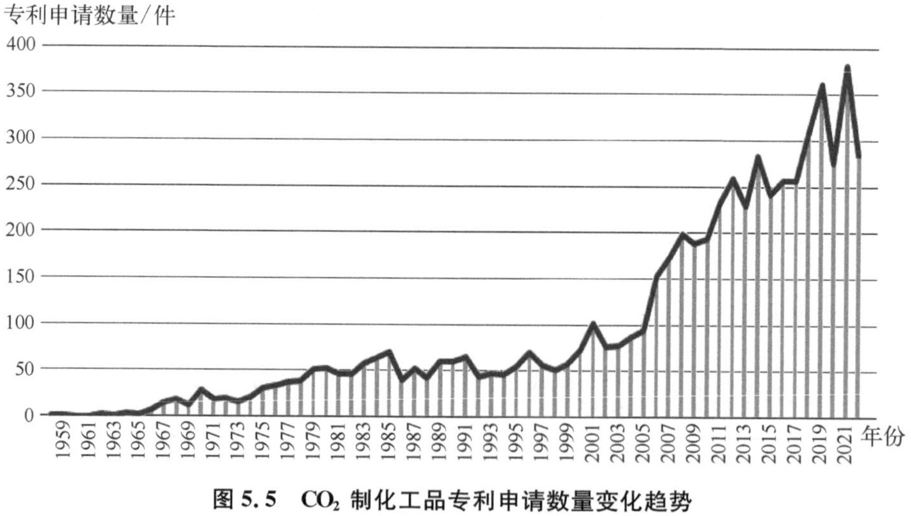

图 5.5 CO_2 制化工品专利申请数量变化趋势

① 检索日期为2023年4月20日。

(2) 专利技术领域分布及重点方向

根据 IPC 号，对专利数量较多的前 15 个完整的 IPC 号进行分析，如表 5.8 所示。主要领域有甲醇(C07C－031/04)，用氢气或含氢气体的完全用碳的氧化物的还原(C07C－029/151)，由二氧化碳和氨制备脲、其盐、配合物或加成化合物(C07C－273/04)，有机化学的其他一般方法(C07B－061/00)，烃类与气化剂使用催化剂产生氢或含氢混合气的反应(C01B－003/38)等。2020 年以来技术集中在甲醇(16%)，用氢气或含氢气体的完全用碳的氧化物的还原(17%)，用于制备含羟基或氧-金属基连接碳原子(不属于六元芳环)的化合物的催化剂，催化剂中含有含铜、银、金或其化合物(22%)，合成法制氨(16%)等方向。

表 5.8　CO_2 制化工品排名前 15 位的专利技术领域及申请情况

序号	IPC 号	技 术 领 域	专利数量/件	申请时间	2020 年以来专利数量占比
1	C07C－031/04	甲醇	919	1967—2022	16%
2	C07C－029/151	用氢气或含氢气体的完全用碳的氧化物的还原	467	1986—2022	17%
3	C07C－273/04	由二氧化碳和氨制备脲、其盐、配合物或加成化合物	400	1959—2022	9%
4	C07B－061/00	有机化学的其他一般方法	296	1982—2021	2%
5	C01B－003/38	烃类与气化剂使用催化剂产生氢或含氢混合气的反应	274	1977—2022	11%
6	C07C－029/154	用于制备含羟基或氧-金属基连接碳原子(不属于六元芳环)的化合物的催化剂，催化剂中含有含铜、银、金或其化合物	255	1967—2022	22%
7	B01J－023/80	与锌、镉或汞结合的催化剂	251	1970—2022	15%
8	C01B－003/32	用气态或液态的有机化合物与气化剂生产氢或含氢混合气，气化剂如水、二氧化碳、空气等	194	1979—2022	4%
9	C01B－003/02	氢或含氢混合气的生产	183	1975—2022	14%

续 表

序号	IPC号	技术领域	专利数量/件	申请时间	2020年以来专利数量占比
10	C07C-029/152	以氢气或含氢气体所用的反应器为特征的含羟基或氧-金属基连接碳原子(不属于六元芳环)的化合物的制备	173	1967—2022	24%
11	C07C-027/00	同时产生多于一类含氧化合物的方法	167	1967—2019	0%
12	C07C-029/15	完全用碳的氧化物的还原	167	1967—2022	2%
13	C01C-001/04	合成法制氨	160	1973—2022	16%
14	C07C-027/06	用碳的氧化物的氢化还原产生多于一类含氧化合物的方法	153	1968—2021	2%
15	C01B-003/50	氢或含氢气体从混合气体中的分离,如净化	151	1976—2022	11%

(3) 主要机构分析

CO_2 制化工品领域主要机构专利数量如图5.6所示,瑞士卡萨利有限公司专利数量排名第一,荷兰斯塔米卡邦公司排名第二,巴斯夫股份公司排名第三。该领域专利申请数量排名前10位的机构的专利数量差别较小。

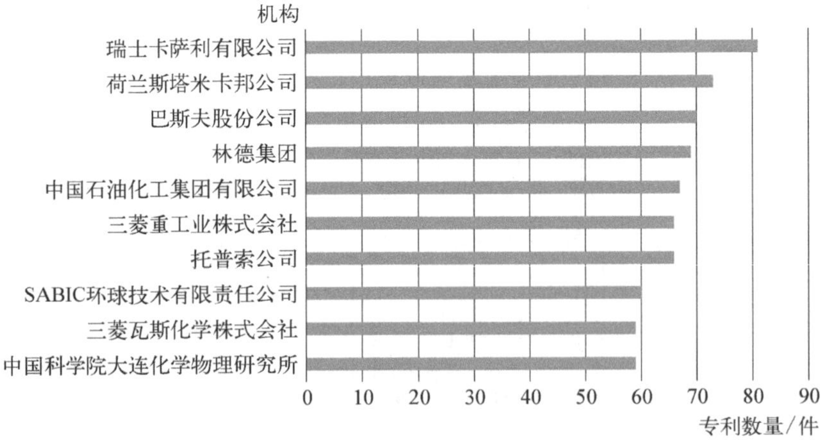

图5.6 CO_2 制化工品领域主要机构专利数量

CO_2 制化工品领域全球专利数量排名前 10 位的机构相关关键技术如表 5.9 所示。从地区分布来看，专利数量排名前 10 位的机构主要分布在德国、中国、日本和瑞士。从时间上来看，瑞士卡萨利有限公司、荷兰斯塔米卡邦公司、巴斯夫股份公司、三菱瓦斯化学株式会社等开展相关专利申请较早，2020 年以来活跃度较高的有瑞士卡萨利有限公司、托普索公司、SABIC 环球技术有限责任公司和中国科学院大连化学物理研究所。从技术主题上看，主要集中在由二氧化碳和氨制备脲、其盐、配合物或加成化合物，甲醇，用氢气或含氢气体的完全用碳的氧化物还原，使用催化剂等技术领域。

表 5.9　CO_2 制化工品领域全球专利数量排名前 10 位的机构相关关键技术

序号	专利数量/件①	机构	国家	申请时间	2020 年以来专利数量占比	排名靠前的技术领域	独有技术领域
1	81	瑞士卡萨利有限公司	瑞士	1970—2022	11%	由二氧化碳和氨制备脲、其盐、配合物或加成化合物（72 件）； 化学的，物理的或物理-化学的一般方法及其有关设备（23 件）； 分离及纯化（20 件）	以加热的气体或蒸气与液体接触（4 件）； 用于两种热交换介质的固定板或层压通道的热交换设备，各介质与通道不同的侧面接触（2 件）； 在传质或传热设备内形成一个单元或组件的格栅形填充元件或组装元件（2 件）； 带水平筛板或筛栅，筛板或筛栅的结构（2 件）； 薄膜式的液体与气体介质发生反应的设备（2 件）； 作为浸渍、黏合或埋置物质合成树脂（2 件）； 羧酸酰胺，酸部分的碳架进一步被氨基取代（2 件）

① 统计数据不排除合作申请情况。

续 表

序号	专利数量/件	机构	国家	申请时间	2020年以来专利数量占比	排名靠前的技术领域	独有技术领域
2	73	荷兰斯塔米卡邦公司	荷兰	1970—2022	8%	由二氧化碳和氨制备脲、其盐、配合物或加成化合物(66件); 化学的,物理的或物理-化学的一般方法及其有关设备(14件); 分离及纯化(12件)	专门适用于催化转化的排气或消音装置(2件); 从气体和蒸气中分离氨(2件); 由不涉及形成氰基的反应制备羧酸腈(2件); 通道平行排列且有间隔(3件); 以金属材料为特征的热交换设备的结构(4件); 无环和饱和碳架(2件); 含铜的铁基合金(3件); 防止金属层形成沉积或腐蚀(2件); 采用热等静压技术制造或加工(2件); 含有氮-卤键的化合物、羟氨基化合物或它们的醚或酯(2件); 一元腈(2件)
3	70	巴斯夫股份公司	德国	1969—2022	6%	甲酸(18件); 有机化学的其他的一般方法(16件)	由环醚及其他化合物用杂环开环的反应(2件); 氰化物(2件); 使用发生化学改性的处理(4件); 乙二醛(3件); 使用添加剂,例如,用于稳定化(3件); 仲羟基的化合物制备(3件); 通过与氨或胺反应从羧酸或从它们的酯、酐或卤化物来制备羧酸酰胺(2件);

续　表

序号	专利数量/件	机构	国家	申请时间	2020年以来专利数量占比	排名靠前的技术领域	独有技术领域
							羧酰胺基的碳原子连接在氢原子上(2件)； 含多于1个—CHO的化合物(2件)； 酮、乙烯酮、二聚乙烯酮(2件)
4	69	林德集团	德国	1975—2021	3%	甲醇(16件)； 醚的制备(14件)； 用氢气或含氢气体的完全用碳的氧化物还原(14件)	气相方法，例如使用气溶胶(2件)； 用湿法制备气体的装置(3件)； 使气体、空气或蒸气从液体浴槽上或浴槽里通过(2件)； 一种以上的炉通用的炉、窑、烘烤炉或蒸馏炉的零部件或附件(2件)
5	67	中国石油化工集团有限公司	中国	1998—2022	7%	甲醇(31件)； 与锌、镉或汞结合的催化剂(24件)； 用于制备含羟基或氧-金属基连接碳原子(不属于六元芳环)的化合物的催化剂，催化剂中含有含铜、银、金或其化合物(22件)	液化石油气(3件)； 催化法(2件)
6	66	托普索公司	丹麦	1980—2022	15%	用氢气或含氢气体的完全用碳的氧化物的还原(31件)； 烃类与气化剂使用催化剂产生氢或含氢混合气的反应(25件)； 甲醇(23件)	反应物或电解液的供给或移除，电解液的再生(5件)； 生产化合物或非金属的电解工艺或电泳工艺(2件)； 磷及其化合物(2件)； 石脑油的重整(2件)

续　表

序号	专利数量/件	机构	国家	申请时间	2020年以来专利数量占比	排名靠前的技术领域	独有技术领域
7	66	三菱重工业株式会社	日本	1974—2021	2%	甲醇(34件)； 用氢气或含氢气体的完全用碳的氧化物的还原(23件)； 烃类与气化剂使用催化剂产生氢或含氢混合气的反应(15件)	从一氧化碳与水蒸气中制备烃(2件)
8	60	SABIC环球技术有限责任公司	沙特	1999—2021	17%	烃类与气化剂使用催化剂产生氢或含氢混合气的反应(27件)； 甲醇(26件)； 用氢气或含氢气体的完全用碳的氧化物的还原(23件)	利用电磁波(2件)； 混合风力光伏能源系统(2件)； 带有动力储存装置的风力发动机的组合(2件)
9	59	中国科学院大连化学物理研究所	中国	2007—2021	12%	甲醇(16件)； 用气态或液态的有机化合物与气化剂生产氢或含氢混合气,气化剂如水、二氧化碳、空气等(8件)； 乙烯(7件)； 与锌、镉或汞结合的催化剂(7件)； 以所用的催化剂为特征(7件)	纳米结构的制造或处理(2件)； 硫化物(2件)； 从有机碳酸酯制备碳酸酯或卤代甲酸酯(2件)； 钼(3件)； 离子交换(4件)； 包含砷、锑、铋、钒、铌、钽、钋、铬、钼、钨、锰、锝或铼的催化剂(3件)； 醚(3件)
10	59	三菱瓦斯化学株式会社	日本	1971—2017	0%	甲醇(37件)； 有机化学的其他一般方法(22件)； 与锌、镉或汞结合的催化剂(18件)	带有金属的催化剂(2件)； 用移动催化剂同时产生多于一类含氧化合物的方法(2件)

(4) 2020 年以来新技术分析

对 2020 年以来 CO_2 制化工品包含专利数量较多的新 IPC 技术领域进行分析。如表 5.10 所示，2020 年以来 CO_2 制化工品领域出现的新专利技术主要集中于由单一催化元素或催化化合物组成的电极，电解槽的构成部件，电解生产过程中的测量、分析或测试，光电解等技术领域。

表 5.10　2020 年以来 CO_2 制化工品专利新涉及的技术领域

序号	IPC 号	技　术　领　域	专利数量/件
1	C25B-011/075	由单一催化元素或催化化合物组成的电极	8
2	C25B-009/60	电解槽的构成部件	4
3	C25B-015/023	电解生产过程中的测量、分析或测试	4
4	C25B-001/55	光电解	3

5.2　CO_2 生物利用关键技术知识产权分析

CO_2 生物利用是以生物转化为主要手段，将 CO_2 用于生物质合成，实现 CO_2 资源化利用的过程，主要产品有食品和饲料、生物肥料、化学品与生物燃料和气肥等。CO_2 可以被许多自然生物通过光合作用加以利用，如植物、微藻和蓝藻。这些生物可以利用 CO_2 作为碳源来制造糖、脂质、蛋白质和其他生存所需的有机物质。检索关键词包括 CO_2、生物、海洋、森林、土壤、浮游植物、藻类、转化、固存、生物肥料、生物柴油、生物燃料、葡萄糖、脂肪酸等。

(1) 专利发展趋势

在确定关键词和构建检索式的基础上，经过专利清洗，确定 CO_2 生物利用专利(专利族)1 375 件①。CO_2 生物利用专利申请数量变化趋势如图 5.7 所示。该领域的专利申请总体趋势向上，经历了较为明显的四个发展阶

① 检索日期为 2023 年 4 月 22 日。

段，分别是：① 萌芽期(1971—2005年)，该阶段每年的专利申请数量很少，年均10件以内；② 缓慢发展期(2006—2009年)，该阶段专利申请数量增加至95件；③ 平稳期(2010—2018年)，该阶段专利申请平稳，年均81件；④ 快速发展期(2019年至今)，专利申请活动明显向好，2022年专利申请数量增至223件。

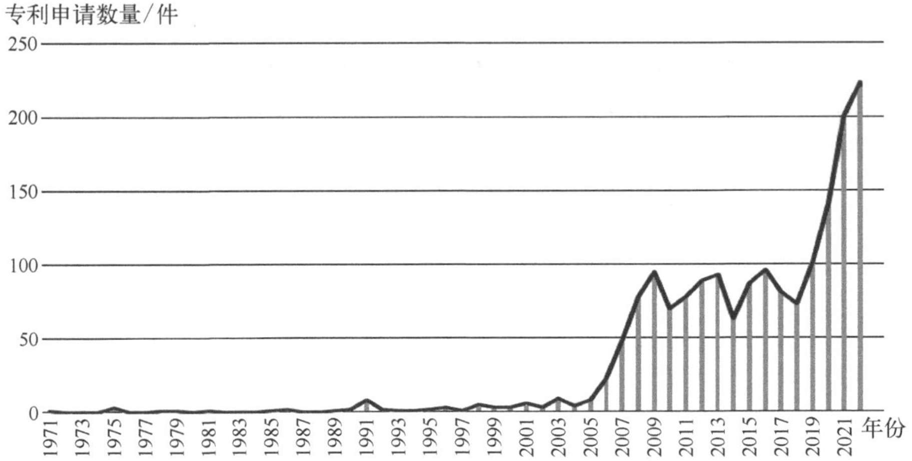

图5.7 CO_2 生物利用专利申请数量变化趋势

(2) 专利技术领域分布及重点方向

根据IPC号，对专利数量较多的前15个完整的IPC号进行分析，如表5.11所示。专利申请的主要领域有酶学或微生物学装置(C12M-001/00)，单细胞藻类及其培养基(C12N-001/12)，发酵学中用气体导入的方法(C12M-001/04)，脂肪、高级脂肪酸、氧化油等的制备(C12P-007/64)，海菜的栽培(A01G-033/00)，等等。2020年以来技术集中在生物方法(33%)；细菌及其培养基(43%)；与其他农业过程，例如施肥、种植等相结合的整地方法(48%)；土壤调理剂(60%)，等等。

表5.11 CO_2 生物利用排名前15位的专利技术领域及申请情况

序号	IPC号	技术领域	专利数量/件	申请时间	2020年以来专利数量占比
1	C12M-001/00	酶学或微生物学装置	167	1992—2022	16%
2	C12N-001/12	单细胞藻类及其培养基	167	1991—2022	16%

续　表

序号	IPC 号	技 术 领 域	专利数量/件	申请时间	2020 年以来专利数量占比
3	B01D-053/62	废气中碳氧化物的分离	87	1989—2023	29%
4	C12M-001/04	发酵学中用气体导入的方法	70	2007—2022	20%
5	C12P-007/64	脂肪；脂油；酯型蜡；高级脂肪酸，即在一连接羧基的完整的链上至少有 7 个碳原子；氧化油或脂	70	2006—2022	7%
6	A01G-033/00	海菜的栽培	61	1996—2022	28%
7	C12R-001/89	藻	61	2007—2022	28%
8	B01D-053/84	生物方法	52	2001—2022	33%
9	C05G-003/00	一种或多种肥料与无特殊肥效的添加剂组分的混合物	47	2006—2022	26%
10	G06Q-050/26	政府或公共服务	46	2019—2022	80%
11	C12N-001/20	细菌及其培养基	44	2008—2022	43%
12	A01B-079/02	与其他农业过程，例如施肥、种植等相结合的整地方法	42	2012—2023	48%
13	C02F-009/14	至少有一个生物处理步骤	40	2006—2022	20%
14	C05G-003/80	土壤调理剂	40	2009—2023	60%
15	G01N-033/00	利用不包括在取样至利用本组规定的化学方法对非生物材料的测试或分析组中的特殊方法来研究或分析材料	40	2007—2022	55%

(3) 主要机构分析

CO_2 生物利用领域主要机构专利数量如图 5.8 所示，中国农业科学院农业环境与可持续发展研究所专利数量排名第一，浙江大学排名第二，东北林业大学和南京信息工程大学并列第三。该领域专利申请数量排名前 11 位的机构的专利数量差别较小。

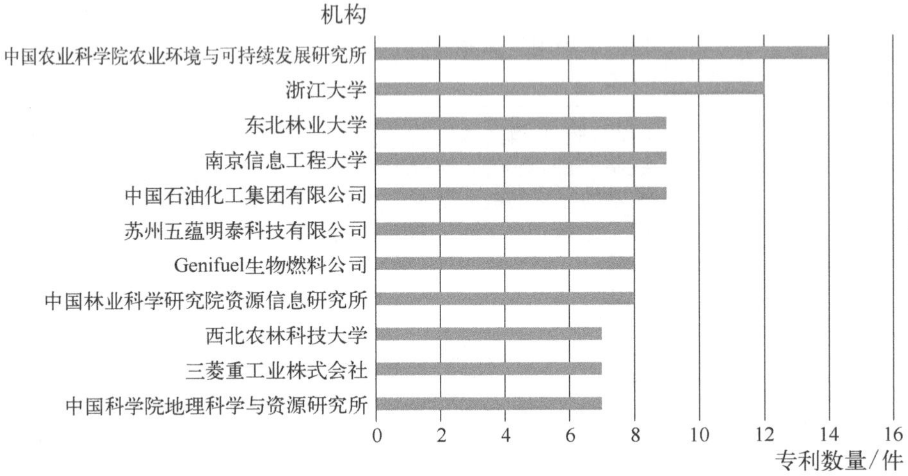

图 5.8　CO_2 生物利用领域主要机构专利数量

CO_2 生物利用领域全球专利数量排名前 11 位的机构相关关键技术如表 5.12 所示。从地区分布来看，排名前 11 位的机构主要分布在中国、美国和日本。从时间上来看，南京信息工程大学、中国林业科学研究院资源信息研究所、Genifuel 生物燃料公司、三菱重工业株式会社等较早开展相关专利申请，2020 年以来活跃度较高的有东北林业大学、中国林业科学研究院资源信息研究所和中国科学院地理科学与资源研究所。从技术主题上看，主要集中在一种或多种肥料与无特殊肥效的添加剂组分的混合物；与其他农业过程，例如，施肥、种植等相结合的整地方法；单细胞藻类及其培养基；酶学或微生物学装置，等等。

(4) 2020 年以来新技术分析

对 2020 年以来 CO_2 生物利用领域包含专利数量较多的新 IPC 技术领域进行分析。如表 5.13 所示，2020 年以来 CO_2 生物利用领域出现的新专利技术主要集中于遥感卫星图像的使用分类、地理信息数据结合机器学习的使用、漂浮培养装置等。

表 5.12　CO_2 生物利用领域全球专利数量排名前 11 位的机构相关关键技术

序号	专利数量/件①	机构	国家	申请时间	2020 年以来专利数量占比	排名靠前的技术领域	独有技术领域
1	14	中国农业科学院农业环境与可持续发展研究所	中国	2014—2022	29%	一种或多种肥料与无特殊肥效的添加剂组分的混合物(6 件)； 与其他农业过程，例如，施肥、种植等相结合的整地方法(4 件)； 农业用途(4 件)； 含有土壤调理剂的化肥(4 件)	草皮、草坪或类似物的栽培，其装置或方法(2 件)
2	12	浙江大学	中国	2010—2022	25%	单细胞藻类及其培养基(6 件)； 酶学或微生物学装置(5 件)； 发酵学中用气体导入的方法(4 件)； 藻(4 件)	用条件测量或信号传感方法测量或检验，如菌落计数器(2 件)
3	9	中国石油化工集团有限公司	中国	2013—2019	0%	单细胞藻类及其培养基(5 件)； 藻(4 件)； 碳氧化物(4 件)； 脂肪；脂油；酯型蜡；高级脂肪酸，即在一连接羧基的完整的链上至少有 7 个碳原子；氧化油或脂(4 件)	至少有一个生物处理步骤(2 件)
4	9	南京信息工程大学	中国	2009—2020	0%	利用滴定法对非生物材料的测试(2 件)； 林业(2 件)	—

① 统计数据不排除合作申请情况。

续 表

序号	专利数量/件	机构	国家	申请时间	2020 年以来专利数量占比	排名靠前的技术领域	独有技术领域
5	9	东北林业大学	中国	2019—2022	44%	利用不包括在取样至利用本组规定的化学方法对非生物材料的测试或分析组中的特殊方法来研究或分析材料(2 件)	—
6	8	中国林业科学研究院资源信息研究所	中国	2008—2022	50%	啤酒花、葡萄、果树或类似树木的栽培(2 件)	—
7	8	Genifuel 生物燃料公司	美国	2006—2014	0%	酶学或微生物学装置(4 件); 以由碳、氢及氧组成的成分为主的液体含碳燃料(2 件); 用于压缩点火的烃类混合物(2 件); 烃的制备(2 件); 脂肪、脂油、酯型蜡、高级脂肪酸,即在一连接羧基的完整的链上至少有 7 个碳原子;氧化油或脂(2 件)	用于压缩点火的烃类混合物(2 件)
8	8	苏州五蕴明泰科技有限公司	中国	2019—2019	0%	复杂数学运算(3 件); 农业、渔业、矿业(2 件)	—
9	7	中国科学院地理科学与资源研究所	中国	2021—2022	100%	地面材料(3 件); 细菌及其培养基(2 件)	—

续　表

序号	专利数量/件	机构	国家	申请时间	2020 年以来专利数量占比	排名靠前的技术领域	独有技术领域
10	7	三菱重工业株式会社	日本	1989—1992	0%	废气的化学或生物净化(5 件)；化学的,物理的或物理-化学的一般方法及其有关设备(5 件)；碳氧化物(5 件)	化学的、物理的或物理-化学的一般方法及其有关设备(5 件)
11	7	西北农林科技大学	中国	2011—2022	14%	一种或多种肥料与无特殊肥效的添加剂组分的混合物(2 件)；地面材料(2 件)	—

表 5.13　2020 年以来 CO_2 生物利用专利新涉及的技术领域

序号	IPC 号	技　术　领　域	专利数量/件
1	G06V-020/10	陆地场景	13
2	G06V-010/764	使用分类,例如,视频对象	8
3	G06N-003/04	体系结构,例如,互连拓扑	8
4	G06N-003/08	学习方法	7
5	G06V-020/13	卫星图像	6
6	G06F-016/29	地理信息数据库	6
7	G06F-030/27	使用机器学习,例如人工智能、神经网络、支持向量机(SVM)或训练模型	5
8	G06F-017/11	解决方程式的复杂数学运算	5
9	G01N-001/08	用提取工具取样装置,如岩心钻头	5
10	A01G-020/00	草皮、草坪或类似物的栽培	4
11	A01K-061/60	漂浮培养装置,如筏或漂浮渔场	4

续 表

序号	IPC号	技 术 领 域	专利数量/件
12	G06F-016/27	在数据库间或在分布式数据库内的数据复制、分配或同步；其分布式数据系统结构	4
13	C12R-001/125	枯草芽孢杆菌	4

5.3 CO_2 地质利用关键技术知识产权分析

CO_2 地质利用是将 CO_2 注入地下，生产或强化能源、资源开采的过程。相对于传统工艺，CO_2 地质利用技术可减少 CO_2 排放，主要用于强化多种类型石油和天然气资源的开采。利用高浓度 CO_2 进行驱油气，提高油气采收率，在减碳的同时可增加油气的产量，CO_2 还可以助力地浸采铀。本节从 CO_2 地质利用驱油、驱气和采铀来进行知识产权分析。检索关键词包括 CO_2、驱油技术、提高采收率、CO_2 强化采气技术、地浸采铀等。

(1) 专利发展趋势

在确定关键词和构建检索式的基础上，经过专利清洗，确定 CO_2 地质利用关键技术专利（专利族）381 件①。CO_2 地质利用专利申请数量变化趋势如图 5.9 所示，经历了四个时期，分别为：① 发展期（1969—1985 年），上升发展至 1985 年的 19 件；② 下降期（1986—1996 年），下降至 1996 年的 1 件；③ 发展期（1997—2012 年），2012 年发展至峰值 30 件；④ 平稳下降期（2013 年至今），热度呈现递减趋势。

(2) 专利技术领域分布及重点方向

根据 IPC 号，对专利数量较多的前 15 个完整的 IPC 号进行分析，如表 5.14 所示。主要领域有提高开采碳氢化合物的方法（E21B-043/16），使用化学品或细菌活动从井中开采油、气、水、可溶解或可熔化物质或矿物泥浆

① 检索日期为 2023 年 4 月 24 日。

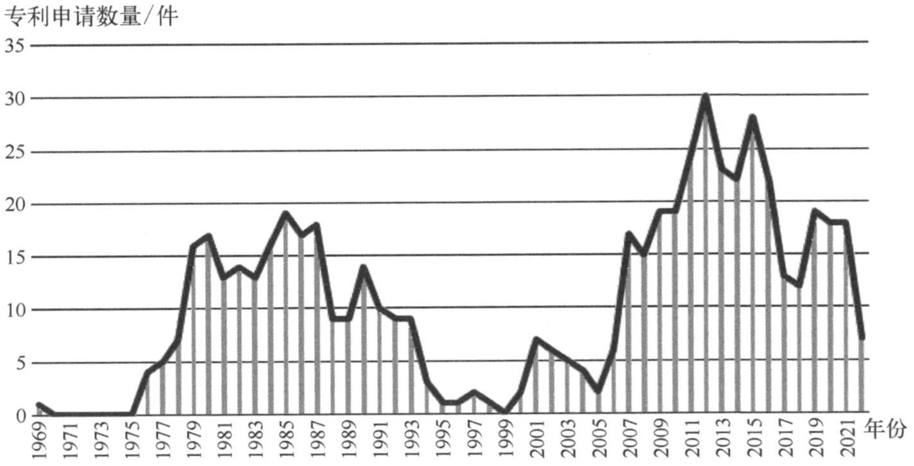

图 5.9　CO_2 地质利用专利申请数量变化趋势

的方法或设备(E21B-043/22),钍、铀或其他锕系元素的提取(C22B-060/02),使用热能从井中开采油、气、水、可溶解或可熔化物质或矿物泥浆的方法或设备(E21B-043/24),等等。2020 年以来技术集中在提高开采碳氢化合物的方法(20%),钍、铀或其他锕系元素的提取(20%),与注射的气体结合使用的组合物(30%),以使用特殊表面活性剂为特征的组合物来提高碳氢化合物的回收效率(47%),通过浸取从矿石或精矿中提取金属化合物(33%),等等。

表 5.14　CO_2 地质利用排名前 15 位的专利技术领域及申请情况

序号	IPC 号	技 术 领 域	专利数量/件	申请时间	2020 年以来专利数量占比
1	E21B-043/16	提高开采碳氢化合物的方法	96	1979—2022	20%
2	E21B-043/22	使用化学品或细菌活动从井中开采油、气、水、可溶解或可熔化物质或矿物泥浆的方法或设备	77	1976—2022	3%
3	C22B-060/02	钍、铀或其他锕系元素的提取	50	1976—2022	20%

续 表

序号	IPC号	技术领域	专利数量/件	申请时间	2020年以来专利数量占比
4	E21B-043/24	使用热能从井中开采油、气、水、可溶解或可熔化物质或矿物泥浆的方法或设备	50	1979—2020	4%
5	E21B-043/40	与回注已分离的物质有关的分离	31	1979—2021	6%
6	C09K-008/594	与注射的气体结合使用的组合物	30	2008—2022	30%
7	C01G-043/00	铀的化合物	26	1969—2021	4%
8	E21B-043/20	用水取代以提高碳氢化合物采收率的方法	20	1979—2021	15%
9	B01D-053/14	通过吸收作用分离混合气体	19	1982—2021	5%
10	C09K-008/58	提高获得碳氢化合物的回收方法的组合物，即用于提高油的迁移率，例如顶替液	17	2008—2022	18%
11	E21B-043/00	从井中开采油、气、水、可溶解或可熔化物质或矿物泥浆的方法或设备	16	1976—2021	6%
12	E21B-043/28	溶解除碳氧化合物以外的矿物，例如，碱或酸浸沥剂	16	1976—2019	0%
13	C09K-008/584	以使用特殊表面活性剂为特征的组合物来提高碳氢化合物的回收效率	15	2010—2021	47%
14	C22B-003/04	通过浸取从矿石或精矿中提取金属化合物	15	2002—2022	33%
15	E21B-033/138	涂抹井壁；向地层内注水泥	15	1987—2021	20%

(3) 主要机构分析

CO_2 地质利用领域主要机构专利数量如图 5.10 所示，美孚石油公司专利数量排名第一，壳牌研究有限公司排名第二，核工业北京化工冶金研究院排名第三。

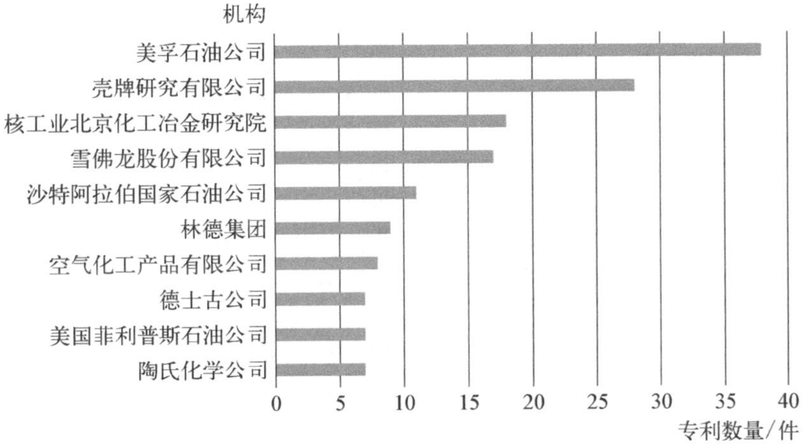

图 5.10　CO_2 地质利用领域主要机构专利数量

CO_2 地质利用领域全球专利数量排名前 10 位的机构相关关键技术如表 5.15 所示。从地区分布来看，排名前 10 位的机构主要分布在美国、荷兰、中国和沙特。从时间上来看，美孚石油公司、壳牌研究有限公司、雪佛龙股份有限公司、林德集团等较早开展相关专利申请，2020 年以来活跃度较高的有核工业北京化工冶金研究院、沙特阿拉伯国家石油公司和陶氏化学公司。从技术主题上看，主要集中在使用化学品或细菌活动从井中开采油、气、水、可溶解或可熔化物质或矿物泥浆的方法或设备；使用热能从井中开采油、气、水、可溶解或可熔化物质或矿物泥浆的方法或设备；提高开采碳氢化合物的方法；钍、铀或其他锕系元素的提取，等等。

(4) 2020 年以来新技术分析

对 2020 年以来 CO_2 地质利用领域包含专利数量较多的新 IPC 技术领域进行分析。如表 5.16 所示，2020 年以来 CO_2 地质利用领域出现的新专利技术主要集中于在无机碱溶液中提取；用于钻孔的高分子化合物；用于提高地下结构产出，以其形状或其组分的形状为特征的组合物，如胶囊状物质等技术领域。

表 5.15 CO_2 地质利用领域全球专利数量排名前 10 位的机构相关关键技术

序号	专利数量/件①	机构	国家	申请时间	2020 年以来专利数量占比	排名靠前的技术领域	独有技术领域
1	38	美孚石油公司	美国	1976—1995	0%	使用化学品或细菌活动从井中开采油、气、水、可溶解或可熔化物质或矿物泥浆的方法或设备(11 件); 使用热能从井中开采油、气、水、可溶解或可熔化物质或矿物泥浆的方法或设备(9 件); 涂抹井壁、向地层内注水泥(9 件)	利用腐蚀性化学品,例如酸(2 件); 碱金属或铵的硅酸盐水泥(3 件); 纤维或针状单晶(2 件)
2	28	壳牌研究有限公司	荷兰	1981—2017	0%	提高开采碳氢化合物的方法(14 件); 使用化学品或细菌活动从井中开采油、气、水、可溶解或可熔化物质或矿物泥浆的方法或设备(8 件); 使用热能从井中开采油、气、水、可溶解或可熔化物质或矿物泥浆的方法或设备(7 件)	硫化氢(2 件); 硫的制备、提纯(2 件); 由碳的氧化物制备不确定的液体烃混合物(2 件); 从精炼的矿物油的副产品中分离(2 件)
3	18	核工业北京化工冶金研究院	中国	2011—2022	44%	钍、铀或其他锕系元素的提取(16 件); 通过浸取从矿石或精矿中提取金属化合物(7 件); 用湿法从矿石或精矿中提取金属化合物所用的设备(4 件)	通过化学方法从矿石或精矿中提取金属化合物(3 件); 通过固体物质上的吸附,例如用固体树脂提取(2 件)
4	17	雪佛龙股份有限公司	美国	1983—2016	0%	使用化学品或细菌活动从井中开采油、气、水、可溶解或可熔化物质或矿物泥浆的方法或设备(13 件); 提高开采碳氢化合物的方法(5 件); 使用热能从井中开采油、气、水、可溶解或可熔化物质或矿物泥浆的方法或设备(5 件)	—

① 统计数据不排除合作申请情况。

续　表

序号	专利数量/件	机构	国家	申请时间	2020 年以来专利数量占比	排名靠前的技术领域	独有技术领域
5	11	沙特阿拉伯国家石油公司	沙特	2012—2021	82%	与注射的气体结合使用的组合物(9 件)； 提高开采碳氢化合物的方法(8 件)； 使用热能从井中开采油、气、水、可溶解或可熔化物质或矿物泥浆的方法或设备(2 件)； 以使用特殊表面活性剂为特征的组合物来提高碳氢化合物的回收效率(2 件)； 用高分子化合物涂抹井眼壁(2 件)； 用于提高地下结构产出，以其形状或其组分的形状为特征的组合物，如胶囊状物质(2 件)； 提高获得碳氢化合物的回收方法的组合物，即用于提高油的迁移率，例如顶替液(2 件)	用高分子化合物涂抹井眼壁（2 件)； 以它们的形状或其组分的形状作用于地下结构增加产生(2 件)
6	9	林德集团	德国	1982—2017	0%	提高开采碳氢化合物的方法(3 件)； 碳氧化物(2 件)； 与注射的气体结合使用的组合物(2 件)； 通过吸收作用使气体或蒸气分离(2 件)	—
7	8	空气化工产品有限公司	美国	1982—2014	0%	通过吸收作用使气体或蒸气分离(4 件)； 使用液化或固化作用分离气体混合物成分的方法或设备(3 件)； 通过精馏方法对混合气体成分进行分离(2 件)； 碳氧化物(2 件)； 天然气或合成天然气的加工(2 件)	—

续 表

序号	专利数量/件	机构	国家	申请时间	2020年以来专利数量占比	排名靠前的技术领域	独有技术领域
8	7	陶氏化学公司	美国	2010—2021	14%	提高开采碳氢化合物的方法(6件); 与注射的气体结合使用的组合物(5件); 以使用特殊表面活性剂为特征的组合物来提高碳氢化合物的回收效率(4件)	—
9	7	美国菲利普斯石油公司	美国	1979—1989	0%	使用化学品或细菌活动从井中开采油、气、水、可溶解或可熔化物质或矿物泥浆的方法或设备(2件)	—
10	7	德士古公司	美国	1976—1992	0%	使用化学品或细菌活动从井中开采油、气、水、可溶解或可熔化物质或矿物泥浆的方法或设备(6件); 使用热能从井中开采油、气、水、可溶解或可熔化物质或矿物泥浆的方法或设备(2件)	—

表5.16 2020年以来 CO_2 地质利用专利新涉及的技术领域

序号	IPC号	技术领域	专利数量/件
1	C22B-003/12	在无机碱溶液中提取	2
2	C09K-008/508	用于钻孔的高分子化合物	2
3	C09K-008/92	用于提高地下结构产出,以其形状或其组分的形状为特征的组合物,如胶囊状物质	2
4	C22B-003/08	硫酸	2

5.4　CO_2 矿化利用关键技术知识产权分析

CO_2 矿化利用是通过碱性矿物与溶解于水的 CO_2 发生碳酸化反应，生成稳定的碳酸盐产物，并联产出具有高附加值的工业产品的技术。检索关键词包括 CO_2、矿化、矿物碳化、矿物封存等。

(1) 专利发展趋势

在确定关键词和构建检索式的基础上，经过专利清洗，确定 CO_2 地质利用关键技术专利(专利族)84 件①。CO_2 矿化利用专利申请数量变化趋势如图 5.11 所示。该领域的专利申请总体趋势向上，2009 年后开始慢慢活跃起来，到 2021 年达到 24 件。

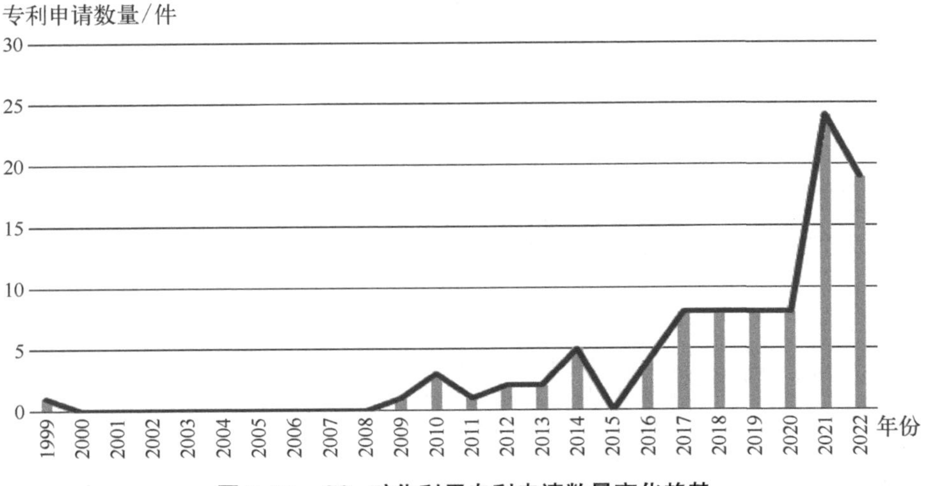

图 5.11　CO_2 矿化利用专利申请数量变化趋势

(2) 专利技术领域分布及重点方向

根据 IPC 号，对专利数量较多的前 10 个完整的 IPC 号进行分析，如表 5.17 所示。主要领域有碳酸盐(C01F－011/18)、废气中碳氧化物的分离(B01D－053/62)、碳酸镁(C01F－005/24)、硬化环境的选择(C04B－040/

① 检索日期为 2023 年 4 月 26 日。

02)等。2020 年以来技术集中在碳酸镁(50%);硬化环境的选择(83%);半液相方法,例如使用浆状物(57%);用于养护、凝固或硬化成型制品的设备或方法(83%);硅酸盐水泥(83%),等等。

表 5.17 CO_2 矿化利用排名前 10 位的专利技术领域及申请情况

序号	IPC 号	技术领域	专利数量/件	申请时间	2020 年以来专利数量占比
1	C01F-011/18	碳酸盐	22	2010—2022	41%
2	B01D-053/62	废气中碳氧化物的分离	21	2010—2022	43%
3	C01F-005/24	碳酸镁	14	2009—2022	50%
4	C04B-040/02	硬化环境的选择	12	2018—2022	83%
5	B01D-053/80	半液相方法,例如使用浆状物	7	2014—2022	57%
6	B28B-011/24	用于养护、凝固或硬化成型制品的设备或方法	6	2018—2022	83%
7	C04B-028/04	硅酸盐水泥	6	2018—2022	83%
8	B01D-053/78	利用气-液接触分离混合气体	5	2011—2022	40%
9	C25B-015/08	反应物或电解液的供给或移除,电解液的再生	5	2019—2021	20%
10	H01M-008/22	以含碳或氧或氢及其他元素的材料为基础燃料的燃料电池;以不含碳、氧、氢只含其他元素的材料为基础燃料的燃料电池	5	2017—2021	20%

(3) 主要机构分析

CO_2 矿化利用领域专利申请量较少,数量差别较小,排名第一的是四川大学,排名第二的是浙江大学,排名第三的是韩国能源技术研究院。CO_2 矿化利用领域全球专利数量排名前 5 位的机构相关关键技术如表 5.18 所示。从地区分布来看,排名前 5 位的机构主要分布在中国和韩国。从时间上来看,四川大学和韩国能源技术研究院较早开展相关专利申请,2020 年以来活跃度较高的有浙江大学和天津水泥工业设计研究院有限公司。从技术主题上看，主要集中在碳酸盐、碳氧化物、硬化环境的选择等技术领域。

表 5.18 CO_2 矿化利用领域全球专利数量排名前 5 位的机构相关关键技术

序号	专利数量/件①	机构	国家	申请时间	2020 年以来专利数量占比	排名靠前的技术领域	独有技术领域
1	12	四川大学	中国	2011—2022	25%	碳酸盐(5 件)； 碳氧化物(4 件)； 以含碳或氧或氢及其他元素的材料为基础燃料的燃料电池，以不含碳、氧、氢只含其他元素的材料为基础燃料的燃料电池(3 件)	钾肥(2 件)； 通过电解水生产氢或氧(2 件)
2	6	浙江大学	中国	2018—2021	50%	硬化环境的选择(3 件)； 碳酸镁(2 件)； 用无机化合物，如氨的分解法，进行氢或含氢混合气的生产(2 件)； 硅酸盐水泥(2 件)	用无机化合物，如氨的分解法，进行氢或含氢混合气的生产(2 件)
3	5	韩国能源技术研究院	韩国	2014—2019	0%	反应物或电解液的供给或移除，电解液的再生(4 件)； 氯及其化合物(4 件)； 碱金属氢氧化物与氯、氯的含氧酸或盐同时生产，例如通过氯碱电解(4 件)	氯及其化合物(4 件)； 碱金属氢氧化物与氯、氯的含氧酸或盐同时生产，例如通过氯碱电解(4 件)； 无机化合物或非金属的电解生产(2 件)； 电解质的同时提供或撤离，加湿或除湿(2 件)； 通过电化学装置产生气态反应物(2 件)； 气态反应物或气态残渣的处理，例如清洗(2 件)； 不同类型电化学发生器的结构组合(2 件)

① 统计数据不排除合作申请情况。

续 表

序号	专利数量/件	机构	国家	申请时间	2020年以来专利数量占比	排名靠前的技术领域	独有技术领域
4	4	天津水泥工业设计研究院有限公司	中国	2021—2022	100%	碳氧化物(2件); 半液相方法,例如使用浆状物(2件)	—
5	4	山西大学	中国	2017—2020	25%	碳氧化物(2件); 半液相方法,例如使用浆状物(2件)	—

(4) 2020年以来新技术分析

对2020年以来CO_2矿化利用领域包含专利数量较多的新IPC技术领域进行分析。如表5.19所示,2020年以来CO_2矿化利用领域出现的新专利技术主要集中于井下采区充入充填物的方法或装置;使用烧结料或废料或废物作为砂浆、混凝土或人造石填料的烟道尘;含有无机黏结剂或含有无机与有机黏结剂反应产物的砂浆、混凝土或人造石的组合物,例如多元羧酸盐水泥等技术领域。

表5.19 2020年以来CO_2矿化利用专利新涉及的技术领域

序号	IPC号	技术领域	专利数量/件
1	E21F-015/00	井下采区充入充填物的方法或装置	3
2	C04B-018/08	使用烧结料或废料或废物作为砂浆、混凝土或人造石填料的烟道尘	3
3	C04B-028/00	含有无机黏结剂或含有无机与有机黏结剂反应产物的砂浆、混凝土或人造石的组合物,例如多元羧酸盐水泥	3

5.5 小结

本章围绕 CO_2 在化工、生物、地质和矿化利用领域关键技术的知识产权开展了全球相关技术专利的发展态势、技术分布、专利权人技术布局等分析。近年来相关专利整体申请数量不断增加，人们对相关领域的关注热度不减。

在欧美日等发达国家和地区，CO_2 利用阶段关键技术专利权人以大型跨国企业为主，主要来自油气、化工等领域。壳牌研究有限公司、环球油品有限责任公司、埃克森美孚公司、巴斯夫股份公司等专利权人在 CO_2 提高开采碳氢化合物的方法、CO_2 制燃料、CO_2 转化催化剂等领域积极布局。中国专利权人以石化和研究院所为主，仍存在专利市场布局国际化程度不够、高校 CO_2 利用技术成果转移转化仍需加强的问题。

在 CO_2 化工利用领域、CO_2 制气体和液体燃料中，发达国家已对制燃料方面的方法、催化剂、设备等做了大量研究，我国起步晚，但发展快，中国石油化工集团有限公司做了大量工作。CO_2 制塑料聚合物中，我国专利申请数量占比较高，但专利权人多是研究型机构，不具备商业竞争实力。CO_2 制化工品中，全球专利申请热度高，多集中于甲醇、CO_2 和氨、使用催化剂等方面的专利，全球主要机构在专利数量上相差不大，但能持续保持活跃的机构不多。

在 CO_2 生物利用领域，我国专利权人在数量上占有绝对优势，我国专利权人以研究型机构居多。

CO_2 地质利用专利申请时间较早，但整体数量不多，主要集中在国外石油、化工类机构。

在 CO_2 矿化利用领域，我国发展较晚，专利数量不多，但整体申请还处于向上趋势，研究领域主要是在碳酸盐、水泥等的矿化，专利权人以研究型机构居多。

第 6 章

CCUS 封存阶段关键技术知识产权发展

CO_2 地质封存是指通过工程技术手段将捕集的 CO_2 储存于地质构造中，实现与大气长期隔绝的过程。按照封存地质体的特点，主要分为陆上咸水层封存、海底咸水层封存、枯竭油气田封存等方式。本章将对 CCUS 封存阶段 CO_2 封存、CO_2 遥感监测、地质建模工具、数值模拟分析软件、CO_2 大流量高效注气泵、CO_2 封隔器/封堵/封隔技术、CO_2 气体监测、深部流体取样监测、CO_2 泄漏评价、环境影响评价等关键技术进行知识产权分析。

6.1 CO_2 封存技术知识产权申请态势

在确定关键词和构建检索式的基础上，经过专利清洗，确定 CO_2 封存技术专利(专利族)2 235 件①。CO_2 封存技术专利申请数量变化趋势如图 6.1 所示。该领域的专利申请总体趋势向上，经历了较为明显的三个发展阶段，分别是：① 萌芽期(1966—1987 年)，该阶段每年的专利申请数量很少，均在 5 件以内；② 缓慢发展期(1988—2003 年)，该阶段专利申请数量缓慢上升，年均 12 件左右；③ 快速发展期(2004 年至今)，2001 年 IPCC 第三

① 检索日期为 2023 年 4 月 28 日。

次评估报告(TAR)中,捕集 CO_2 并将其长期封存作为一种切实可行的温室气体减排方案被纳入多个减排情景中。这一时期专利申请活动明显向好,2022 年专利申请数量增至 312 件。

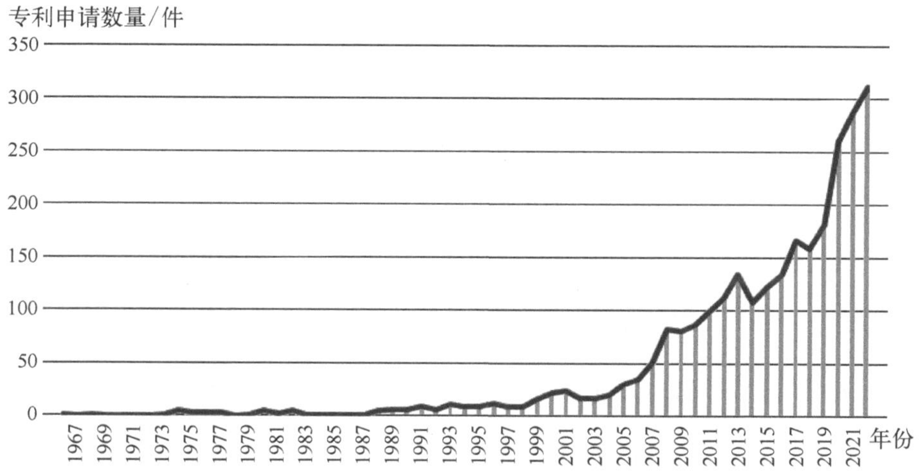

图 6.1　CO_2 封存技术专利申请数量变化趋势

6.2　全球 CO_2 封存专利技术领域分布及重点方向

根据 IPC 号,对专利数量较多的前 15 个完整的 IPC 号进行分析,如表 6.1 所示。主要领域有设计优化、验证或模拟(G06F－030/20),数值模拟(G06F－111/10),在天然或人造洞穴或地下室内储存液体(B65G－005/00),地理模型(G06T－017/05),等等。2020 年以来技术集中在设计优化、验证或模拟(55%);数值模拟(70%);力的分析或优化,例如,静态或动态力(73%);使用有限元方法(FEM)或有限差分法(FDM)进行数据处理(74%);流体的电数字处理(74%),等等。

表 6.1　CO_2 封存技术排名前 15 位的专利技术领域及申请情况

序号	IPC号	技 术 领 域	专利数量/件	申请时间	2020年以来专利数量占比
1	G06F-030/20	设计优化、验证或模拟	192	2014—2023	55%
2	G06F-111/10	数值模拟	185	2009—2022	70%
3	B65G-005/00	在天然或人造洞穴或地下室内储存液体	150	1974—2022	13%
4	G01N-033/00	利用不包括在取样至利用本组规定的化学方法对非生物材料的测试或分析组中的特殊方法来研究或分析材料	150	1990—2022	25%
5	G06T-017/05	地理模型	149	2008—2023	49%
6	E21B-043/16	提高开采碳氢化合物的方法	148	1982—2022	23%
7	G06F-119/14	力的分析或优化，例如，静态或动态力	113	2018—2022	73%
8	E21B-049/00	测试井壁的性质、地层测试、专用于地表钻进或钻井以便取得表土或井中液体试样的方法或设备	106	2001—2022	17%
9	G06F-030/23	使用有限元方法(FEM)或有限差分法(FDM)进行数据处理	96	2009—2022	74%
10	E21B-043/26	通过形成裂隙或裂缝促进产量	88	2003—2022	27%
11	G01V-001/30	地震数据的分析处理	69	2000—2022	69%
12	G01V-001/28	地震数据的处理，例如，分析、用于解释、用于校正	68	2000—2022	13%
13	G06F-113/08	流体的电数字处理	65	2018—2022	74%

续　表

序号	IPC 号	技术领域	专利数量/件	申请时间	2020 年以来专利数量占比
14	G06Q-050/02	农业、渔业、矿业等行业的行政、商业、金融、管理或监督目的的信息和通信技术系统或方法	65	2016—2022	51%
15	E21B-047/00	测量钻孔或井	60	1977—2022	27%

6.3　主要国家 CO_2 封存专利的技术分布与重点领域

CO_2 封存技术领域专利申请主要国家分布如图 6.2 所示，中国专利数量排名第一，美国排名第二，日本排名第三。中国专利数量是美国的 3 倍多，约占专利申请排名前 10 位的国家总和的 60%。

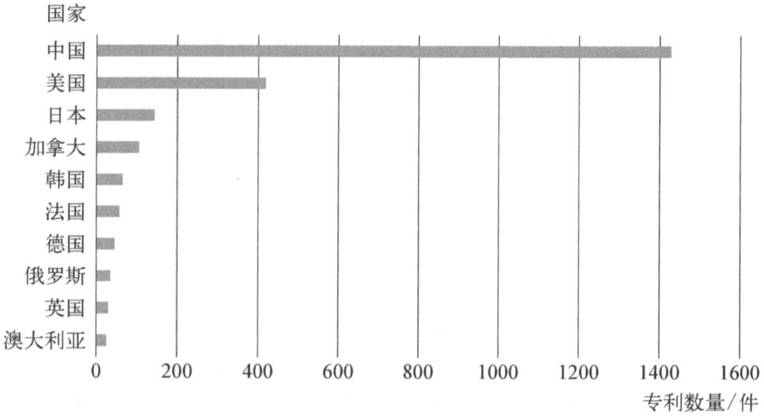

图 6.2　CO_2 封存技术领域专利申请主要国家分布

CO_2 封存专利主要国家技术分布如表 6.2 所示。从时间上来看，美国、日本、德国、英国等较早开展相关专利申请，2020 年以来活跃度较高的国家是中国、加拿大、韩国和俄罗斯。从技术主题上看，主要集中在设计优化、验证或模拟，数值模拟，地理模型，在天然或人造洞穴或地下室内储存液体，地球物理探测小类中其他各组中不包括的技术主题等。

表 6.2 CO_2 封存专利主要国家技术分布

序号	专利数量/件①	国家	申请时间	2020年以来专利数量占比	排名靠前的技术领域	独有技术领域
1	1428	中国	2003—2023	39%	设计优化、验证或模拟(183件)； 数值模拟(183件)； 地理模型(135件)	流体的电数字处理(65件)； 在矿井或隧道中，信号装置或警报装置的特殊应用(23件)； 电数字处理技术——基于约束的CAD(22件)； 用于或不用于其他目的的瓦斯排放方法或装置(15件)； 几何设计(14件)； 可靠性分析或可靠性优化及失效分析，例如：最坏情况下的性能、失效模式与影响分析(14件)； 热量分析或优化(14件)； 褐煤或硬煤地下采矿方法(12件)； 井下采区充入充填物的方法或装置(12件)； 基于生物学模型的计算机系统(12件)； 地理信息数据库(11件)； 电力、天然气或水供应(10件)； 测试悬浮颗粒的浓度(9件)； 陆地场景(9件)； 用于气象应用(7件)
2	418	美国	1968—2022	7%	地球物理探测小类中其他各组中不包括的技术主题(64件)； 在天然或人造洞穴或地下室内储存液体(52件)； 在钻机的支承装置至油管夹持器各组中所不包含的设备或零件(44件)	多道程序装置(6件)； 资源分配，例如，中央处理单元(CPU)(6件)； 在有流体和固体颗粒的情况下所进行的一般化学或物理的方法及这些方法所用的装置(4件)；

① 统计数据不排除在多个国家申请的情况。

续　表

序号	专利数量/件	国家	申请时间	2020 年以来专利数量占比	排名靠前的技术领域	独有技术领域
						钻井液压力或流量的控制或监测，例如，自动充注井眼，自动控制井底压力（4 件）； 有纤维对纤维的匹配装置的光波导耦合（4 件）； 用于为光导纤维提供抗拉强度和外部保护的机械结构，例如，光学传输电缆（4 件）； 电数字数据处理用的通用数字计算机（4 件）； 两个或多个数字计算机的组合，每台计算机至少具有一个运算单元、一个程序单元和一个寄存器，例如，用于数个程序的同时处理（4 件）； 处理器之间使用互联网络进行通信，网络如矩阵、正移、棱锥、星或雪花（4 件）； 用于执行专门程序的装置（3 件）； 错误检测及错误校正（3 件）； 初始控制或配置控制（3 件）
3	143	日本	1974—2022	3%	通过测试电化学变量的系统；用电解或电泳法的系统（18 件）； 利用红外光进行测试（17 件）； 非色散的气体分析器（10 件）； 用于气体分析，例如复合气体分析（10 件）	用氧泵电池和氧浓度电池的组合测量电压或电流（3 件）； 加热、冷却或通风设备（2 件）； 含铝和二氧化硅的玻璃（2 件）； 在压气机级之前或之间的流体的冷却（2 件）； 氧泵电池（2 件）

续 表

序号	专利数量/件	国家	申请时间	2020 年以来专利数量占比	排名靠前的技术领域	独有技术领域
4	105	加拿大	1996—2022	11%	在天然或人造洞穴或地下室内储存液体(27 件); 在钻机的支承装置至油管夹持器各组中所不包含的设备或零件(25 件); 地球物理探测小类中其他各组中不包括的技术主题(24 件)	—
5	65	韩国	1999—2022	12%	在天然或人造洞穴或地下室内储存液体(23 件); 化学的,物理的或物理-化学的一般方法及其有关设备(7 件)	海上船舶之间或船舶与海上设备之间用管道输送(2 件); 一般水利工程的设备、装置或方法(2 件); 应用临界或超临界压力蒸汽的发动机(2 件); 闭式循环(2 件); 影响或改变系统动态特性的装置或装置系统,例如,阻尼由于阀的开或关引起的脉动(2 件); 对服务或应用的支持(2 件)
6	57	法国	1990—2021	4%	地球物理探测小类中其他各组中不包括的技术主题(17 件); 在天然或人造洞穴或地下室内储存液体(16 件)	—
7	45	德国	1966—2022	4%	利用不包括在取样至利用本组规定的化学方法对非生物材料的测试或分析组中的特殊方法来研究或分析材料(10 件);	—

续　表

序号	专利数量/件	国家	申请时间	2020年以来专利数量占比	排名靠前的技术领域	独有技术领域
					在天然或人造洞穴或地下室内储存液体（4件）； 用电、电化学或磁的方法测试或分析材料（4件）； 测试材料在特定元素或分子的特征波长下的相对效应，例如，原子吸收光谱技术（4件）	
8	35	俄罗斯	1993—2022	9%	在天然或人造洞穴或地下室内储存液体（7件）； 地球物理探测小类中其他各组中不包括的技术主题（3件）； 测量深度或液面（3件）	—
9	30	英国	1979—2020	0%	地球物理探测小类中其他各组中不包括的技术主题（7件）； 分析（6件）； 地震数据的处理，例如，分析、用于解释、用于校正（6件）	—
10	26	澳大利亚	1994—2022	8%	地球物理探测小类中其他各组中不包括的技术主题（7件）； 在天然或人造洞穴或地下室内储存液体（7件）； 在钻机的支承装置至油管夹持器各组中所不包含的设备或零件（5件）	—

6.4 CO_2 封存排名前 10 位的专利权人及重点方向

CO_2 封存技术领域主要机构专利数量如图 6.3 所示，中国石油化工集团有限公司专利数量排名第一，中国石油天然气股份有限公司排名第二，中国石油大学(华东)排名第三。

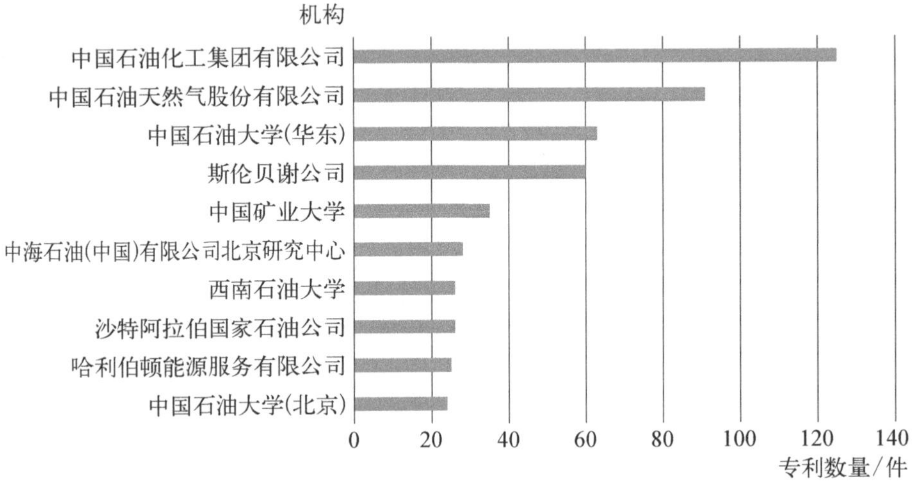

图 6.3　CO_2 封存技术领域主要机构专利数量

CO_2 封存技术领域全球专利数量排名前 10 位的机构相关关键技术如表 6.3 所示。从地区分布来看，专利数量排名前 10 位的机构主要分布在中国、美国和沙特。从时间上来看，斯伦贝谢公司、哈利伯顿能源服务有限公司、沙特阿拉伯国家石油公司等较早开展相关专利申请，2020 年以来活跃度较高的有西南石油大学、中国矿业大学和中海石油(中国)有限公司北京研究中心。从技术主题上看，主要集中在数值模拟，设计优化、验证或模拟，测试井壁的性质、地层测试、专用于地表钻进或钻井以便取得表土或井口液体试样的方法或设备，地球物理探测小类中其他各组中不包括的技术主题等技术领域。

表 6.3 CO_2 封存技术领域全球专利数量排名前 10 位的机构相关关键技术

序号	专利数量/件①	机构	国家	申请时间	2020 年以来专利数量占比	排名靠前的技术领域	独有技术领域
1	125	中国石油化工集团有限公司	中国	2010—2022	25%	数值模拟(25 件); 设计优化、验证或模拟(24 件); 提高开采碳氢化合物的方法(19 件)	概率 CAD 或随机 CAD (2 件)
2	91	中国石油天然气股份有限公司	中国	2006—2022	12%	设计优化、验证或模拟(22 件); 测试井壁的性质、地层测试、专用于地表钻进或钻井以便取得表土或井中液体试样的方法或设备(18 件); 分析(9 件)	—
3	63	中国石油大学(华东)	中国	2012—2022	48%	数值模拟(25 件); 设计优化、验证或模拟(19 件); 力的分析或优化,例如,静态或动态力(13 件)	基于生物学模型的计算机系统(6 件); 在井眼或井中打捞或排除物体(2 件)
4	60	斯伦贝谢公司	美国	1994—2021	5%	地球物理探测小类中其他各组中不包括的技术主题(16 件); 测试井壁的性质、地层测试、专用于地表钻进或钻井以便取得表土或井中液体试样的方法或设备(16 件); 用于特定的过程、系统或设备的模拟计算机,例如,模拟器(14 件)	使用含碳的无机物质作为混合配料(2 件); 井眼或井的密封或封隔(2 件)

① 统计数据不排除合作申请情况。

续 表

序号	专利数量/件	机构	国家	申请时间	2020年以来专利数量占比	排名靠前的技术领域	独有技术领域
5	35	中国矿业大学	中国	2017—2022	71%	通过形成裂隙或裂缝促进产量(9件); 提高开采碳氢化合物的方法(5件); 设计优化、验证或模拟(4件); 力的分析或优化,例如,静态或动态力(4件); 井的特殊布置,例如,使井的间距最佳化(4件)	褐煤或硬煤地下采矿方法(2件); 在井内下套管、滤网或衬管(2件); 用化学方法防止或限制石蜡或类似物质的沉积(2件)
6	28	中海石油(中国)有限公司北京研究中心	中国	2016—2022	64%	设计优化、验证或模拟(11件); 数值模拟(6件); 提高开采碳氢化合物的方法(4件); 力的分析或优化,例如,静态或动态力(4件);	具有低沸点的液体(2件); 阀;阀的设置(2件)
7	26	沙特阿拉伯国家石油公司	沙特	2004—2021	27%	地球物理探测小类中其他各组中不包括的技术主题(14件); 在钻机的支承装置至油管夹持器各组中所不包含的设备或零件(10件); 测试井壁的性质、地层测试、专用于地表钻进或钻井以便取得表土或井中液体试样的方法或设备(7件)	用固体接触法;所用固体的再生(2件); 使用氧或含氧混合物作气化剂(2件); 用无机化合物生产氢或含氢混合气,如氨的分解法(2件); 氢或氧(2件)

续　表

序号	专利数量/件	机构	国家	申请时间	2020 年以来专利数量占比	排名靠前的技术领域	独有技术领域
8	26	西南石油大学	中国	2012—2022	50%	设计优化、验证或模拟(13 件)； 数值模拟(8 件)； 测试井壁的性质、地层测试、专用于地表钻进或钻井以便取得表土或井中液体试样的方法或设备(7 件)； 力的分析或优化，例如，静态或动态力(7 件)	—
9	25	哈利伯顿能源服务有限公司	美国	1996—2019	0%	地球物理探测小类中其他各组中不包括的技术主题(8 件)； 在钻机的支承装置至油管夹持器各组中所不包含的设备或零件(6 件)； 通过形成裂隙或裂缝促进产量(5 件)； 测量钻孔或井(5 件)	包括使用模型或模拟器的自适应控制系统(2 件)
10	24	中国石油大学(北京)	中国	2015—2022	46%	提高开采碳氢化合物的方法(7 件)； 设计优化、验证或模拟(7 件)； 流体的电数字处理(5 件)	—

6.5　2020 年以来的新技术

如表 6.4 所示，2020 年以来 CO_2 封存技术领域出现的新专利技术主要集中于可靠性分析或可靠性优化及失效分析，例如，最坏情况下的性能、失效模式与影响分析；图像或视频识别使用神经网络；概率 CAD 或随机 CAD；图像或视频识别生成训练模式集及引导方法，例如捕获或促进等技术领域。

表 6.4 2020 年以来 CO_2 封存技术专利新涉及的技术领域

序号	IPC 号	技 术 领 域	专利数量/件
1	G06F－119/02	可靠性分析或可靠性优化及失效分析，例如，最坏情况下的性能、失效模式与影响分析	14
2	G06V－010/82	图像或视频识别使用神经网络	6
3	G06F－111/08	概率 CAD 或随机 CAD	4
4	G06V－010/774	图像或视频识别生成训练模式集及引导方法，例如捕获或促进	4

6.6 小结

本章围绕 CO_2 在封存阶段关键技术的知识产权，开展了全球相关技术专利的发展态势、技术分布、专利权人技术布局等分析。分析指出，近年来全球 CO_2 封存技术相关专利申请活跃，持续保持增长态势。

CO_2 封存技术主要集中在地下封存的设计模拟或测试、地下空间力的分析、CO_2 监测等。我国专利申请数量占比较高，其中大部分专权利人为研究型机构，国外机构多为行业内巨头公司，如斯伦贝谢公司、沙特阿拉伯国家石油公司、哈利伯顿能源服务有限公司等，国外机构在技术覆盖度方面也较强。相比之下，我国相关研究虽起步较晚，但发展快，2020 年以来专利申请的活跃度也较高。该领域专利申请的新方向偏向于对封存的可靠性分析和利用神经网络的方法进行安全监测等技术领域。

第7章 建议和展望

7.1 未来重点研发领域

CCUS技术对于大规模减少CO_2排放至关重要。全球商业CCUS项目数量屡创新高，CO_2长输管线工程不断增长，全球正在开发的CO_2捕集能力创纪录地增长到2.44亿吨/年。这充分表明，CCUS已成为缓解气候变化的有力武器。

同时，CCUS领域出现了一批前沿技术和颠覆性技术，这些技术有助于降低成本、提高效率和可持续发展，推动CCUS更广泛的商业化应用。这些CCUS技术的快速发展也带来了知识产权和专利技术领域的新机遇和新挑战。重点关注知识产权的保护和管理，不仅有助于保护技术创新者的利益，还将推动技术创新和加速商业化应用进程。未来CCUS技术研发需要重点关注的重大前沿技术、颠覆性技术如下。

(1) 开发新型捕集材料技术。在传统的CCUS技术中，较多使用化学溶剂来捕集CO_2。然而，这些溶剂成本高、易挥发且对环境有害。因此，新型捕集材料技术正在被广泛研究和开发，包括金属有机框架材料、多孔材料和离子液体等。2021年，美国国家能源技术实验室(NETL)支持的非水溶剂(NAS)碳捕集技术在挪威蒙斯塔德技术中心(TCM)进行工程规模测试，该项技术由RTI International公司研发，旨在降低碳捕集过程中的能耗，与传统的单乙醇胺(MEA)工艺相比，NAS碳捕集技术可减少40%的能耗，经过美国国家碳捕集中心（NCCC）和挪威科技工业研究所（SINTEF）的现场测试，TCM对现有10 MW机组的胺法碳捕集装置进行改造，同时研究人员还发现甲酸铝具有将CO_2从燃煤发电厂烟囱中的其他气体中分离的潜力，这些技术的进展有望推动燃煤电厂实现碳减排目标，并降低相关成本。

（2）开发新一代发电系统与CO_2捕集的耦合技术。从传统技术来看，采用煤、天然气等传统燃料的发电模式，是电力行业CO_2排放的主要原因。目前，采用在传统发电系统中耦合CO_2捕集技术是减少现有发电设施温室气体排放的有力方案。美国提出研发在天然气联合循环（NGCC）发电中采用高效CO_2捕集技术，目标是使捕集效率达到95%以上，成本较其他电厂降低20%以上。先进的碳捕集系统除了耦合传统的发电系统，还可以在化工、建材等多种传统工业场景中应用，从而使传统工业设施在不需要大改造的前提下实现规模化CO_2捕集和分离的目标。

（3）提高藻类系统CO_2利用率。藻类系统的开发是藻类资源利用的关键途径，而藻类系统原料的多元化和终端产品的广泛性促进了藻类系统在CO_2捕集上的发展，美国提出通过藻类捕集CO_2的系统目标是实现碳利用效率超过70%。实现提高藻类系统CO_2利用率有多种途径，主要有三个方面：一是提高藻类生长环境中的含碳量，促进藻类对CO_2的接触和吸附；二是改造藻类品种，延长藻类的碳吸附周期，扩大藻类的吸附容量，提高藻类吸附CO_2的效率；三是在“传统电站＋藻类碳捕集”的一体化集成系统中，通过提高输送烟气中的CO_2浓度，来帮助促进藻类的碳吸收。

（4）利用建筑材料实现碳封存技术研发。包括两个方面：一方面是在建筑材料生产过程中采用无碳排放技术，另一方面是在建筑材料的生产过程中直接消耗大量的外来CO_2，而生产过程中不排放CO_2，例如建材行业可以通过采用含CO_2的材料的制造来达到封存CO_2的目的，如负碳混凝土制造可以利用生物燃料生产中的低价值副产品、利用光合途径生产负碳石灰石硅酸盐等。一些建材能够在吸收CO_2后固化，这同样对CO_2的封存具有重要意义，如能消耗CO_2的坚固“活”木建筑。

（5）发展工业减排和清洁能源制造技术。传统工业中的能耗和材料的生产是排放CO_2的主要原因，尤其在清洁能源的工业生产及原材料的绿色选择上，若能有效改善 CO_2 排放，将促进工业生产流程的清洁转型。主要的创新包括两个方面：一方面是通过工业领域中的工艺创新或改进优化，减少 CO_2 排放。另一方面是在清洁能源的生产过程中消耗额外的 CO_2，例如利用 CO_2 可以生产多种用于汽车制造的化学品，包括聚氨酯泡沫、纺织品原料；通过智能干燥剂辅助热泵系统加热实现优质木材的高效干燥过程等。

(6) 深入开展碳循环技术和 CO_2 制燃料技术研发。在碳循环技术方面，可基于整体煤气化联合循环(IGCC)等工业技术改革，减少 CO_2 排放，开发多种以 CO_2 为原料的碳循环技术，如通过金刚石电极生产关键材料；通过微藻生产高价值化学品等。在 CO_2 制燃料技术方面，包括开发利用 CO_2 生产合成燃料、可持续航空燃料、合成甲烷和绿色液化石油气等燃料的制造技术。

7.2　策略建议

本书通过开展全技术链的国内外 CCUS 知识产权战略研究，全面介绍了 CCUS 研发的现状，同时针对 CCUS 的关键核心技术和应用领域进行全球专利分析，以发掘 CCUS 技术的创新突破点，并了解 CCUS 领域核心专利的布局及其国内外的竞争态势。在此基础上，本书为我国在制定以知识产权战略为导向的 CCUS 科技发展应对策略、CCUS 领域研究创新和专利标准化方面提出以下策略建议，以提高我国 CCUS 技术的竞争力。

(1) 在电力、钢铁、水泥、石化等关键行业更加广泛地开展大规模的 CCUS 综合示范项目。电力、钢铁、水泥、石化等行业是 CO_2 排放量的重要来源，CCUS 技术应用有望成为这些行业实现碳减排的关键。目前，这些行业已经开展相关技术的研发和应用，主要集中在吸收法捕集 CO_2 和煤炭低碳燃烧技术方面，但商业化示范仍然处于起步阶段，符合行业特定要求的 CCUS 技术还较少。因此，建议在上述行业选取一些具有代表性的企业或工厂，开展大规模的 CCUS 示范项目的建设和运行，以验证 CCUS 技术在不同行业中的应用效果和商业可行性。通过这些综合示范项目的开展，培养一批 CCUS 技术的应用和创新领军企业，推动我国 CCUS 技术更加广泛地商业化落地。

(2) 鼓励中国 CCUS 技术向国外推广，提升中国在国际上的话语权和影响力。“十四五”时期，我国 CCUS 发展进程显著加快，百万吨级 CCUS 项目已建成运营，开放式千万吨级“碳捕手”项目已启动。同时，近十年来，我国 CCUS 技术专利数量呈现爆发性增长，中国已成为推动全球 CCUS 专利技术发展的重要力量。建议政府通过科技项目资助、优惠税收等手段，为企业提供必要的资金支持，促进中国 CCUS 技术向国外推广。加强国际合作，尤其是可以与一些已有成熟 CCUS 技术的国家合作，进行技术交流和标准制定，为中国的 CCUS 技术推广提供支持。提高 CCUS 相关企业的国际战略视野，重视全球专利布局和全球市场建设，加强 CCUS 技术的国外宣传力度，吸引更多的国际客户和业务合作伙伴。

(3) 加大 CCUS 技术研发政策支持力度，为 CCUS 技术的研发和应用提供更加充分的支撑保障。建议加强政府顶层设计，完善 CCUS 领域相关配套政策，建立统一协调的管理体系，将 CCUS 技术纳入国家能源与环境科技战略中，统一布局。部署和启动 CCUS 科技创新工程，以 CCUS 产业技术创新战略联盟，设立一批 CCUS 研发项目群，推动 CCUS 技术的研发和应用。充分发挥企业的市场主导作用和示范主体角色，促进企业在 CCUS 技术的研发和应用中发挥作用，推动 CCUS 技术在实际应用中的普及和推广。以大学、研究所等科研机构为 CCUS 技术的重要研发支撑，构建 CCUS 研发与应用机构强强联合的实施框架，加强科研机构与企业的合作，构建技术应用研发实施体系，以此来推动 CCUS 技术的研发和应用。

(4) 建立 CCUS 示范试点项目的监管体系，建立风险管理和应急预案。明确 CO_2 储存责任风险。建议政府制定全流程、全周期的 CCUS 监管计划和监管制度，明确监管机构的职责和监管标准，确保监管工作的有序进行。监管机构应当具备一定的技术和管理能力，能够对项目的技术和进度进行评估和监测，对项目的进展情况、风险和问题进行跟踪和分析，及时解决 CCUS 项目中的问题，确保项目按照规划和标准实施。建立信息平台和公开透明机制，对项目的进展情况、技术指标和环境影响进行公开，接受社会和公众的监督和评价。加强风险管理和应急预案的制定，建立健全的应急机制和预案体系，及时应对 CCUS 项目中可能出现的意外和突发事件，确保项目的安全稳定运行。

(5) 加强 CCUS 知识产权保护，促进关键技术和前沿技术研发。为了有效规避市场技术风险，促进我国在新技术上的自主研发，建议对 CCUS 技术进行深度的专利分析，着眼全球市场，有针对性、有分类、有秩序地提出 CCUS 的专利布局并申请保护策略。同时，建议设计完善的知识产权保护机制和体系，加强对知识产权保护的力度，促进企业间的合作。在关键技术方面，对于和国外处于同一发展水平或差距不大的技术，建议加强科技规划与布局，加快自主创新和专利申请，从与国外“并跑”变成“领跑”，不断扩大技术优势，实现我国在该领域的领先地位。对于差距较大的国外成熟而国内尚不成熟的技术，可采取引进、吸收、消化、再创新的方式，尽快形成具有自主创新和自有知识产权的技术。而对于国内外都不成熟，但差距较大的技术，应努力从“跟跑”变为“并跑”，加快研发部署，积极申请知识产权，避免技术发展受制于人。

参 考 文 献

[1] IPCC. Global warming of 1.5℃[R/OL]. 2018-10-8. https://www.ipcc.ch/sr15/.

[2] Global CCS Institute. Global Status of CCS 2022 [EB/OL]. 2022-11-26. https://status22.globalccsinstitute.com/wp-content/uploads/2022/11/Global-Status-of-CCS-2022_Download.pdf.

[3] RTI International. Lab-scaled performance evaluation of novel water-lean solvents for post combustion CO_2 capture[EB/OL]. 2021-9-13. https://www.rti.org/publication/lab-scaled-performance-evaluation-novel-water-lean-solvents-post-combustion-co2-capture-.

[4] Department of Energy. Biden-Harris administration announces over $2.3 billion investment to cut U.S. carbon pollution[EB/OL]. 2022-5-5. https://www.energy.gov/articles/biden-harris-administration-announces-over-23-billion-investment-cut-us-carbon-pollution.

[5] Government of United Kingdom. Carbon Capture, Usage and Storage (CCUS) innovation 2.0 competition: call I (closed to applications) [EB/OL]. 2021-5-24. https://www.gov.uk/government/publications/ccus-innovation-20-competition.

[6] Government of United Kingdom. Government invests over £31 million to help industry slash emissions and energy costs[EB/OL]. 2022-5-31. https://www.gov.uk/government/news/government-invests-over-31-million-to-help-industry-slash-emissions-and-energy-costs.

[7] NEDO. グリーンイノベーション基金事業で、圧力が低く、CO_2 濃度の低い排気ガスからCO_2を分離回収する技術開発に着手[EB/OL]. 2022-5-13. https://www.nedo.go.jp/news/press/AA5_101541.html.

[8] Ma Y J, Jing Y H. Optimization on key technologies of GSP dry pulverized coal gasification[J]. Clean Coal Technology, 2018, 24(2): 134-138.

[9] Yang W C, Hoffman J. Exploratory design study on reactor configurations for carbon dioxide capture from conventional power plants employing regenerable solid sorbents[J]. Industrial & Engineering Chemistry Research, 2009, 48(1): 341-351.

[10] Samanta A, Zhao A, Shimizu G K H, et al. Post-combustion CO_2 capture using solid sorbents: A review[J]. Industrial & Engineering Chemistry Research, 2012, 51(4): 1438-1463.

[11] 房凡,李振山,蔡宁生.利用钙基吸收剂连续分离烟气中 CO_2 的双流化床实验研究[J].工程热物理学报,2010,31(6):1061-1064.

[12] 刘鹏中,周建明,牛芳,等.我国预燃室旋流煤粉燃烧器研究进展[J].煤质技术,

2021,36(1):20-26.
[13] Arnaiz del Pozo C, Cloete S, Cloete J H, et al. The oxygen production pre-combustion (OPPC) IGCC plant for efficient power production with CO_2 capture [J]. Energy Conversion and Management, 2019, 201: 112109.
[14] Ronda-Lloret M, Rothenberg G, Shiju N R . A critical look at direct catalytic hydrogenation of carbon dioxide to olefins[J]. ChemSusChem, 2019, 12(17): 3896-3914.
[15] 科学技术部社会发展科技司,中国21世纪议程管理中心. 中国碳捕集、利用与封存技术发展路线图研究[M]. 北京:科学出版社,2019.
[16] 高鹏,崔勖,钟良枢,等. CO/CO_2加氢高选择性合成化学品和液体燃料[J]. 化工进展,2019,38(1):183-195.
[17] 王野. 二氧化碳直接高选择性合成液体燃料[J]. 物理化学学报,2017,33(12):2319-2320.
[18] Gao P, Li S G, Bu X N, et al. Direct conversion of CO_2 into liquid fuels with high selectivity over a bifunctional catalyst[J]. Nature Chemistry, 2017, 9(10): 1019-1024.
[19] Ashford B, Tu X . Non-thermal plasma technology for the conversion of CO_2[J]. Current Opinion in Green and Sustainable Chemistry, 2017, 3: 45-49.
[20] Torres Galvis H M, de Jong K P . Catalysts for production of lower olefins from synthesis gas: A review[J]. ACS Catalysis, 2013, 3(9): 2130-2149.
[21] Madaan N, Haufe R, Shiju N R, et al. Oxidative dehydrogenation of *n*-butane: Activity and kinetics over VO_x/Al_2O_3 catalysts[J]. Topics in Catalysis, 2014, 57 (17-20): 1400-1406.
[22] Guo L S, Sun J, Ji X W, et al. Directly converting carbon dioxide to linear α-olefins on bio-promoted catalysts[J]. Communications Chemistry, 2018, 1(1): 11.
[23] Niziolek A M, Onel O, Guzman Y A, et al. Biomass-based production of benzene, toluene, and xylenes via methanol: Process synthesis and deterministic global optimization[J]. Energy & Fuels, 2016, 30(6): 4970-4998.
[24] Niziolek A M, Onel O, Floudas C A . Production of benzene, toluene, and xylenes from natural gas via methanol: Process synthesis and global optimization[J]. AIChE Journal, 2016, 62(5): 1531-1556.
[25] Olah G A, Goeppert A, Surya Prakash G K. Chemical recycling of carbon dioxide to methanol and dimethyl ether: From greenhouse gas to renewable, environmentally carbon neutral fuels and synthetic hydrocarbons[J]. The Journal of Organic Chemistry, 2009, 74(2): 487-498.
[26] 李庆勋,王宗宝,娄舒洁,等. 二氧化碳加氢制甲醇研究进展[J]. 现代化工,2019,39(5):19-23.
[27] 程金燮,胡志彪,王科,等. 合成甲醇铜基催化剂及制备工艺研究进展[J]. 工业催化,2015,23(8):585-594.
[28] Choudhury J . New strategies for CO_2-to-methanol conversion[J]. ChemCatChem,

2012，4(5)：609－611.

[29] González-Garay A, Frei M S, Al-Qahtani A, et al. Plant-to-planet analysis of CO_2-based methanol processes[J]. Energy & Environmental Science, 2019, 12(12): 3425－3436.

[30] 钱伯章. 甲醇生产技术进展[J]. 精细化工原料及中间体，2012(3)：33－37.

[31] 中国石油新闻中心. 甲醇：应对能源安全的又一选择[EB/OL]. 2019－10－22. http://news.cnpc.com.cn/system/2019/10/22/001748543.shtml.

[32] Gao P, Li F, Zhan H J, et al. Influence of Zr on the performance of Cu/Zn/Al/Zr catalysts via hydrotalcite-like precursors for CO_2 hydrogenation to methanol[J]. Journal of Catalysis, 2013, 298: 51－60.

[33] Zhou X W, Qu J, Xu F, et al. Shape selective plate-form Ga_2O_3 with strong metal-support interaction to overlying Pd for hydrogenation of CO_2 to CH_3OH[J]. Chemical Communications, 2013, 49(17): 1747－1749.

[34] Wesselbaum S, Hintermair U, Leitner W. Continuous-flow hydrogenation of carbon dioxide to pure formic acid using an integrated $scCO_2$ process with immobilized catalyst and base[J]. Angewandte Chemie, 2012, 124(34): 8713－8716.

[35] Himeda Y. Conversion of CO_2 into formate by homogeneously catalyzed hydrogenation in water: Tuning catalytic activity and water solubility through the acid — Base equilibrium of the ligand[J]. ChemInform, 2007, 38(45): no.

[36] 于英民，费金华，张一平，等. 功能化 MCM－41 固载的钌基催化剂上二氧化碳加氢合成甲酸[J]. 燃料化学学报，2006，34(6)：700－705.

[37] 何燕. 国内外甲酸生产、消费与市场[J]. 现代化工，1999，19(1)：35－36.

[38] 史建公，刘志坚，刘春生. 二氧化碳催化转化为甲酸的技术进展[J]. 中外能源，2019，24(4)：64－82.

[39] 智研咨询. 2019 年中国甲酸产业供需现状分析及甲酸产量供应趋势预测[EB/OL]. 2019－8－5. http://www.chyxx.com/industry/201908/768645.html.

[40] Zhang Z F, Xie Y, Li W J, et al. Hydrogenation of carbon dioxide is promoted by a task-specific ionic liquid[J]. Angewandte Chemie, 2008, 120(6): 1143－1145.

[41] Wang W H, Himeda Y, Muckerman J T, et al. CO_2 hydrogenation to formate and methanol as an alternative to photo- and electrochemical CO_2 reduction[J]. Chemical Reviews, 2015, 115(23): 12936－12973.

[42] Wang W, Wang S P, Ma X B, et al. Recent advances in catalytic hydrogenation of carbon dioxide[J]. Chemical Society Reviews, 2011, 40(7): 3703－3727.

[43] Costentin C, Robert M, Savéant J M. Catalysis of the electrochemical reduction of carbon dioxide[J]. Chemical Society Reviews, 2013, 42(6): 2423－2436.

[44] 化工在线. 2019 年乙烯行业迎来井喷式增长[EB/OL]. 2019－1－21. https://www.sohu.com/a/290474931_237486.

[45] 智研咨询. 2018 年中国丙烯产量达 3140 万吨，产能高速增长，PDH 与 CTO 路线成为主流[EB/OL]. 2019－8－26. https://www.chyxx.com/industry/201908/775482.html/.

[46] 焦佳鹏,田海锋,何环环,等. CO/CO_2 加氢制芳烃的研究进展[J]. 化工进展. 2021,40(1):205-220.

[47] Williams C L, Westover T L, Emerson R M, et al. Sources of biomass feedstock variability and the potential impact on biofuels production[J]. BioEnergy Research, 2016, 9(1):1-14.

[48] Bui M, Fajardy M, Mac Dowell N. Bio-Energy with CCS (BECCS) performance evaluation: Efficiency enhancement and emissions reduction[J]. Applied Energy, 2017, 195: 289-302.

[49] Quispe I, Navia R, Kahhat R. Energy potential from rice husk through direct combustion and fast pyrolysis: A review[J]. Waste Management, 2017, 59: 200-210.

[50] Montingelli M E, Tedesco S, Olabi A G. Biogas production from algal biomass: A review[J]. Renewable and Sustainable Energy Reviews, 2015, 43: 961-972.

[51] Batan L Y, Graff G D, Bradley T H. Techno-economic and Monte Carlo probabilistic analysis of microalgae biofuel production system[J]. Bioresource Technology, 2016, 219: 45-52.

[52] Novak Mavar K, Gaurina-Međimurec N, Hrnčević L. Significance of enhanced oil recovery in carbon dioxide emission reduction[J]. Sustainability, 2021, 13(4): 1800.

[53] 魏宁,刘胜男,李小春,等. CO_2 地质利用与封存的关键技术清单[J]. 洁净煤技术,2022,28(6):14-25.

[54] 中国21世纪议程管理中心. 全球CCUS及其重要技术知识产权分析[M]. 北京:科学出版社,2016.

[55] Caudle B H, Dyes A B. Improving miscible displacement by gas-water injection [J]. Transactions of the AIME, 1958, 213(1): 281-284.

[56] IEA. The role of CCUS in low-carbon power systems[R/OL], 2020-7. https://www.iea.org/reports/the-role-of-ccus-in-low-carbon-power-systems.

[57] 董瑞,高林,何松,等. CCUS技术对我国电力行业低碳转型的意义与挑战[J]. 发电技术,2022,43(4):523-532.

[58] 崔志峰,徐安军,上官方钦. 国内外钢铁行业低碳发展策略分析[J]. 工程科学学报,2022,44(9):1496-1506.

[59] 轩红钟,金峰,周金波,等. 水泥窑烟气 CO_2 捕集纯化示范生产线运行及优化[J]. 四川水泥,2019(9):1.

[60] 王辅臣. 煤气化技术在中国:回顾与展望[J]. 洁净煤技术,2021,27(1):1-33.

[61] 彭雪婷,吕昊东,张贤. IPCC AR6报告解读:全球碳捕集利用与封存(CCUS)技术发展评估[J]. 气候变化研究进展,2022,18(5):580-590.

[62] Xie H P, Wang Y F, Ju Y, et al. Simultaneous mineralization of CO_2 and recovery of soluble potassium using earth-abundant potassium feldspar[J]. Chinese Science Bulletin, 2013, 58(1): 128-132.

[63] IPCC. TAR climate change 2001: synthesis report[M]. Cambridge: Cambridge University Press, 2001.